So kommen Sie zu Ihrem Recht

Erste Hilfe bei Rechtsfragen.
Der richtige Umgang mit dem Anwalt.
Wie die Justiz funktioniert.
Und was das alles kostet.

SALDO RATGEBER

Der Autor

René Schuhmacher ist seit rund 30 Jahren Rechtsanwalt in Zürich.

1. Auflage, Februar 2011

Autor: René Schuhmacher, mit Beiträgen von Regula Zehnder, Beatrice Walder, Fredy Hämmerli und Veronika Imthurn
Redaktionelle Mitarbeit: Max Fischer, Christine Wieland
Redaktion und Produktion: Ernst Meierhofer
Layout: Beat Fessler
Korrektorat: Esther Mattille
Druck: dfmedia, 9230 Flawil

Bestelladresse:
Saldo-Ratgeber
Postfach 75
8024 Zürich
ratgeber@saldo.ch
www.saldo.ch

ISBN 978-3-907955-38-3

Vorwort

Recht haben und recht bekommen sind zweierlei. Wer recht hat, steht beispielsweise im Zivilgesetzbuch, im Vertragsrecht oder im Versicherungsrecht. Wie man sein Recht durchsetzt – das regelt das Prozessrecht. Es legt fest, auf welchem Weg man zu seinem Recht kommt oder wie ein angeblicher Anspruch eines andern erfolgreich abgewehrt wird.

Erfahrene Anwältinnen und Anwälte wissen: Das Prozessrecht zu kennen ist für einen erfolgreichen Abschluss eines Rechtsstreites mindestens so wichtig wie die Rechtslage, wie sie im Gesetz geregelt ist. Denn Juristerei ist im Prinzip die Kunst, Formfehler zu vermeiden. Das heisst: Wer am falschen Ort klagt, geht auch leer aus, wenn er im Prinzip gemäss Gesetz recht gehabt hätte. Wer eine Frist verpasst, verliert seinen Anspruch. Wer seine Ansprüche nicht beweisen kann, kann kein Gerichtsverfahren erfolgreich abschliessen.

Aber auch richtiges und professionelles Prozessieren schützt nicht vor Misserfolg. Denn Gerichte produzieren nicht Gerechtigkeit, sondern ein Urteil. Der Inhalt des Urteils hängt ab von der Rechtslage, von der Beweislage und vom richtigen Prozessieren – aber auch von der Zusammensetzung des Gerichts. Richter sind auch nur Menschen; sie haben persönliche Ansichten, Vorlieben, Weltanschauungen und Fähigkeiten. Entsprechend unterschiedlich kommen die Urteile zustande und entsprechend schwer voraussehbar ist das Resultat eines Verfahrens. Aus diesem Grund stellt die Justiz mehrere Instanzen zur Verfügung.

Anlass zu diesem Ratgeber ist die Vereinheitlichung des Straf- und Zivilprozessrechtes in der Schweiz. Aus 26 unterschiedlichen kantonalen Straf- und Zivilprozessordnungen ist je ein Gesetz entstanden. Sie sind am 1. Januar 2011 in der ganzen Schweiz in Kraft getreten. In diesem Zeitpunkt laufende Zivilprozesse werden noch nach bisherigem kantonalem Recht abgewickelt, neue Verfahren verlaufen nach dem neuen Recht.

Vieles ist übrigens noch unklar. Wichtige Fragen müssen von den Gerichten zuerst geklärt werden, weil die Prozessordnungen nicht in jedem Punkt klar und eindeutig sind.

Dieses Buch ist für Laien gedacht und ersetzt keinen Anwalt. Es ist mit einer juristischen Hausapotheke vergleichbar. Wer es aufschlägt, soll wissen, wann er sich mit welchem Problem an welche Stelle wenden kann und wie er sich für den Fall eines Falles am besten absichert.

Zürich, im Februar 2011 René Schuhmacher

Inhalt

Erste Hilfe bei rechtlichen Problemen

So vermeiden Sie teure Rechtshändel

Wer ein Rechtsproblem hat oder in einen Streit verwickelt ist, muss nicht unbedingt gleich zum Anwalt. Oft lassen sich Streitigkeiten auch einvernehmlich lösen. Hilfe dazu gibt es bei diversen Anlaufstellen. Wichtig ist aber auch die Prävention: Wer weiss, wo die typischen Fallstricke lauern, ist bereits gegen viele Rechtshändel gewappnet.

Rechtsprobleme lassen sich nicht immer vermeiden. Denn niemand ist zum Beispiel vor einer falschen Steuerrechnung gefeit. Eine Autobusse kann ebenfalls ungerechtfertigt sein. Eine Versicherung will einen berechtigten Anspruch mit einem nichtssagenden Absagebrief ablehnen. Der Vermieter erhöht die Miete ohne ersichtlichen Grund. Oder ein Nachbar strapaziert die Nerven mit übermässigem Lärm.

Die Aufzählung liesse sich beliebig fortsetzen – und es gibt unzählige Situationen, in denen sich Betroffene wehren müssen. Sie fragen sich dann, wie sie zu ihrem Recht kommen. Oder überlegen, mit welchen juristischen Mitteln sie den störenden Missstand beseitigen können.

Zum Glück ist es nicht nötig, bei jedem Streitfall gleich einen Anwalt zu beauftragen oder an ein Gericht zu gelangen.

Gerade die sehr häufigen arbeitsrechtlichen und mietrechtlichen Fragen lassen sich oft mit einem Gespräch oder mit einem Brief an den Arbeitgeber bzw. an den Vermieter klären.

Ganz wichtig in diesem Zusammenhang: Etliche Rechtsprobleme können Sie vermeiden, in-

TIPP

Vorsicht: Das sind die aktuellen Konsumentenfallen

Viel Ärger, Zeit, Geld und Anwaltskosten oder den Gang zu einer Rechtsberatungsstelle können Sie sich ersparen, wenn Sie im Alltag konsequent auf die vielen Konsumentenfallen achten. Die Tricks, mit denen Schwindler Sie übers Ohr hauen wollen, sind vielfältig und oft recht raffiniert.

K-Tipp und Saldo veröffentlichen auf ihrer Homepage laufend aktualisierte Warnlisten von Gaunereien. Es lohnt sich, diese Listen regelmässig zu konsultieren: www.saldo.ch (→ Service → Warnlisten).

Bei den folgenden Konsumentenfallen drohen im Anschluss häufig rechtliche Probleme – aber Sie können sich zunächst selber wehren, ohne dass es dazu gleich einen Anwalt oder eine Anwältin braucht. Das sind die häufigsten Problemfelder:

- Unbestellte Ware (siehe Kasten auf der Seite 9).
- Angebote von Telefonfirmen zum Wechsel des Anbieters (siehe Kasten auf Seite 13).
- Telefonverkäufe für Waren aller Art (siehe Kasten auf Seite 13).
- Scheinbar unverbindliche Offerten für Registereinträge oder Inserate in Werbebroschüren, die sich aber als teure Verträge entpuppen (siehe Kasten auf Seite 14).
- Verbindliche Anträge von Versicherungen (siehe Kasten auf Seite 15).
- Abo-Fallen im Internet (siehe Kasten auf Seite 16).

dem Sie die zahlreichen Konsumentenfallen umgehen, die überall lauern (siehe Kasten unten links). Und falls Sie doch in eine solche Falle getappt sind, können Sie sich ohne weiteres selber wehren – auch ohne Anwalt. Dazu liefert dieses Kapitel nützliche Tipps.

Oft hat man genug Zeit, doch in anderen Fällen eilt es

Grundsätzlich kann man auf zwei Arten in einen Rechtsstreit geraten: Entweder man macht selber einen Anspruch gegen jemand anderen geltend – oder man wird gegen seinen Willen von Dritten in eine Auseinandersetzung gezwungen.

- Wer selber einen Anspruch durchsetzen möchte, hat genug Zeit, um sauber abzuklären oder abklären zu lassen, ob ein Rechtsanspruch tatsächlich vorliegt. Und ob er beweisbar und auf welchem Weg er am besten durchzusetzen ist.

Bis eine Geldforderung verjährt, dauert es in der Regel zehn Jahre – mindestens aber ein Jahr. Und für einen Strafantrag gegen jemanden aufgrund einer Straftat haben Opfer drei Monate lang Zeit.

- Anders liegt der Fall hingegen, wenn man ohne eigenes Zutun in ein Verfahren verwickelt wird. Dann bleibt nicht viel Zeit zum Überlegen: Setzt eine Behörde ein bestimmtes Datum für eine Antwort, eine Einsprache oder eine Beschwerde, sind diese Fristen sehr kurz und müssen unbedingt eingehalten werden (mehr zu den Fristen steht in Kapitel 4).

IN DIESEM KAPITEL

Das bedeutet: Wer einen behördlichen Entscheid erhält, mit dem er nicht einverstanden ist, muss sofort handeln bzw. sich umgehend beraten lassen.

Das setzt allerdings voraus, dass Betroffene einen Berater finden, der kurzfristig erreichbar und kompetent ist, um die Sache auf ihre Dringlichkeit beurteilen zu können. (Infos zu Beratungsstellen finden Sie auf Seite 11 ff.)

Bei Streitigkeiten zwischen Privaten hat man in der Regel genü-

TIPP

Das allerbeste Rezept: Streit vermeiden

Nach dem Motto «Vorbeugen ist besser als heilen», sollten Sie nicht nur wissen, wie Sie sich bei Rechtsstreitigkeiten wehren. Sie sollten schon vorher vorsichtig sein und rechtlich heikle Situationen nach Möglichkeit meiden – denn so können Sie mühselige und teure Prozesse verhindern.

Das sind die wichtigsten **Tipps** dazu:

- Tappen Sie nicht in die üblichen Konsumentenfallen (siehe Kasten auf Seite 6).
- Lesen Sie immer genau durch, was Sie unterschreiben (siehe Kasten auf Seite 14).
- Achten Sie bei Verträgen darauf, ob sie sich jedes Jahr automatisch erneuern (sogenannte Roll-over-Klausel). Notieren Sie sich wichtige Kündigungstermine und kündigen Sie allenfalls gleich nach Abschluss des Vertrages.
- Prüfen Sie vor der Unterschrift, ob Sie eventuell ein Rücktrittsrecht innert ein bis zwei Wochen haben.
- Nehmen Sie das, was schriftlich vorliegt, nicht auf die leichte Schulter. Gerade die schriftlichen Unterlagen von Finanzprodukten enthalten meist sehr deutliche Risikohinweise. Nehmen Sie diese ernst – auch wenn der Verkäufer behauptet, solche Warnungen hätten nur formale Bedeutung.
- Glauben Sie auf keinen Fall irgendwelchen mündlichen Beteuerungen und Versprechen. Lassen Sie sich wichtige Zusagen immer schriftlich geben.
- Lassen Sie sich für eine Unterschrift nie unter Zeitdruck setzen.
- Informieren Sie sich über Ihre Geschäftspartner oder über die Firma, bei der Sie etwas bestellen möchten. Geben Sie deren Namen in einer Internetsuchmaschine oder auf der Homepage www.saldo.ch ein. Wenn etwas faul ist, finden sich dort vielleicht warnende Stimmen.
- Wenn Sie einen Vertrag aufsetzen: Lassen Sie sich besser vorher beraten – auch wenn Sie das etwas kostet. So ist die Chance grösser, dass der Vertrag wasserdicht ist und das enthält, was Sie auch wirklich wollen. Das lohnt sich etwa bei langjährigen Mietverträgen oder bei Erbschaftsangelegenheiten, aber auch bei Konkubinatsverträgen. Abmachungen um Darlehen sollten ebenfalls alle wichtigen Punkte regeln. Aufpassen müssen Sie auch bei Entschädigungsvereinbarungen mit Versicherungen (siehe Kasten auf S. 155).
- Wer längere Zeit im Ausland ist, sollte die Post umleiten lassen oder den Briefkasten von jemandem leeren lassen. So verpasst man nichts Wichtiges.
- Lesen Sie die Ratgeber von Saldo und K-Tipp (siehe Liste auf Seite 21).

gend Zeit, um die Sach- und Rechtslage abzuklären und über das vernünftigste Vorgehen zu entscheiden.

Wichtig: Setzt Ihnen eine Privatperson oder beispielsweise ein Anwalt eine Frist, so müssen Sie in der Regel keine Konsequenzen fürchten, wenn Sie diese Frist nicht einhalten.

Sie müssen höchstens damit rechnen, dass die Gegenseite noch einmal mahnt oder allenfalls den Gerichtsweg einschlägt – womit man ja in einem Streitfall ohnehin rechnen muss. Oder Sie erhalten eine Betreibung – was insofern auch nicht schlimm ist, da Sie ja Rechtsvorschlag erheben können, was die Betreibung vorläufig stoppt.

Wichtig zu wissen: Die meisten rechtlichen Streitigkeiten unter Privaten werden aussergerichtlich erledigt. Denn gerichtliche Verfahren sind für beide Parteien nervenaufreibend sowie zeitintensiv und kostspielig – ganz besonders nach dem neuen Zivilprozessrecht (siehe Kapitel 6).

Aussergerichtliche Einigungen sind übrigens auch dann noch möglich, wenn man bereits einen Anwalt bemüht hat. Erfahrene Anwältinnen und Anwälte können den Zeit- und Finanzbedarf eines Verfahrens ungefähr einschätzen und wissen deshalb auch, wann sich eine gütliche Einigung, ein Kompromiss (in der Juristensprache ein Vergleich) mit der Gegenpartei lohnt. Die meisten Vergleiche werden aussergerichtlich abgeschlossen.

Gewinnaussichten: Auf Zeugen ist oft wenig Verlass

Gute Gewinnaussichten bei rechtlichen Auseinandersetzungen haben Prozessierende dann, wenn sie gut dokumentiert sind.

Das heisst: Mündliche Abmachungen und Verträge per Handschlag sind zwar genau gleich gültig wie schriftliche Vereinbarungen – nur sind sie im Streitfall sehr schwer beweisbar. Erfahrene Anwältinnen und Anwälte wissen denn auch: Auf Zeugenaussagen ist häufig wenig Verlass.

Deshalb sollte man möglichst alle wichtigen Verträge schriftlich abfassen und Belege sammeln.

Auf die Seite legen sollte man aber nicht nur Verträge, sondern auch Korrespondenz. Wenn Sie jemandem einen Brief schreiben und absehbar ist, dass Sie mit deser Person allenfalls in eine rechtliche Auseinandersetzung geraten könnten, sollten Sie von Anfang an jeden Brief für sich selbst kopieren, damit der Sachverhalt gut nachvollziehbar ist.

Wenn Sie einen eingeschriebenen Brief verschicken, sollten Sie die Postquittung behalten, damit Sie notfalls den Zeitpunkt des Versandes nachweisen können.

Das Gleiche gilt übrigens für wichtige E-Mails. Machen Sie ei-

TIPP

Unbestellte Ware dürfen Sie behalten

Oft landen unbestellte Sendungen im Briefkasten: Ein Buch, eine CD, Vitamin- und Schlankheitspillen usw. Hier gilt: Nichts zahlen! Sie müssen solche Sachen auch nicht aufbewahren, und Sie müssen sie weder zurückschicken noch den Absender informieren.

Die Ware können Sie im Gegenteil mit gutem Gewissen behalten, verschenken oder wegwerfen.

Allerdings kommt es oft vor, dass Empfänger vergessen haben, dass sie etwas bestellt haben. Verlangen Sie deshalb einen Beleg Ihrer (allfälligen) Bestellung. Der Versender muss Ihre Bestellung belegen können.

Falls Sie wirklich nichts bestellt haben, sollten Sie sich auch von Zahlungsaufforderungen und Drohungen des Absenders nicht beeindrucken lassen. Denn: Wer nichts bestellt hat, ist zu nichts verpflichtet. Teilen Sie der Gegenpartei mit, dass Sie die Forderung bestreiten und bei einer Betreibung Rechtsvorschlag erheben würden.

Jedoch: Wenn offensichtlich ist, dass die Sendung irrtümlich geliefert wurde, sollten Sie den Absender benachrichtigen. Etwa wenn ein Brillantring, ein Möbelstück oder eine andere wertvolle Ware an die falsche Adresse geliefert wurde. Der Absender kann dann die fehlgeleitete Sendung auf eigene Kosten abholen.

nen Ausdruck für Ihre Ablage und löschen Sie sie nicht.

Sammeln heisst auch aufbewahren: Als Faustregel gilt, dass man Verträge mindestens zehn Jahre aufbewahren sollte – denn für viele Verträge gilt eine Verjährungsfrist für allfällige Ansprüche von zehn Jahren (siehe die Kästen auf dieser Doppelseite).

Der Wortlaut des Gesetzes sagt meist nicht alles

Wer als Laie mit einem Rechtsproblem konfrontiert ist, sollte sich beraten lassen. Im Laden ein Gesetzbuch zu kaufen oder im Internet einen Begriff im Gesetz nachzuschlagen, ist meist reine Zeitverschwendung. Denn die Gesetzesartikel sind oft derart allgemein und abstrakt formuliert, dass kein Laie die Tragweite eines Satzes beurteilen kann.

Selbst erfahrene Juristinnen und Juristen können mit dem reinen Wortlaut des Gesetzes häufig wenig anfangen. Denn wesentlich sind die Systematik des Gesetzes, allfällige weitere ähnliche Bestim-

TIPP

Im Streitfall zählen nur beweisbare Fakten

Im Alltag gibt es unzählige Situationen, in denen Sie mit rechtlichen Problemen in Kontakt kommen. Dabei muss es nicht gleich um eine Kündigung gehen; oft handelt es sich zum Beispiel um eine Parkbusse oder um die verweigerte Garantie für ein defektes Gerät.

In solchen Fällen nützt es nichts, wenn Sie sich auf mündliche Aussagen eines Polizisten oder einer Verkäuferin berufen, an deren Namen Sie sich meist gar nicht mehr erinnern.

Je umfangreicher und aussagekräftiger Ihre schriftlichen Unterlagen sind, desto grösser ist Ihre Chance auf einen Erfolg.

Behalten Sie deshalb jede Quittung auf. Und schliessen Sie Verträge in Zusammenhang mit einer Wohnungsmiete, einer Arbeitsstelle, einem Konkubinat, einer Versicherung oder einem Darlehen immer schriftlich ab – auch wenn das Gesetz zum Teil keine schriftliche Form verlangt und auch eine mündliche Abmachung zulässt.

Tipp: Wenn Ihnen beispielsweise der Vermieter sagt, Sie müssten künftig für den Parkplatz 50 Franken im Monat weniger bezahlen, so schreiben Sie einen kurzen Brief oder eine E-Mail. Darin halten Sie das Gesagte in ein paar Sätzen fest und bitten um eine schriftliche Bestätigung.

Legen Sie all diese Verträge und Dokumenten in einem nach Themen gegliederten Ordner ab. So haben Sie die wichtigsten Unterlagen jederzeit griffbereit. Es nützt nichts, wenn Sie wissen, dass Sie vor Monaten einmal einen Brief geschrieben haben, diesen aber im entscheidenden Moment nicht finden.

Diese kleine Mühe kostet Sie ausser ein paar Minuten nichts, kann Ihnen aber unter Umständen viel Geld sparen oder bescheren.

Das gilt vor allem für komplizierte Auseinandersetzungen. Ein Anwalt will zuerst immer wissen, welche schriftlichen Beweise Sie für Ihre Behauptungen haben. Schöne Worte und Erklärungen nützen ihm nichts. Denn vor Gericht zählen nur beweisbare Fakten. Und wenn Ihr Anwalt den Eindruck hat, dass Sie mit Ihren Beweisen keine allzu grossen Chancen auf einen Sieg haben dürften, wird er Ihnen vom Gang ans Gericht abraten.

Wie lange Sie bestimmte Dokumente und Belege aufbewahren sollten, steht im Kasten auf der Seite rechts.

TIPP

Welche Belege aufbewahren? Und wie lange?

Was muss man aufbewahren und wie lange? Quittungen sollten Sie während der Verjährungsfrist aufbewahren. Verjährung bedeutet, dass eine Forderung nach einem gewissen Zeitraum nicht mehr gerichtlich durchgesetzt werden kann.

Das sind die wichtigsten gesetzlichen Verjährungsfristen:

- Ein Jahr bei Ansprüchen aus Mängeln gekaufter oder reparierter Ware.
- Ein Jahr für Ansprüche nach Unfällen.
- Zwei Jahre bei Versicherungsverträgen (gilt auch für die Zusatzversicherungen der Krankenkasse).
- Fünf Jahre für Forderungen aus Mängeln bei Kauf, Umbau und Reparatur von Immobilien (Gebäude, Land), für Miet- und Schuldzinsen, Unterhaltsbeiträge (Alimente), Lohnforderungen, Arzt- und Anwaltshonorare sowie Handwerkerrechnungen.
- Zehn Jahre für Forderungen, für die das Gesetz keine andere Verjährungsfrist vorsieht – etwa Rückzahlung eines Darlehens.

Folgende wichtige Dokumente sollten Sie ebenfalls lange aufbewahren:

- Schul- und Arbeitszeugnisse, Quittungen zum Kontostand bei der Heirat; Belege über ausgezahlte Erbschaften und Schenkungen sowie Pensionskassenunterlagen sollten Sie gar nie wegwerfen.
- Den Bankauszug des Mietzinsdepots sollten Sie behalten, bis Sie nach dem Auszug das Geld wiederhaben.
- Legen Sie auch alle Arztrechnungen und wichtigen medizinischen Befunde in einen Ordner. Denn Ihren medizinischen «Lebenslauf» müssen Sie angeben können, falls Sie eine Zusatzversicherung der Krankenkasse oder eine Lebensversicherung abschliessen möchten.
- Eigenheimbesitzer sollten alle Quittungen von grösseren Reparaturen aufbewahren. Der Grund: Beim Verkauf des Hauses können sie wertvermehrende Investitionen geltend machen und auf diese Weise die zu bezahlende Grundstückgewinnsteuer senken.
- Damit Sie gegenüber Ihrer Hausratversicherung allfällige Schäden am Hausrat belegen können, sollten Sie auch die Quittungen von grösseren und teureren Anschaffungen sicher und sehr lange aufbewahren.

mungen, frühere Gerichtsurteile und die Meinung in Kommentaren.

Diese «Kommentare» sind dicke Fachbücher von Experten, in denen alle Gesetzesartikel ausführlich erläutert sind.

Nicht Gesetzestexte, sondern eben diese Kommentare sind deshalb das wichtigste Arbeitsmittel von Anwälten und Gerichten. Nicht selten löst ein einziger Gesetzesartikel Kommentierungen von 50 bis 100 Seiten aus. Laien würden sich darin nur schwer zurechtfinden.

Was Sie von Rechtsberatungsstellen erwarten dürfen

Guter Rat muss nicht teuer sein. Es gibt für jedes Rechtsproblem kompetente Beratungsstellen, die zum Teil sogar kostenlos sind (siehe Adressen im Kapitel 10). In der Regel kennen diese Stellen auch erfahrene Anwältinnen und Anwälte, die sie den Hilfesuchenden empfehlen können.

Fortsetzung auf Seite 13

Die Angst vor einer Betreibung ist oft unbegründet

Viel Ärger schaffen ausländische Unternehmen, die an Zehntausende von Schweizer Haushalten Briefe schreiben und Forderungen stellen für Verträge, die angeblich über das Internet abgeschlossen wurden (siehe Kasten auf Seite 16). Die Forderungen sind dabei zum Teil frei erfunden, in anderen Fällen wird auf ein Abonnement verwiesen, das angeblich via Internet abgeschlossen worden sei.

Vermeintliche oder wirkliche Anwälte drohen dann den Empfängern mit Betreibungen oder Klagen, falls sie den verlangten Betrag nicht einzahlen.

Nicht selten sind die Urheber solcher Schreiben im Ausland bereits wegen gewerbsmässigen Betrugs verurteilt; in der Schweiz aber haben sie Erfolg, weil sich viele Leute vor einem Eintrag ins Betreibungsregister fürchten.

Hintermänner scheuen Klagen. Die zwielichtigen Geschäftsleute nutzen diese Angst regelmässig aus – wohlwissend, dass viele Konsumentinnen und Konsumenten anschliessend zahlen, um einen Eintrag im Betreibungsregister zu vermeiden.

Allerdings: Die Furcht vor Betreibungen ist meist grundlos. Wer solche Forderungen nicht zahlt, erhält zwar häufig zum Teil mehrere Mahnungen. Auf eine Betreibung oder gar eine gerichtliche Klage lassen es aber die Hintermänner nicht ankommen.

Denn wer einen Zahlungsbefehl ausstellen lässt, muss dafür zahlen, und gegen einen Zahlungsbefehl kann jeder Betroffene mit einer einfachen Unterschrift Rechtsvorschlag erklären. Damit ist die Betreibung vorerst gestoppt, und der Betriebene zwingt so die Gegenpartei, ihren Anspruch vor ein Gericht zu bringen – und davor scheuen die Verantwortlichen solcher Geschäftspraktiken wohlweislich zurück.

Doch selbst wenn man eine Betreibung erhält – den Eintrag im Register darf man nicht überbewerten!

Zwar kann der Eintrag im Betreibungsregister bzw. im entsprechenden Auszug für Betriebene unangenehme Folgen haben. Viele empfinden eine Betreibung als peinlich, und es kann sein, dass man deswegen die gewünschte Wohnung, einen Job oder einen Kredit nicht erhält.

Dennoch sollte man dem Betreibungsregisterauszug nicht zu viel Gewicht beimessen. Denn eine einzelne Betreibung lässt noch keine Rückschlüsse auf die Zahlungsmoral der betreffenden Person zu und stellt diese noch nicht als notorische Schuldenmacherin dar.

Erst Verlustscheine belegen, dass jemand finanziell in echten Schwierigkeiten steckt.

Das Bundesgericht relativiert. Zudem können Betroffene auch argumentieren, wenn sie zum Beispiel von einem Vermieter auf einen Eintrag im Register angesprochen werden. Sie können etwa sagen, es habe sich um einen juristisch komplizierten Rechtsfall gehandelt, oder man habe ausnahmsweise eine Rechnung verloren.

Auch das Bundesgericht hat sich 1999 mit der Frage befasst. Damals ging es um eine Ersatzmieterin, die von einem Mieter gestellt wurde, weil er vorzeitig aus dem Mietobjekt auszog. Der Vermieter lehnte die Ersatzmieterin als zahlungsunfähig ab, weil ihr Betreibungsauszug Einträge hatte.

Die Frau hatte jedoch keine Verlustscheine, es hatte auch keine Pfändungen gegen sie gegeben, und es lagen nur zwei Betreibungen über geringfügige Beträge vor, gegen die die Frau Rechtsvorschlag erhoben hatte.

Das Bundesgericht kam zum Schluss, diese Frau dürfe nicht wegen angeblicher Zahlungsunfähigkeit als Ersatzmieterin abgelehnt werden.

Alles zum Thema Betreibung steht im Saldo-Ratgeber «Betreibung, Pfändung, Privatkonkurs». Sie können das 211-seitige Buch über www.saldo.ch bestellen oder über Telefon 044 253 90 70.

Fortsetzung von Seite 11

- Einige Gerichte bieten eine kostenlose Rechtsauskunft an – insbesondere im Arbeits- und Mietrecht und teilweise auch im Familienrecht. Über die genauen Details, Öffnungszeiten usw. können Sie sich beim jeweiligen Kantons-, Bezirks- oder Arbeitsgericht erkundigen (siehe Angaben im Anhang).

Oft haben Sie nur gerade 15 Minuten Beratungszeit

Erwarten Sie aber nicht zu viel: Das Bezirksgericht Uster zum Beispiel schreibt einschränkend: «Pro Rechtsauskunft stehen höchstens 15 Minuten zur Verfügung. Bitte bereiten Sie sich so vor, dass Ihre Frage innert dieser Zeit beantwortet werden kann.»

Und: «In der Rechtsauskunft wird der Besucher nur über die allgemeine Gesetzeslage und die üblichen Vorgehensweisen aufgeklärt, sodass der Ratsuchende nachgehend in der Lage sein sollte, selbständig eine Einschätzung seines Rechtsproblemes vornehmen zu können. Die konkrete Beurteilung eines individuellen Rechtsproblemes und die Abwägung des Prozessrisikos kann jedoch nicht vorgenommen werden.»

- Auch kantonale Anwaltsverbände bieten Rechtsberatungen an. Die näheren Angaben dazu finden Sie im Internet unter www.swisslawyers.com (→ Rechtsauskunft). Die vollständige Liste finden Sie im Anhang in Kapitel 10.

Beachten Sie aber, dass diese Beratungsstellen sehr stark fre-

TIPP

Ärger mit Telefonverträgen

Ein mühsames Phänomen und immer wieder Anlass für juristische Auseinandersetzungen sind Telefonverkäufer.

Viele arbeiten mit Tricks: Sie erzählen am Telefon Unwahrheiten, machen täuschende Angaben über ihr Produkt, verschweigen Details über die Geschäftsbedingungen und nerven Konsumenten so lange, bis diese Ja sagen – nur um endlich Ruhe zu haben.

Sehr oft bitten die angerufenen Konsumentinnen und Konsumenten um unverbindliches Ansichtsmaterial – doch unseriöse Verkäufer notieren das flugs als verbindliche Bestellung.

Das Problem dabei: Auch telefonisch abgeschlossene Verträge sind im Prinzip gültig.

- **Telekomfirmen.** Besonders aggressiv treten viele Verkäufer von Telefonfirmen auf.
- **Schlüsselfundfirmen.** Auch über diese Verkäufer gehen bei Saldo und K-Tipp viele Reklamationen ein. Viele Angerufene sagen Ja, ohne das Angebot zu kennen. Das Trügerische dabei: Bei Telefonverkäufen haben Konsumentinnen und Konsumenten ein siebentägiges Rücktrittsrecht. Allerdings nur bei Verkäufen im Wert von über 100 Franken. Und die Schlüsselfundmarken kosten meist 99 Franken.

Tipp: Will eine Verkaufsfirma einen Kaufvertrag durchsetzen, muss sie beweisen, dass der Kunde den Vertrag auch effektiv abgeschlossen hat. Viele Verkäufer können das nicht.

Das Gesagte gilt auch für Telefonverkäufer, die Wein, Sockenabos usw. im Angebot haben.

- **Versicherungsverkäufer.** Ab und zu werden auch Versicherungsverträge am Telefon verkauft. Bis vor kurzem machte das zum Beispiel die Firma AIG (heute Chartis). Aber: Das Gesetz verlangt, dass dem Kunden bei einem Versicherungsabschluss die allgemeinen Versicherungsbedingungen (AVB) vorliegen müssen. Das war hier nicht der Fall: Die Kunden erhielten die AVB immer erst mit der ersten Post. Deshalb können Kundinnen und Kunden innerhalb eines Jahres kündigen, falls der Versicherer seine Informationspflicht verletzt hat. Diese Frist beginnt, nachdem der Kunde von der Pflichtverletzung erfahren hat.

quentiert sind und man Ihnen nicht viel Zeit einräumen kann.

- Viele private Vereine stehen Ratsuchenden ebenfalls zur Seite – wie etwa die «Rechtsauskunft Anwaltskollektiv» in Zürich. Sie erteilt Rechtsberatungen in fast allen Rechtsgebieten ohne Voranmeldung von Montag bis Freitag zwischen 12.30 und 18.30 Uhr (Adresse im Anhang). Eine Beratung kostet in der Regel 60 Franken und dauert maximal 30 Minuten. Es werden auch geeignete Anwälte vermittelt.
- Mögliche Anlaufstellen – allerdings thematisch meist sehr eingeschränkt – sind auch die Frauenzentralen, Gewerkschaften, Berufsverbände, Autoverbände, Mie-

Registerhaie und Werbeschwindler: Täuschung geltend machen!

Tag für Tag unterschreiben Dutzende von Gewerblern einen Vertrag, ohne ihn vorher genau zu lesen. Sie werden meist von skrupellosen Verkäufern zur Unterschrift verleitet.

Dabei ist zu unterscheiden:

- Zum einen sind sogenannte **Registerhaie** sehr aktiv. Sie machen ihr Geschäft mit teuren Einträgen in Adressen- oder Firmenverzeichnissen, die in der Regel völlig unbrauchbar sind. Sie geben sich bei ihren Überrumpelungsversuchen oft einen amtlichen Anschein oder tun so, als ob es sich um ein offizielles Telefonverzeichnis handle. Die Empfänger werden gebeten, Korrekturen und Ergänzungen auf der vorgedruckten eigenen Adresse zu machen.

Dass mit der Unterschrift eine kostenpflichtige Annoncierung verbunden ist, steht jeweils nur im knapp lesbaren Kleingedruckten.

Viele Empfänger unterschreiben quasi blind – und bemerken den Fehler erst, wenn Rechnungen und Mahnungen kommen. Denn nun stellen sie verwundert fest, dass sie mit ihrer Unterschrift einen Auftrag erteilt haben. Und dass es für Gewerbetreibende kein siebentägiges Widerrufsrecht bei Haustürgeschäften gibt wie für «normale» Konsumenten.

- Genauso lästig sind **Verkäufer von teuren Anzeigen** in Werbebroschüren, Flyern, Agenden, Faltblättern oder Stadtplänen. Solche Werbemedien werden in der Öffentlichkeit kaum beachtet. Dort platzierte Werbung ist also hinausgeworfenes Geld.

Hier kommen viele Unterschriften der Opfer nur zustande, weil die raffinierten Verkäufer vorher anrufen und konsequent lügen. Aus unzähligen Schilderungen an Saldo und K-Tipp geht hervor, dass die Telefon-Agenten jeweils fälschlicherweise behaupten, es brauche die Unterschrift, um einen bestehenden Vertrag zu beenden. Viele glauben das – und unterschreiben, ohne das zugeschickte Formular vorher zu studieren. Die Verkäufer drängen meist zur Eile – was immer ein klares Zeichen fehlender Seriosität ist.

Tipp: Wer einen Vertrag unterschrieben hat, weil er mit falschen Angaben oder unleserlichen kleingedruckten Bedingungen getäuscht wurde, sollte der Firma sofort einen eingeschriebenen Brief schicken. Text: «Ich fechte hiermit den Vertrag vom ... wegen absichtlicher Täuschung bzw. Grundlagenirrtum an. Der Vertrag ist ungültig. Deshalb werde ich Ihre Rechnungen nicht zahlen. Bei einer Betreibung werde ich Rechtsvorschlag erheben.»

Einen solchen eingeschriebenen Brief müssen Sie spätestens ein Jahr, nachdem Sie den Irrtum oder die Täuschung bemerkt haben, abschicken. Sonst sinken Ihre Chancen in einem allfälligen Gerichtsverfahren.

Beachten Sie dazu auch die Warnlisten auf www.saldo.ch unter den Stichwörtern «Registerhaie», «Adressbuchschwindler» und «Werbebroschüren». Dort sind viele bekannte Schwindelangebote aufgeführt.

terverbände, Schuldenberatungsstellen und Hauseigentümerverbände. Sie finden diese, wenn Sie in einer Internetsuchmaschine «Rechtsauskunft», «Rechtsberatung» oder «Rechtsauskunftsstellen» sowie das jeweilige Fachgebiet eingeben. Ein paar gute Anlaufstellen sind auch im Anhang in Kapitel 10 aufgeführt.

- Kostenlos und ebenfalls mit Juristinnen und Juristen besetzt ist die Rechtsauskunft von Saldo und K-Tipp (Angaben im Anhang auf Seite 182).

Gehen Sie gut vorbereitet in die Rechtsberatung

Eine erste Rechtsberatung ist nur dann von Nutzen, wenn Sie selber gut vorbereitet sind. Das sind die wichtigsten **Tipps** dazu:

- Überlegen Sie zuerst: Was will ich? Welches Ziel will ich erreichen?
- Sammeln Sie sämtliche Unterlagen in chronologischer Reihenfolge inklusive Briefe und allfällige Gesprächsnotizen. Diese Dokumente sollten Sie auch bereithalten, wenn Sie sich telefonisch an eine Beratungsstelle wenden.
- Zuerst muss der Berater den Sachverhalt genau abklären. Dazu benötigt er den Wortlaut allfälliger Vertragspassagen, die Argumente der Gegenpartei und einen ungefähren Überblick über die vorhandenen Beweismittel.
- Je besser Sie vorbereitet sind, desto schneller kann sich der Jurist in den Fall einlesen, desto zuverlässiger ist sein Rat und desto günstiger die Beratung, falls Sie sich bei einer kostenpflichtigen Stelle informieren.
- Wenn im Gespräch mit dem Rechtsberater Begriffe, Fremdwörter und juristische Fachausdrücke fallen, die Sie nicht kennen, so fra-

TIPP

Versicherungsanträge sind (noch) bindend!

Viele Unstimmigkeiten und juristische Streitereien mit Versicherungen entstehen, weil Konsumentinnen und Konsumenten beim Abschluss von Versicherungsverträgen kein siebentägiges Widerrufsrecht haben wie bei «normalen» Haustürgeschäften.

Vielmehr gilt: Ein Versicherungsantrag ist für den Kunden gemäss dem geltenden Versicherungsvertragsgesetz (VVG) bindend. Wer unterschreibt, kann im Normalfall nicht mehr zurücktreten.

Gerade im Umgang mit unseriösen Vermittlern von Krankenkassenpolicen ist das immer wieder ein Problem. Betroffene berichten regelmässig, der Vermittler habe ihnen gesagt, sie müssten das vorgelegte Formular unterschreiben, um eine Offerte zu erhalten. Doch beim vorgelegten Papier handelte es sich in Tat und Wahrheit um ein bindendes Antragsformular für Zusatzversicherungen.

Im Anschluss kommt dann keine Offerte, sondern eine Police. Betroffene sind jetzt plötzlich mit ihren Zusatzversicherungen bei zwei Krankenkassen versichert und erhalten Rechnungen von zwei Versicherern.

Der **Tipp** ist klar: Achten Sie genau auf das, was Sie unterschreiben. Lesen Sie zuerst alles aufmerksam durch und lassen Sie sich dabei vom Verkäufer nicht unter Zeitdruck setzen.

Und glauben Sie keinen mündlichen Zusicherungen: Verlässlich ist nur das, was man Ihnen schriftlich vorlegen kann.

Übrigens: Die geplante Totalrevision des VVG sieht vor, dass Kundinnen und Kunden ein Widerrufsrecht innert 14 Tagen nach der Unterschrift erhalten sollen. Bei Redaktionsschluss dieses Ratgebers war noch unklar, ob diese Änderung im Parlament durchkommt.

gen Sie ohne Hemmungen nach deren Bedeutung.

- Sagen Sie, wenn Ihnen etwas unklar ist oder welche Fragen Sie noch beschäftigen. Klären Sie das weitere Vorgehen ab und erkundigen Sie sich nach den Fristen.
- Bevorzugen Sie eine Rechtsberatung, bei der Sie mit Ihren Akten persönlich vorbeigehen können. Eine Rechtsberatung am Telefon oder per E-Mail eignet sich nur für einfache rechtliche Alltagsfragen.

Bei komplizierteren Auseinandersetzungen mit längeren Verträgen oder komplexen Sachverhalten können Sie von einer telefonischen Rechtsberatung kaum

Abo-Fallen im Internet: Die Kosten sind gut versteckt

Wer im Internet herumsurft, muss aufpassen: Überall locken vermeintlich kostenlose Angebote – doch wer sie nutzt, erhält anschliessend eine Rechnung. Denn die Anbieter verstecken die Kosten im Kleingedruckten oder heben sie zu wenig hervor, sodass man sie leicht übersieht. Und weil die Benutzer ihre E-Mail- oder sogar Heimadresse angeben, schneit ein paar Wochen später eine Rechnung oder gleich eine Mahnung ins Haus.

Die **Tipps** dazu:

- Teilen Sie dem Anbieter mit, dass Sie den Vertrag anfechten und die Rechnung nicht bezahlen: Die Darstellung der Website sowie die Teilnahmebedingungen seien irreführend und täuschend gewesen.
- Auf weitere Zahlungsaufforderungen und Drohungen mit rechtlichen Schritten müssen Sie dann nicht mehr reagieren.
- Wer zu 100 Prozent sicher ist, dass er nie auf der betreffenden Internetseite gewesen ist, muss gar nicht reagieren.
- Sonst gilt: Wer auf Nummer sicher gehen will, ficht den Vertrag innerhalb eines Jahres an. Sonst könnte er als genehmigt gelten. Das hätte aber nur Konsequenzen, wenn die Betreiber in der Schweiz tatsächlich einmal rechtliche Schritte einleiten sollten. Ein solcher Fall ist der Rechtsberatung von K-Tipp und Saldo nicht bekannt; bisher ist es bei Drohungen von Inkassobüros und Rechtsanwälten geblieben.
- Um im Streitfall beweisen zu können, dass man den Vertrag angefochten hat, müsste man einen eingeschrieben Brief schicken. Das ist wiederum nur von Bedeutung, wenn der Betreiber tatsächlich einmal rechtliche Schritte einleitet. Wer auf der sicheren Seite sein will, schickt aber dennoch einen eingeschriebenen Brief.
- Und wenn sich ein minderjähriges Kind auf einer täuschenden Website für die Nutzung eines Angebots angemeldet hat? In diesem Fall können Sie dem Betreiber mitteilen, dass Sie den Vertrag nicht genehmigen und vorsorglich anfechten, weil die Darstellung der Website sowie die Teilnahmebedingungen irreführend und täuschend gewesen seien.
- Es kommt immer wieder vor, dass Kinder auf einer betreffenden Website ein falsches Geburtsdatum angeben. Damit macht sich das Kind nicht strafbar. Eltern müssen in solchen Fällen auch keine Ausweiskopie des Kindes schicken.
- Ab und zu passiert es, dass Opfer die erste Jahresrechnung für ein solches «Abo» irrtümlich zahlen. Wenn dann ein Jahr später die Rechnung für das zweite Jahr kommt, können Sie sich dennoch wehren. Sie müssen dazu einen eingeschriebenen Brief schicken und darin mitteilen, Sie hätten die erste Rechnung irrtümlich bezahlt. Und dass Ihnen der Irrtum erst nach Erhalt der zweiten Rechnung bewusst geworden sei.

Die ständig aktualisierte Liste mit den Abofallen im Internet finden Sie unter www.saldo.ch (→ Service → Warnlisten → Abo-Fallen im Internet).

etwas erwarten. Dann macht es Sinn, diejenige Beratungsstelle zu suchen, die auch bereit ist, die schriftlichen Unterlagen anzuschauen. In den allermeisten Fällen muss ein Jurist die Unterlagen sehen und Ihnen die sich daraus ergebenden Fragen stellen können.

■ Falls Ihr Fall zu komplex ist, so lassen Sie sich von der Rechtsberatung die Adressen von zwei, drei bewährten Anwälten geben, die sich zur Behandlung Ihres Falles besonders gut eignen. Eventuell kann auch eine andere Beratungsstelle weiterhelfen, die besser für das jeweilige Rechtsgebiet gerüstet ist.

Wichtig ist, dass Sie den Berater richtig verstehen und dass Sie anschliessend eine Entscheidungsgrundlage für das weitere Vorgehen haben. Machen Sie sich deshalb während des Gesprächs Notizen und fassen Sie am Schluss alles nochmals zusammen.

Gehen Sie alle Punkte durch, die Sie noch beschäftigen.

Das Ziel einer Rechtsberatung ist erreicht, wenn Sie wissen, ob und allenfalls auf welchem Weg Sie weitergehen sollen.

Fragen Sie die Beratungsstelle auch nach geeigneten Anwälten

Je nach Rechtsproblem gibt es verschiedenste Beratungsstellen. Wer Mitglied eines Berufsverbandes oder einer Gewerkschaft ist, wird als Mitglied in der Regel gratis beraten.

Das Gleiche gilt für Mitglieder des Mieterverbandes. Auch dort beraten spezialisierte Fachleute ihre Mitglieder kostenlos. Wer noch nicht Mitglied ist, zahlt normalerweise für die Beratung einen bestimmten Betrag.

Spezialisierte Beratungsstellen gibt es auch für Unfallopfer, für Patientinnen und Patienten, für Invalide oder beispielsweise für Menschen, die Opfer eines fürsorgerischen Freiheitsentzuges wurden (Adressen im Anhang).

Wichtig: Vertrauen Sie einem Berater nicht blind. Fragen Sie immer auch nach seiner Ausbildung und nach seiner allfälligen Berufserfahrung. Denn jede Beratung ist nur so gut wie die Person, die berät.

Das gilt insbesondere auch bei «allgemeinen» Beratungsstellen, die sich nicht primär als Anlaufstellen für Rechtsfragen verstehen. Es gibt Budgetberatungen, Familienberatungen oder Schuldenberatungen, die zum Teil ohne rechtlich ausgebildetes Personal arbeiten.

Das ist so lange kein Problem, als diese sich nicht mit rechtlichen Fragen beschäftigen. Bei juristischen Auseinandersetzungen wäre aber eine Überweisung an einen Juristen oder an eine Juristin die sinnvollere Lösung. Fragen Sie also solche Beratungsstellen nach einem geeigneten Anwalt.

So können Ombudsstellen helfen

Ein paar wichtige Eigenheiten gilt es beim Umgang mit Ombudsstellen zu beachten. Dabei ist zu

TIPP

Ruhig Blut bewahren! Suchen Sie zuerst das Gespräch

Achten Sie darauf, dass Sie bei einer Auseinandersetzung nicht gleich die Nerven verlieren. Bewahren Sie ruhig Blut, wenn Ihnen die Krankenkasse eine Behandlung nicht vergüten will. Oder wenn Ihnen der Vermieter einen happigen Zinsaufschlag ankündigt.

So ärgerlich solche Vorkommnisse auch sind: Mit einer unbedarften mündlichen oder schriftlichen Reaktion holen Sie keinen Vorteil heraus. Im Gegenteil: Sie könnten mit einer vorschnellen Handlung Vorteile aus der Hand geben.

Deshalb: Suchen Sie bei Missständen zuerst das Gespräch mit dem Vermieter, mit dem andern Automobilisten, mit dem Amt oder mit Ihrem Chef.

Tipp: Diskutieren Sie nicht, wenn Sie kurz davor sind, vor Wut zu platzen. Überschlafen Sie die Angelegenheit und besprechen Sie sie zuerst mit Ihrem Partner oder einer Vertrauensperson.

Erst wenn Sie Dampf abgelassen haben, macht ein Gespräch Sinn. Machen Sie aber vorher einen Schlachtplan, notieren Sie kurz den Stand der Dinge aus Ihrer Sicht und skizzieren Sie, wie eine mögliche Einigung oder eine gute dauerhafte Lösung für Sie aussehen könnte.

Schreiben Sie der andern Partei einen kurzen, sachlichen Brief. Bei einer geringfügigen Auseinandersetzung genügt unter Umständen ein simples Schreiben.

Bei einem gravierenderen Zwischenfall bitten Sie um ein Gespräch. Schildern Sie kurz und bündig den Sachverhalt aus Ihrer Sicht. Unterlassen Sie es, mit scheinbar juristischen Formulierungen Eindruck zu schinden. Und verzichten Sie auf jeden Fall auf Drohungen im Sinne von «Wenn Sie nicht spuren, wird Ihnen mein Anwalt schon Beine machen...», oder «Mein Anwalt hat mir gesagt, dass Sie keine Chance haben ...». Sie dürfen auch nicht mit dem Gang zu einem Medium drohen (siehe Kasten auf Seite 20).

Mit einem höflichen Schreiben erreichen Sie mehr als mit einem zornig formulierten Brief.

Das Gleiche gilt auch für das Gespräch. Bleiben Sie ruhig und höflich, aber bestimmt. Der Nachbar, der Polizist und der Steuerbeamte sind auch nur Menschen. Und sie wollen fair und respektvoll behandelt werden. Lassen Sie während des Gesprächs Ihr Gegenüber in Ruhe ausreden, fragen Sie aber bei Unklarheiten gezielt nach.

Am Ende fassen Sie das Gespräch mündlich kurz zusammen und halten dann das Gesagte schriftlich fest.

Passen Sie aber auch auf, dass Sie nicht auf die Verzögerungstaktik des «Gegners» hereinfallen, wenn er versucht, die Angelegenheit verjähren zu lassen. Ein eingeschriebener Brief genügt nicht, um eine drohende Verjährung zu unterbrechen; dazu braucht es eine Klage oder eine Betreibung.

unterscheiden zwischen öffentlichen und privaten Ombudsstellen.

- **Staatliche bzw. öffentliche Ombudsstellen** können eine gute Anlaufstelle sein, falls die Ombudsperson unabhängig, kompetent und durchschlagskräftig ist. Das ist bei staatlichen Ombudsstellen eher der Fall.

Viele Städte und Kantone bieten ihren Bürgerinnen und Bürgern als Anlaufstelle bei Auseinandersetzungen mit ihren Behörden eine Ombudsstelle an, die in der Regel mit einer Juristin oder einem Juristen besetzt ist. Diese Ombudsstellen verstehen sich als Mittler zwischen Bürger und Verwaltung.

Die Ombudsstelle klärt die Angelegenheit und setzt sich mit dem betreffenden Amt in Verbindung. Solche staatlichen Ombudsstellen sind relativ erfolgreich.

Der Ombudsman der Stadt Bern schreibt zum Beispiel, er könne «bei der Verwaltung alle Akten einsehen, Stellungnahmen und Auskünfte einholen, die Situation vor Ort besichtigen und vermittelnde Aussprachen durchführen».

Und: «Nach Abschluss seiner Untersuchungen macht der Ombudsman den Beteiligten Vorschläge für eine faire Lösung. Er kann gegenüber der Verwaltung Verbesserungen vorschlagen und Empfehlungen zur Lösung des Einzelfalles formulieren. Verbindliche Anordnungen treffen kann er jedoch nicht.»

Von den Abfallcontainern bis zur Leibesvisitation

Ein paar typische Betätigungsfelder einer städtischen Ombudsstelle zeigt ein Blick in den Jahresbericht 2009 der Ombudsfrau der Stadt Zürich. Themen waren zum Beispiel:

- Mangelhafte Umsetzung von Gerichtsentscheiden.
- Fehlende Unterstützung für die Erlangung einer Baubewilligung.
- Leistungsverweigerung der städtischen Unfallversicherung.
- Unzumutbarer Standort von Abfallcontainern.
- Betreibung für eine bereits bezahlte Rechnung.
- Übertriebene Personenkontrolle durch die Polizei nach einem Besuch in der Migros.
- Unverhältnismässige Verhaftung und Leibesvisitation einer Coop-Kundin durch die Polizei.

Die Ombudsstellen von einigen Gemeinden, Städten und Kantonen finden Sie unter www.ch.ch (→ Staat und Recht → Ombudsstellen). Dort können Sie Ihren Wohnkanton anklicken oder Ihre Stadt oder Ihre Gemeinde in der Suchmaske eingeben.

Zu den öffentlichen Ombudsstellen gehören auch die Ombudscom (Schlichtungsstelle Telekommunikation) für Streitigkeiten zwischen Kundinnen/Kunden und Fernmelde- und Mehrwertdienstanbieter (siehe Adresse im Anhang). Sie schreibt selber über ihre Tätigkeit: «Die Schlichtungsstelle hat keine Weisungsbefugnis. Sie erarbeitet Empfehlungen mit dem Ziel, dass diese von beiden Parteien akzeptiert werden.»

Daneben gibt es noch Ombudsstellen für Alters- und Heimfragen oder (in einzelnen Kantonen) für das Spitalwesen.

▪ Private Ombudsstellen

Verschiedene Branchen stellen ihren Kundinnen und Kunden eine Ombudsstelle zur Verfügung, bei der sie reklamieren können. So gibt es eine Ombudsstelle für Privatversicherungen, einen Ombudsman der Krankenversicherung, einen Ombudsman der Reisebranche und einen Banken-Ombudsman.

All diesen Ombudsstellen ist gemeinsam, dass sie von der Branche selber bezahlt sind. Ihnen fehlt somit die Unabhängigkeit. Entsprechend ist die Erfolgsquote für Kunden eher gering.

Diese privaten Ombudsstellen können nur darauf hoffen, dass ein bestimmtes Unternehmen einlenkt. Rechtliche Mittel, sie zum Einlenken zu zwingen, haben sie nicht.

Das bedeutet: Man kann durchaus versuchen, eine Auseinandersetzung über eine Ombudsstelle zu lösen. Man muss aber wissen, dass sich die Ombudsstellen nicht gegen den Willen der betroffenen Unternehmen durchsetzen können. Sie haben keine Entscheidbefugnis, sondern können nur Vorschläge zur Beilegung eines Konflikts machen. Und sie werden in der Regel nicht aktiv, wenn schon ein Anwalt im Auftrag des Kunden tätig ist.

Die Ombudsstelle der Privatversicherung und der Suva schreibt zum Beispiel selber: «Bitte beachten Sie, dass unsere Aufgabe in der Vermittlung und nicht in der

FRAGE

Nötigung: Ist es strafbar, mit K-Tipp oder Saldo zu drohen?

Vor ein paar Monaten kaufte ich ein Bügeleisen, das bereits viermal repariert werden musste. Jetzt ist es schon wieder kaputt. Meine Geduld ist nun zu Ende: Ich habe vom Verkäufer das Geld zurückverlangt. Ich sagte ihm auch, dass ich den Vorfall Saldo melden werde, falls er als Verkäufer meine Forderung nicht sofort erfülle. Das hat gewirkt. Doch hat mir ein Freund gesagt, diese Drohung sei strafbar. Stimmt das?

Im Prinzip, ja. Das Bundesgericht hat 1980 entschieden, dass der Tatbestand der Nötigung grundsätzlich erfüllt ist, wenn Konsumentinnen und Konsumenten mit dem Gang zu einem Medium drohen, um so die Gegenpartei unverhältnismässig unter Druck zu setzen. Damals ging es um einen enttäuschten Occasionsauto-Käufer, der mit dem Kassensturz gedroht hatte, um etwas zu erreichen, auf das er keinen klaren Anspruch hatte.

Eine solche Nötigung kann sogar dann strafbar sein, wenn man die Drohung gar nicht wahr macht.

Es genügt schon, dass die Gegenpartei davon ausgeht, dass der Kunde den Vorfall tatsächlich Saldo, dem K-Tipp oder dem Kassensturz oder sonst einem Medium mitteilt. Die Strafe für dieses Vergehen ist Busse oder Gefängnis.

Der Occasions-Käufer im Kassensturz-Fall musste 500 Franken Busse zahlen.

Das heisst aber nicht, dass jeder derartige Druckversuch strafbar ist. Haben Konsumentinnen und Konsumenten ein berechtigtes Anliegen oder einen klaren Anspruch, dürfen sie durchaus mit rechtlichen Schritten drohen.

Wenn Sie z. B. einen Dieb auffordern: «Gib mir mein Geld zurück, sonst gehe ich zur Polizei», ist das nicht strafbar, weil das Geld Ihnen gehört, die Anzeige bei der Polizei damit in direktem Zusammenhang steht und auch verhältnismässig ist.

Wenn Sie allerdings einer Firma mit dem Gang zu einem Medium nur deswegen drohen, weil Sie ein «Montagsmodell» erwischt haben, so ist das unverhältnismässig und deshalb strafbar.

Die Bemerkung allerdings, Sie würden sich bei Saldo oder K-Tipp nach der Rechtslage erkundigen, ist noch keine strafbare Handlung.

Erlaubt ist auch, dass Sie den Brief an die Gegenpartei mit dem Satz beenden: Kopie an Saldo.

Parteivertretung besteht. Wir können auch keine richterliche oder schiedsrichterliche Funktion übernehmen und keine der Parteien verbindlich zu einem bestimmten Verhalten oder einer Leistung zwingen. Ebenso können wir keine Entscheide im Bereich der Unfallversicherung aufheben oder abändern. Das Anrufen der Ombudsstelle unterbricht den Fristenlauf nicht.»

Die Ombudsstelle schreibt in ihrem Jahresbericht 2009, in rund 70 Prozent der Fälle, in denen sie bei einer Versicherungsgesellschaft interveniert habe, habe für den Konsumenten ein besseres Resultat herausgeschaut.

Tatsache ist aber auch: Es kommt immer wieder vor, dass Versicherungen die Ombudsstelle auflaufen lassen und erst einlenken, wenn der Kunde einen Anwalt mit der Intervention beauftragt.

Wichtig ist natürlich auch die personelle Zusammensetzung dieser privaten Ombudsstellen bzw. deren juristische Kompetenz. In dieser Hinsicht hat sich der Ombudsman der Krankenversicherung einen ausgezeichneten Ruf erworben.

TIPP

Die Ratgeber von Saldo und K-Tipp: Lernen Sie Ihre Rechte kennen!

Bevor Sie Ihre Rechte durchsetzen können, müssen Sie diese überhaupt kennen. Zu diesem Zweck haben Saldo und K-Tipp eine Reihe von Büchern zu unterschiedlichsten Themen herausgegeben. Sie bringen nicht nur alles Wissenswerte über das betreffende Rechtsgebiet, sondern auch wichtige Hinweise, wie Betroffene ihre Ansprüche durchsetzen können.

Denn eines ist klar: Wer Bescheid weiss und sich wehren will, kann vieles auch ohne Anwalt selber erreichen. Das sind die Themen der erhältlichen Ratgeber:

- Die Rechte der Patienten
- Die wichtigsten Verträge auf einen Blick
- Betreibung, Pfändung, Privatkonkurs
- Erben und Vererben
- So sind Sie richtig versichert
- Gut vorsorgen: Pensionskasse, AHV und 3. Säule
- Geld anlegen – gut und sicher
- Das Mietrecht im Überblick
- Trennung und Scheidung
- So sparen Sie Steuern
- Unfall-Opfer: Das sind ihre Ansprüche
- Arbeitsrecht: Was Angestellte wissen müssen
- Die Rechte von Eltern und Kind
- Die eigenen vier Wände.

Die Ratgeber können Sie im Internet bestellen (www.saldo.ch) oder über Telefon 044 253 90 70.

Der «Treuhänder»: Kein Garant für juristisches Fachwissen

In Zeitungen und im Internet bieten sich auch viele Treuhänder für Rechtsberatungen an.

Was man dabei wissen muss: «Treuhänder» ist keine geschützte Berufsbezeichnung. Jeder kann sich Treuhänder nennen. Der Berufsbegriff sagt nichts über eine allfällige rechtliche Ausbildung aus. Je nach Berufspraxis können Treuhänder in Steuerfragen oder im Gesellschaftsrecht (Gründung und Verwaltung von Unternehmen) gewisse Kenntnisse angesammelt haben – für Aussenstehende ist jedoch die Zuverlässigkeit einer Antwort oder einer Beratung durch einen Treuhänder nur schwer abzuschätzen.

Dasselbe gilt für private Schuldensanierer, die in Zeitungen inserieren. Wer in finanziellen Nöten steckt, sollte sich an eine öffentliche Schuldenberatungsstelle wenden, die beispielsweise auch die Möglichkeit eines Privatkonkurses sorgfältig abklären kann.

Private Schuldensanierer hingegen machen oft nur Abzahlungspläne und verlangen dafür zum Teil hohe Honorare – sodass Überschuldete am Ende mit noch mehr Schulden dastehen.

Die Liste mit den empfehlenswerten Schuldensanierungsstellen finden Sie im Internet auf www.saldo.ch.

Wenn «Konsumentenschützer» keine echte Hilfe sind ...

Im Übrigen sollten Sie sich auch vor dubiosen Institutionen hüten, die nur so tun, als seien sie im Dienste der Konsumenten oder von Rechtsuchenden tätig, im Grunde aber andere Interessen verfolgen. Solche zweifelhaften Angebote tauchen immer wieder auf und verschwinden dann auch bald wieder.

Der K-Tipp berichtete zum Beispiel Mitte 2010 über die «Schweizerische Beschwerdestelle», die sich als «grösste Konsumentenschutz-Organisation» bezeichnet. Sie wollte aber nur Stellenbewer-

Eine Mediation gelingt, wenn sich die Parteien einigen können

Der Begriff Mediation bedeutet «Vermittlung». Das Vermittlungsverfahren ist freiwillig und formlos.

Der Mediator ist eine neutrale und unparteiische Person ohne eigene Entscheidungsbefugnis. Meist handelt es sich um einen Anwalt mit einer Zusatzausbildung oder um einen Psychologen oder Sozialarbeiter.

Im Unterschied zu staatlichen Gerichten oder privaten Schiedsgerichten hat ein Mediator aber nicht das Recht, gegen den Willen einer Partei zu entscheiden. Seine Aufgabe ist es, eine Atmosphäre des Vertrauens zu schaffen.

Ziel einer Mediation ist der Abschluss einer schriftlichen Vereinbarung, die die strittigen Fragen regelt. Dann erübrigt sich ein gerichtliches Verfahren (mehr dazu auf Seite 107).

Das grosse Problem bei einer Mediation: Um eine allseits befriedigende Lösung zu finden, müssen alle Beteiligten bereit sein, ihre Standpunkte und Unterlagen offenzulegen. Gerade das ist aber bei heftigen Auseinandersetzungen wie etwa bei einer strittigen Scheidung nicht der Fall. Da verlangt der eine Partner die Offenlegung der Ersparnisse, der andere aber will zu Sparkonten, Lebensversicherungen und Rückzahlungen des Hauskredites keine Angaben machen.

Die Frage bleibt dann: Wie sieht es rechtlich aus? Und da kann nur ein Anwalt weiterhelfen.

Am ehesten ist eine Mediation bei nachbarschaftlichen Streitigkeiten angezeigt, wenn nicht Geldprobleme, sondern persönliche Befindlichkeiten im Vordergrund stehen. Im Sinne eines «runden Tisches» kann eine Mediation verhärtete Fronten auflösen.

Weiterführende Informationen erhalten Sie hier:

- Schweizerischer Dachverband Mediation, Schwarztorstrasse 56, 3000 Bern 14, Tel. 031 318 58 17, www.infomediation.ch
- Schweizerischer Verein für Mediation SVM, Rankried 8, 6048 Horw, Tel. 041 342 17 63, www.mediation-svm.ch
- Mediationsforum Schweiz, Postfach 2422, 8022 Zürich, www.mediationsforum.ch.

bern das Geld aus der Tasche ziehen.

Zudem bot der Verein bei Streitigkeiten angeblich eine «erste juristische Vorabklärung» und ein Beschwerdeschreiben an die Gegenpartei.

Kurios auch: Für 899 Franken hätten «4 bis 10 Personen» gemietet werden können, die vor den Räumlichkeiten der Gegenpartei «lautstark» demonstrieren.

Der «Mieterschutz» ist nicht der offizielle Mieterverband

Verwechslungsgefahr droht auch beim «Mieterschutz Schweiz». Wer im Internet nach dem Mieterverband sucht, stösst schnell auf den «Mieterschutz Schweiz».

Die Dienstleistungen unterscheiden sich jedoch wesentlich: Der «Mieterschutz Schweiz» berät zwar Ratsuchende ebenfalls in Sachen Mietrecht. Die Online-Mitgliedschaft kostet 75 Franken; wer auch briefliche Antworten auf Fragen will, zahlt 90 Franken.

Der Mitgliederbeitrag des «richtigen» Mieterverbandes hingegen kostet je nach Kanton 55 bis 86 Franken – und es wird mehr geboten: Beim Mieterverband gibts im Gegensatz zum «Mieterschutz» eine persönliche Beratung. Und der Mieterverband zahlt seinen über 200 000 Mitgliedern Gerichts- und Anwaltskosten bis zu einem bestimmten Betrag, was beim Mieterschutz nicht der Fall ist.

Begleitete Wohnungsabgaben kosten beim Mieterverband zwar extra (ab 70 Franken), doch geniessen Mitglieder einen Vorzugstarif. Der «Mieterschutz» bietet gar keine begleiteten Wohnungsabgaben an.

Die Mediation durch eine neutrale Person

In den letzten Jahren hat sich der Berufsstand der Mediatorinnen und Mediatoren verbreitet. Ihr Ziel: Sie suchen eine einvernehmliche und für beide Parteien befriedigende Lösung, also die aussergerichtliche Streitbeilegung (siehe Kasten auf der Seite links).

Besonders häufig sind Mediationen bei ehelichen Schwierigkeiten. Es gibt aber auch Mediationen in wirtschaftlichen Streitigkeiten zwischen Privaten und Unternehmen bzw. zwischen Unternehmen und Unternehmen.

Mehr zur Mediation steht im Kasten auf Seite 107.

Scheidung: So vermeiden Sie unnötige Kosten

Wie geht es weiter nach einer gescheiterten Ehe? Die meisten Scheidungswilligen – rund 98 Prozent – gehen einvernehmlich auseinander.

Hierfür braucht es ein gemeinsames Scheidungsbegehren, in dem beide Partner ihren Entschluss zur Scheidung bekräftigen. Meistens einigen sie sich mittels Konvention über die wesentlichen Punkte der Scheidung – natürlich auch in Sachen Geld (siehe Kasten auf der nächsten Seite).

Das von beiden Partnern unterschriebene Scheidungsbegehren

TIPP

Mustervorlage für eine Konvention

Eine Mustervorlage für eine Scheidungskonvention finden Sie im Saldo-Ratgeber «Trennung und Scheidung» (siehe Buchhinweise im Kasten auf Seite 21).

Mehrere unterschiedliche Vorlagen für Konventionen, die man sogar online ausfüllen und ausdrucken kann, bietet die Homepage der Zürcher Gerichte (www.gerichte-zh.ch → Themen→ Ehe und Familie → Scheidung).

Diese Website bietet übrigens auch für etliche andere Rechtsgebiete viele Informationen und nützliche Mustervorlagen.

kann jederzeit beim zuständigen Gericht eingereicht werden. Weitere Infos zum Thema stehen auf Seite 121 ff.

Der Eheschutzrichter regelt die Finanzen nur provisorisch

Häufig trennen sich die Partner, bevor sie sich scheiden lassen. Nach einer zweijährigen Trennungszeit kann der Scheidungswillige auch gegen den Widerstand des anderen die Scheidung mittels Klage einleiten.

Eine Klage kann auch vor der zweijährigen Trennungszeit wegen Unzumutbarkeit eingereicht werden. Die Gründe müssen in diesem Fall aber schwerwiegend sein.

Auch in der Trennungsphase müssen die Finanzen geregelt sein. Dabei geht es vor allem um den Unterhalt – also um die zu zahlenden Alimente. Sind sich beide Partner einig, können sie diese Regelung privat vornehmen, zum Beispiel mit einem von beiden unterschriebenen Vertrag.

Bei Uneinigkeit hilft der Eheschutzrichter. Die Regelungen des Eheschutzrichters sind für beide Parteien verbindlich – aber nur für die Zeit der Trennung.

Die abschliessende Aufteilung des Vermögens findet erst bei der eigentlichen Scheidung statt. Zuständig sind die Gerichte am Wohnsitz einer der beiden Parteien.

Ob die Scheidung friedlich oder im Streit verläuft – die lückenlose Dokumentation von Einkommen, Lebenshaltungskosten, Vermögen und Schulden ist in beiden Fällen unerlässlich.

Die Partner sollten deshalb alle Unterlagen und Belege auftreiben und bereithalten.

Diese zwei Wege führen zu einer Scheidung

Zu einer friedlichen Scheidung führen drei Vorgehensweisen:

- Die Partner arbeiten selber eine Scheidungskonvention aus. Vor allem bei einfachen Verhältnissen – beide Partner sind berufstätig, es sind weder Kinder noch Wohneigentum vorhanden – empfiehlt sich dieses Vorgehen. Sind sich beide in allen Punkten einig, ist keine weitere Hilfe notwendig.

Die gemeinsam erarbeitete Konvention sollte man aber unbedingt von einer neutralen, rechtskundigen Stelle überprüfen lassen. Die Scheidungswilligen können das gemeinsam oder einzeln tun. Es muss nicht gleich ein Anwalt sein. Mögliche Beratungsstellen sind Ehe- und Scheidungsberatungen oder Frauenzentralen.

- Die Scheidungswilligen gehen zum Anwalt und geben die Konvention bei ihm in Auftrag.

In allen drei Fällen ist es möglich, einzelne Punkte der Konvention offen zu lassen, falls sich die Partner nicht vollends einigen können. Man spricht in diesem Fall von einer Teilkonvention. Über die offenen Punkte entscheidet dann der Scheidungsrichter.

Mehr zum Thema steht im Saldo-Ratgeber «Trennung und Scheidung». Sie können das Buch im Internet bestellen (www.saldo.ch) oder über Telefon 044 253 90 70.

Anwältinnen und Anwälte sind gut ausgebildet, müssen sich an viele Berufsregeln halten und werden streng beaufsichtigt. Der Gang zum Anwalt lohnt sich meistens, wenn es vor Gericht geht. In diesem Kapitel steht, wie man einen guten Anwalt findet, wie die Honorierung aussieht und was man sonst noch zum Umgang mit Anwältinnen und Anwälten wissen muss.

Es gibt verschiedene Branchen und Berufsgruppen, die Rechtsberatung und Hilfe bei juristischen Auseinandersetzungen anbieten – etwa Treuhandgesellschaften, Banken oder Rechtsschutz-Versicherungen.

Sie alle betonen, sie könnten ihre Kundinnen und Kunden auch rechtlich beraten.

Anwältinnen und Anwälte hingegen dürfen erst seit kurzem für ihre Dienstleistungen werben. Deshalb ist der Unterschied zwischen Rechtsberatern und Anwälten häufig unbekannt.

TIPP

Der Anwalt sollte alles wissen!

Anwältinnen und Anwälte können nur gut beraten und eine Partei vor Gericht erfolgreich vertreten, wenn sie von ihren Klienten über den Sachverhalt genau, vollständig, korrekt und beizeiten informiert worden sind.

Es bringt also nichts, dem Anwalt wichtige Fakten vorzuenthalten. Denn je nach Sachverhalt und je nach beweispflichtigen und beweisbaren Fakten muss der Anwalt in einem Zivil- oder Strafverfahren anders vorgehen.

Der Unterschied ist aber gross: Anwälte müssen ein abgeschlossenes Studium an einer schweizerischen Universität vorweisen. Und für die spätere Zulassung zur Anwaltsprüfung ist ein Praktikum bei einem Gericht oder einer Anwaltskanzlei Bedingung. Erst dann werden sie zur Anwaltsprüfung zugelassen.

Die Anwaltsprüfung gilt als die anspruchsvollste Prüfung für Juristen.

Zum Vergleich: Für die Richterwahl ist weder ein Anwaltspatent noch eine juristische Ausbildung notwendig. Die Richter werden vom Volk oder vom Parlament gewählt. Viele Richterinnen und Richter sind Laien.

Die Bedeutung des kantonalen Anwaltsregisters

Anwältinnen und Anwälte, die ihre Dienste in der Öffentlichkeit anbieten, müssen in einem kantonalen Anwaltsregister eingetragen sein.

Tipp: Bevor Sie einen Anwalt oder eine Anwältin engagieren, sollten Sie prüfen, ob er/sie im kantonalen Anwaltsregister aufgelistet ist. Dazu haben Sie zwei Möglichkeiten:

- Die Kantone haben die Liste ins Internet gestellt. Sie finden sie, indem Sie in einer Internetsuchmaschine «Anwaltsregister» und den jeweiligen Kanton eingeben.
- Noch einfacher geht es über die «Informationsplattform Anwaltsgesetz» im Internet. Sie hat Links zu allen kantonalen Registern (www.bgfa.ch → BGFA-Register).

Beachten Sie aber: Sie sind nicht verpflichtet, einen Anwalt aus dem eigenen Kanton zu nehmen. Sie können auch einen Anwalt beauftragen, der in einem anderen Kanton eingetragen ist.

Wichtig: Hier war die Rede vom offiziellen kantonalen Anwaltsregister.

Davon zu unterscheiden ist die Mitgliederliste der kantonalen Anwaltsverbände, die auf Seite 31f. erwähnt ist. Es gibt Anwältinnen und Anwälte, die zwar «amtlich» zugelassen, aber nicht Mitglied im Anwaltsverband sind. Und umgekehrt.

Anwältinnen und Anwälte müssen unabhängig sein

Anwältinnen und Anwälte unterstehen einer besonderen Aufsicht. Das Aufsichtsorgan kann Anwälte büssen oder ihnen sogar das Patent entziehen, falls sie die anwaltlichen Pflichten verletzen.

Im Register eingetragene Anwälte müssen unabhängig sein – das heisst unabhängig von Banken, Versicherungen usw.

Aus diesem Grund werden Juristen mit Anwaltstitel, die für Unternehmen arbeiten, nicht in das kantonale Register eingetragen.

Beispiel: Rechtsanwältinnen und Rechtsanwälte, die bei einer Rechtsschutz-Versicherung angestellt sind, gelten nicht als selbständig und unabhängig und werden deshalb in der Regel nicht in das Anwaltsregister aufgenommen.

IN DIESEM KAPITEL

Nur eingetragene Anwälte dürfen Klienten vor Gericht vertreten. Das gilt in den meisten Verfahren.

Ausnahmen sind je nach Kanton möglich. Jeder Kanton legt also selber fest, in welchem Bereich der Justiz das Anwaltsmonopol gilt. In der Regel gilt das Monopol für alle ordentlichen Zivil- und Strafverfahren, falls jemand gewerbsmässig Klientinnen und Klienten vor Gericht vertritt – es also gegen Entgelt tut.

In einfachen Verfahren wie etwa Eheschutz- und Betreibungsverfahren oder vor der Schlichtungsstelle für Mietsachen lassen Kantone teilweise auch Laien als gewerbsmässige Vertreter zu.

Gericht ist die klassische Anwalts-tätigkeit. Die Vertretung durch einen Anwalt oder eine Anwältin bringt dem Klienten vor allem drei Vorteile: Der Anwalt untersteht dem **Anwaltsgeheimnis**, bei Fehlverhalten greift die **Aufsichtskommission** ein, und für die Haftung aus Fehlern muss er eine **Haftpflicht-Versicherung** haben.

■ Das Anwaltsgeheimnis

Das Verhältnis zwischen Anwalt und Klient untersteht dem Anwaltsgeheimnis. Das bedeutet: Alles, was zwischen Anwalt und Klient besprochen wird, ist geheim. Das gilt auch für sämtliche Unterlagen des Anwalts im Zusammenhang mit dem Mandat.

Dieses Anwaltsgeheimnis wird sogar durch das Strafrecht geschützt. Hält sich ein Anwalt nicht an die Vertraulichkeit, macht er sich strafbar. Die Höchststrafe beträgt drei Jahre Gefängnis.

Das Anwaltsgeheimnis wird nicht nur durch die Schweizer Gesetze, sondern auch durch die Europäische Menschenrechtskonvention explizit gewährleistet.

Der Hintergrund: Eine Rechtsordnung kann nur dann funktionieren, wenn die Parteien die Hilfe eines Rechtsanwalts ohne Bedenken in Anspruch nehmen können. Es muss also sichergestellt sein, dass Rechtsuchende ihrem Anwalt geheime Tatsachen anvertrauen können – ohne zu riskieren, dass diese Geheimnisse der Justiz oder hörden sind die Inhalte der Besprechungen zwischen Anwalt und Klient tabu; ebenso die Akten des Anwalts. Behörden haben keine Möglichkeit, den Anwalt beispielsweise zu Zeugenaussagen zu verpflichten oder bei ihm Unterlagen zu konfiszieren.

Anwältinnen und Anwälte dürfen nicht einmal sagen, ob eine bestimmte Person bei ihnen Klientin ist oder nicht.

Auch Beschuldigte können ihrem Anwalt alles anvertrauen

Das Anwaltsgeheimnis ist insbesondere im Strafverfahren wichtig, bei dem der Staat bekanntlich Partei ist. Auch Klientinnen und Klienten, die in Untersuchungshaft sind, müssen mit ihrem Anwalt ungestört und geheim Besprechungen durchführen können.

Alles, was Beschuldigte ihrem Anwalt anvertrauen, muss der Gegenpartei, hier also dem Staatsanwalt bzw. dem Staat, verborgen bleiben. Sonst wäre jedes Strafverfahren eine Farce.

Für die Klienten heisst das: Sie können ihrem Anwalt alle Informationen anvertrauen – auch solche, von denen sie glauben, dass sie für den Verfahrensausgang ungünstig sein könnten.

Wichtig: Die Ausführungen zum Anwaltsgeheimnis gelten für die eigentliche Tätigkeit des Anwalts als Rechtsberater und Rechtsvertreter einer Partei. Anders ist es zum Beispiel bei Informationen,

Die Berufsregeln der Anwältinnen und Anwälte

Dies sind die wichtigsten Pflichten, an die sich registrierte und zugelassene Anwältinnen und Anwälte halten müssen:

1. Sorgfalt. Sie müssen ihren Beruf sorgfältig und gewissenhaft ausüben. Sie dürfen nur Fälle in Rechtsgebieten annehmen, in denen sie kompetent sind. Gewissenhafte Berufsausübung heisst auch, dass sie nur das Interesse des Klienten berücksichtigen dürfen und dass sie das Mandat kostengünstig führen müssen, also den Aufwand möglichst tief halten.

2. Unabhängigkeit. Anwälte müssen ihren Beruf unabhängig, in eigenem Namen und auf eigene Verantwortung ausüben. Sie dürfen also nicht von einer Rechtsschutz-Versicherung angestellt sein oder für ein fremdes Unternehmen arbeiten. Eine Anwaltskanzlei darf sich aber als AG oder GmbH organisieren; die darin tätigen Anwälte müssen dann Eigentümer und Geschäftsführer dieses Anwaltsunternehmens sein.

3. Interessenkonflikte. Anwälte müssen jeden Konflikt zwischen den Interessen ihrer Klientschaft und denjenigen Personen meiden, mit denen sie geschäftlich oder privat in Beziehung stehen. Das heisst: Anwälte dürfen nicht Klienten vertreten, falls sie in der Vergangenheit geschäftlich oder privat mit der Gegenpartei zu tun hatten.

4. Erfolgsbeteiligung. Anwältinnen und Anwälte dürfen mit den Klienten keine Abmachung treffen, wonach das Honorar einzig aus einer Beteiligung am Prozessgewinn besteht (als Ersatz für ein Stundenhonorar). Sie dürfen sich auch nicht dazu verpflichten, im Fall eines ungünstigen Ausgangs des Verfahrens auf ein Honorar zu verzichten (ausser bei Strafverfahren). Erlaubt sind aber Vereinbarungen, die einen unterschiedlichen Honoraransatz bei Erfolg oder Misserfolg vorsehen. Erlaubt ist auch eine Kombination von Stundenansatz und Erfolgsbeteiligung.

5. Versicherung. Anwälte müssen eine Berufshaftpflicht-Versicherung abschliessen. Deren Versicherungssumme muss sich an den Risiken orientieren, die mit dem konkreten Mandat verbunden sind.

6. Vermögenswerte. Anwälte müssen Vermögenswerte, die ihnen Klienten anvertrauen, getrennt von ihrem eigenen Vermögen aufbewahren.

7. Honorar. Anwälte müssen die Klientschaft über die Grundsätze der Rechnungsstellung informieren und sie auf Verlangen periodisch über die Höhe des geschuldeten Honorars orientieren.

8. Amtliche Verteidigung. Anwältinnen und Anwälte sind verpflichtet, amtliche **Pflichtverteidigungen** zu übernehmen. Im Rahmen solcher Mandate werden sie dann im Strafverfahren als Pflichtverteidiger vom Gericht eingesetzt und honoriert.

In **zivilrechtlichen Streitigkeiten** müssen sie ebenfalls unentgeltliche Rechtsvertretungen übernehmen. Das heisst: Anwältinnen und Anwälte sind auch verpflichtet, Klienten zu vertreten, die sich keinen Anwalt leisten können. Bei solchen Verfahren setzt das Gericht am Schluss des Verfahrens auch das Honorar fest und bezahlt es (siehe dazu Kapitel 3 auf Seite 53ff.).

die ein Anwalt im Rahmen eines Verwaltungsratsmandates oder eines Vermögensverwaltungsmandates erhält: Solche Informationen unterstehen nicht dem Anwaltsgeheimnis.

Die Aufsicht über die Anwälte

Für Anwaltsklienten und -klientinnen von Vorteil ist sodann, dass der Anwalt bei Pflichtverletzungen von einer kantonalen Aufsichtskommission gerügt oder in kras-

die Rechtsanwälte ist in den meis-ten Kantonen beim kantonalen Ober- bzw. Kantonsgericht angesiedelt. Sie überwacht die Einhaltung der Anwaltspflichten (Kasten auf der vorhergehenden Seite).

Das heisst: Verstösst ein Anwalt gegen die Berufsvorschriften, kann sein Klient oder seine Klientin bei der kantonalen Aufsichtskommission eine Anzeige machen.

Und die Tatsache, dass ein Anwalt über das Patent verfügt und öffentlich praktiziert, bedeutet auch, dass er sich an die Anwaltspflichten halten muss, ansonsten kann er das Patent vorübergehend oder definitiv verlieren.

STICHWORT

Streitwert

Der Streitwert gibt die Summe an, um die vor Gericht jeweils ganz konkret gestritten wird.

Ein Beispiel: Ein Angestellter hat Streit mit seinem Arbeitgeber und verlangt von ihm vor Gericht die Zahlung des 13. Monatslohns in der Höhe von 8900 Franken. Bleibt es dabei, beträgt der Streitwert 8900 Franken.

Doch diese Forderung bringt den Arbeitgeber auf die Palme, und er verlangt im Gegenzug vom Angestellten 15 000 Franken mit dem Argument, durch sein Verhalten habe er im Betrieb einen Schaden angerichtet.

Damit beträgt der Streitwert in dieser gerichtlichen Angelegenheit 23 900 Franken.

Fällen müssen sie für den finanziellen Schaden aufkommen.

Der Rechtsanwalt haftet zwar nicht für den Erfolg seiner Tätigkeit; das hat zur Folge, dass der Klient das Honorar auch dann zahlen muss, wenn er den Prozess verliert.

Der Anwalt muss jedoch sein Handwerk nach allen Regeln der Kunst im Interesse des Kunden oder der Kundin ausführen.

Das Gesetz verlangt keine Mindestdeckung

Damit Anwältinnen und Anwälte nach einer Pflichtverletzung für einen allfälligen Schaden geradestehen können, werden sie im Kanton nur zugelassen, wenn sie über eine Haftpflicht-Versicherung verfügen.

Das Gesetz selber verlangt dafür keine Mindestdeckung. Doch die meisten Kantone schreiben eine Mindestdeckung von 1 Million Franken pro Schadenfall vor.

Das bedeutet: Je nach Höhe des Streitwertes (siehe Kasten links) sollten Klientinnen und Klienten bei der Mandatierung eines Anwalts auch die Frage der Haftpflicht-Deckung besprechen.

Gemäss den Angaben der Axa-Winterthur nehmen in der Schweiz jedes Jahr rund zehn Prozent der Anwälte ihre Berufshaftpflicht-Versicherung in Anspruch.

In sehr vielen Fällen geht es dabei um eine verpasste Frist (siehe Seite 42).

Wie finde ich einen guten Anwalt?

Rechtsanwälte werden in der Deutschschweiz unterschiedlich bezeichnet: In Basel nennen sie sich Advokaten, in Bern Fürsprecher, im Kanton Aargau teilweise Fürsprech, in den meisten Kantonen aber Rechtsanwalt. In der Romandie heisst ein Rechtsanwalt maître, im Tessin avvocato.

Doch längst nicht alle Anwältinnen und Anwälte sind in der Rechtsvertretung tätig, also in der eigentlichen Anwaltstätigkeit.

Beispiel Tessin: Dieser Kanton mit einer relativ kleinen Bevölkerung hat die grösste Anwaltsdichte der Schweiz. Und zwar deswegen, weil im Tessin sehr viele Anwälte in der Vermögensverwaltung tätig sind sowie im Verwaltungsrat von Unternehmen.

TIPP

Wie stehen meine Chancen? Holen Sie eine zweite Meinung ein!

Eine wichtige Frage für Klientinnen und Klienten an ihren Anwalt lautet natürlich: Wie stehen meine Chancen? Wie gut sind die Erfolgsaussichten? Bringe ich mein Anliegen vor Gericht durch? Gibt es verschiedene Möglichkeiten, um zum Ziel zu kommen?

Der Anwalt gibt dazu eine Einschätzung ab, die ihm realistisch erscheint. Es ist allerdings nicht ausgeschlossen, dass er die Chancen eher rosiger zeichnet, als sie effektiv sind, falls er das Mandat unbedingt will.

Für Klienten kann es sich deshalb lohnen, den Fall einem anderen Anwalt vorzulegen und diesen um eine zweite Meinung zu bitten. Der finanzielle Aufwand für ein oder zwei Stundenhonorare von beispielsweise 250 Franken kann sich durchaus auszahlen.

Wenn zwei Anwälte unabhängig voneinander zum gleichen Resultat kommen, ist die Trefferwahrscheinlichkeit wohl grösser.

Das «bevorzugte Tätigkeitsgebiet» gibt einen Hinweis ...

Wer also einen Anwalt sucht, muss wissen, auf welches Arbeitsgebiet bzw. Tätigkeitsgebiet er spezialisiert ist.

Wirtschaftsanwälte zum Beispiel gründen, verwalten und liquidieren oft Unternehmen und beraten sie. Solche Anwälte wären die falsche Adresse für jemanden, der einen Rechtsvertreter für eine Scheidung oder in einem arbeitsgerichtlichen Prozess sucht.

Aus diesem Grund geben die Anwältinnen und Anwälte auf ihren Homepages und in den Listen der kantonalen Anwaltsverbände in der Regel ihre bevorzugten Tätigkeitsgebiete an. (Hingegen gibt es in den auf Seite 26 erwähnten offiziellen kantonalen Anwaltsregistern keine Hinweise auf das Tätigkeitsgebiet.)

... sagt aber noch nicht, ob der Anwalt auch gut ist

Diese «bevorzugten Arbeitsgebiete» sagen aber nichts aus über die Qualität eines Anwalts.

Auch der Titel «Fachanwalt» hilft nicht entscheidend weiter. Er gibt ebenfalls nur Auskunft über das bevorzugte Arbeitsgebiet, besagt aber zudem, dass ein solcher Anwalt einen Weiterbildungskurs des Schweizerischen Anwaltsverbandes in einem bestimmten Bereich erfolgreich abgeschlossen hat.

und Anwälte der Schweiz organisiert. Ob jemand Mitglied des Verbands ist oder nicht, sagt ebenfalls nichts aus über die Qualität seiner Dienstleistung.

Auf Internetvergleichsdienste ist kein Verlass

Am besten gehen Sie gleich vor wie bei der Suche nach einem Arzt: Fragen Sie unter Freunden und Bekannten, wer allenfalls mit einem bestimmten Anwalt gute Erfahrungen gemacht hat.

Die meisten Anwältinnen und Anwälte werden denn auch über Mund-zu-Mund-Propaganda gefunden: Wer mit seinem Anwalt zufrieden war, gibt seine positiven Erfahrungen gerne weiter.

Keine Gewähr für eine erfolgreiche Suche bieten die Listen der kantonalen Anwaltsverbände. Denn die Verbände müssen alle ihre Mitglieder gleich behandeln. Sie dürfen also kein Mitglied besonders empfehlen oder gar von einem Mitglied abraten.

Die Dienstleistung der Anwaltsverbände besteht darin, dass sie eine Liste führen bzw. ein gedrucktes Register herausgeben, in dem die Mitglieder sowie ihre bevorzugten Tätigkeitsgebiete aufgelistet sind. Zu sehen ist auch das Jahr, in dem der Anwalt das Patent erworben hat, was ein Hinweis auf seine Berufserfahrung ist.

Die gleichen Informationen sind im Internet zugänglich (www.swisslawyers.com).

Dort wurden einfach nur die Adressen von Anwälten eingefüllt. Wer oben auf der Liste erwähnt werden will, zahlt dafür. Die Bewertungen sind nicht überprüfbar. Jeder Anwalt kann über sich selber beste Bewertungen schreiben.

Auch die im Internet inserierenden Anwaltskanzleien, etwa in den Google-Anzeigen, liefern nicht zwingend gute Qualität. Wer Anzeigen schaltet, sagt damit nur aus, dass er nicht genügend Arbeit hat – oder die Kanzlei vergrössern will.

Lukrative Mandate sind bei Anwälten begehrter

Vorsicht ist auch bei der neuen Dienstleistung www.advonaut.ch angebracht. Hier sei die Anwaltsuche «einfach, schnell und kostenlos», heisst es auf der Homepage. Interessenten können auf dieser Website den eigenen Fall oder eine Rechtsfrage formulieren. Anwälte, die an der Übernahme des Mandats interessiert sind, melden sich dann mit einer Antwort.

Dieser Service ist für die Klientinnen und Klienten kostenlos. Die Anwälte zahlen einen bestimmten Betrag dafür.

Doch auch hier melden sich in erster Linie Anwälte, die zu wenig Arbeit haben.

Eine Stichprobe der juristischen Fachzeitschrift Plädoyer ergab: Leute mit Rechtsproblemen, bei denen es um wenig Geld geht, fin-

Fortsetzung auf Seite 34

Wann einen Anwalt nehmen? Und wann nicht?

Weil Anwältinnen und Anwälte nicht gratis arbeiten, sollten Sie stets überlegen, ob es sich lohnt, einen Anwalt einzuschalten, um vor Gericht etwas zu erreichen. Wenn im Voraus klar ist, dass ein Anwalt mehr kostet als das, was am Ende herausschauen kann, lohnt es sich in der Regel nicht – ausser Sie haben eine Rechtsschutz-Versicherung.

1400 Franken gewonnen, aber der Anwalt kostet 3000 Franken. Ein Beispiel aus der Saldo-Leserschaft: Ein Ehepaar aus dem Rheintal hat an einer Werbefahrt eine Matratze für 1400 Franken gekauft. Anschliessend tritt es vom Vertrag zurück (das ist möglich wegen des siebentägigen Rücktrittsrechts) und fordert das Geld zurück. Der Veranstalter weigert sich, das Paar engagiert einen Anwalt, der vor Gericht erreicht, dass der Veranstalter die 1400 Franken zurückzahlen muss.

Nun muss der Veranstalter den Klägern eine Prozessentschädigung von 617 Franken zahlen – was die Anwaltskosten bei weitem nicht deckt. Denn der Anwalt veranschlagt 13 Stunden à je 230 Franken – unter anderem auch deshalb, weil er für die Gerichtsverhandlung vom Rheintal nach Dietikon ZH reisen muss. (Klienten müssen auch die Reisezeit des Anwalts zahlen!)

Dem «Erfolg» von 1400 Franken stehen damit Anwaltskosten von rund 3000 Franken gegenüber! Zum Glück hat das Paar eine Rechtsschutz-Versicherung – sonst hätte es sein Geld wohl oder übel abschreiben müssen.

Voraussetzung ist übrigens auch, dass die Gegenpartei dann effektiv zahlt – was im konkreten Fall nicht geschah.

Gewonnen, aber trotzdem verloren. In einem anderen Fall wäre ein Mann wohl froh gewesen, wenn er einen Anwalt zugezogen hätte. Er hatte von einem Versandhaus ein Schreiben erhalten, das den Eindruck erweckte, er habe 50 000 Franken gewonnen. Die klagte der Mann ein – bis vor Bundesgericht.

Die höchste Instanz liess ihn zwar abblitzen. Gleichzeitig heisst es aber im Urteil – salopp übersetzt: Wenn du alles richtig gemacht hättest, hätten wir dir recht geben müssen.

Grund: Der Mann war ohne Anwalt nach Lausanne gegangen. Das war ein fataler Fehler, denn Laien sind in solchen Angelegenheiten hoffnungslos überfordert (siehe auch Kasten auf Seite 40).

Dazu das Bundesgericht: «Die blosse Bemerkung, das Versandhaus habe das Gesetz umgangen und gegen das Lotteriegesetz verstossen, vermag den Anforderungen an eine Begründung nicht zu genügen.»

Das Bundesgericht schreibt auch, es könne die Anforderungen nicht weniger streng handhaben, «wenn ein Bürger keinen Anwalt beizieht».

Dabei hätten ihm die Richter wohl recht gegeben: «Da der Kläger nach Treu und Glauben schliessen durfte, er habe den ersten Preis erzielt, sofern er eine Ware bestelle – was er getan hat –, wäre die Berufung bei Erfüllung der formellen Voraussetzungen mit grosser Wahrscheinlichkeit gutzuheissen gewesen.»

Mit anderen Worten: Ein guter Anwalt hätte die 50 000 Franken für den Mann erkämpfen können.

Prozessieren erst ab 10 000 Franken. Grundsätzlich sollten Sie eine Anwältin oder einen Anwalt beauftragen,

- wenn die Gegenpartei ebenfalls durch einen Anwalt vertreten ist oder
- wenn die Gegenpartei rechtskundig ist, es sich also zum Beispiel um eine Bank oder um eine Versicherung handelt.
- Ab einem Streitwert von 5000 Franken kann es sich lohnen, einen Anwalt beizuziehen. In einen Prozess sollte man aber nur gehen, wenn es um mindestens 10 000 Franken geht (es sei denn, man kann unentgeltlich prozessieren, siehe Seite 53ff.).

Anwalt.

Für die Stichprobe platzierte die Plädoyer-Redaktion drei Anfragen – die erste aus dem Arbeitsrecht, eine zweite aus dem Mietrecht und eine dritte aus dem Erbrecht.

Das Resultat überrascht Branchenkenner nicht: Wenig lukrative Miet- und Arbeitsrechtsfälle vermochten die Zürcher Anwaltschaft nicht zu begeistern. Ergebnis der Anwaltsuche hier: null Antworten.

Anders bei der erbrechtlichen Frage: Innert weniger Stunden erhielt Plädoyer E-Mails von sechs Anwälten.

Anwalt zuerst telefonisch. So klären Sie ab, ob der Anwalt sich für das Problem überhaupt als kompetent erachtet.

Zudem sind sehr viele Anwältinnen und Anwälte überlastet, sodass es häufig schwierig ist, eine Rechtsvertretung zu finden.

Sie müssen auch damit rechnen, dass Anwälte bei Rechtshändeln mit einem geringen Streitwert kein Interesse zeigen.

Zudem sollten Sie beim ersten telefonischen Kontakt mit dem Anwalt auch fragen, wie viel ein erstes Gespräch kostet.

Es gibt Anwältinnen und Anwälte, die für ein erstes Gespräch nichts verlangen – etwa dann, wenn sie das Mandat anschliessend nicht annehmen.

Viele Kanzleien kassieren aber schon für das erste Gespräch einen bestimmten Stundenansatz (zur Höhe der Anwaltskosten siehe Kapitel 3).

Eine gute Vorbereitung ist enorm wichtig

Ist ein erstes Gespräch verabredet, sollten Sie sich sorgfältig darauf vorbereiten. Stellen Sie dazu sämtliche schriftlichen Unterlagen zusammen – etwa den bisherigen Briefwechsel mit der Gegenpartei. Oder bei einer Scheidung eine Übersicht über das Einkommen, das Vermögen sowie den aktuellen Stand des Pensionskassenguthabens.

TIPP

Was der Anwalt von Ihnen erwartet

- Bereiten Sie sich auf die Besprechung vor, am besten mit einer vollständigen Dokumentation der schriftlich vorhandenen Akten.
- Informieren Sie richtig, vollständig und ohne Beschönigungen. Der Anwalt kann Sie nur dann gut beraten und vertreten, wenn er alle Tatsachen kennt. Erfährt er Wichtiges erst am Gericht aus dem Plädoyer der Gegenpartei, ist es oft zu spät, um die Weichen richtig zu stellen.
- Informieren Sie ihn während des Mandats über alle Neuigkeiten, die für die Vertretung durch den Anwalt von Bedeutung sein können.
- Befolgen Sie die Instruktionen des Anwalts, zum Beispiel vor einer Verhandlung mit der Gegenpartei. Verzichten Sie auf Alleingänge wie etwa Verhandlungen mit der Gegenpartei, ohne dies mit dem Anwalt abgesprochen zu haben.
- Informieren Sie Ihren Anwalt über längere Abwesenheiten. Er muss Sie erreichen können, wenn ein Gerichtsentscheid mit einer kurzen Frist eintrifft.

Je aussagekräftiger bzw. vollständiger die Unterlagen sind, desto präziser kann ein Anwalt die gestellten Fragen beantworten.

Wichtig ist auch, dass Sie vor der Besprechung die Fragen notieren, die Sie beantwortet haben möchten. Ein gut vorbereitetes Gespräch dauert weniger lang.

Das hat auch finanzielle Vorteile. Die Rechnung des Anwalts bestimmt sich nämlich nach dem Zeitaufwand – und deshalb ist seine Dienstleistung umso günstiger, je kürzer die Besprechungen ausfallen.

Fragen Sie auch: Wer genau bearbeitet meinen Fall?

Fragen Sie den Anwalt oder die Anwältin anlässlich des ersten Gesprächs unbedingt auch, wer die Sache bearbeitet. Grund: Anwaltskanzleien sind unterschiedlich organisiert. Besonders kleinere Kanzleien legen grossen Wert auf eine persönliche Dienstleistung. Das heisst: Der Anwalt, mit dem man die Sache bespricht, bearbeitet sie auch.

Grosskanzleien mit vielen angestellten Anwälten funktionieren hingegen anders: Dort wird die erste Besprechung in der Regel von einem erfahrenen Anwalt durchgeführt, die weitere Bearbeitung aber dann meist an junge angestellte Anwälte delegiert.

Das kann nicht nur die Bearbeitung umständlicher machen, sondern auch zu Mehrkosten führen: Wenn mehrere Anwälte mit dem gleichen Fall zu tun haben, addieren sich die honorarpflichtigen Stunden entsprechend. Deshalb gilt: Fragen Sie bei der ersten Besprechung immer, wer in der Kanzlei Ihren Fall bearbeitet.

Infos zu Anwälten im Internet

Auf diesen Websites finden Sie nützliche Hinweise:

- www.swisslawyers.com. Auf der Homepage des Schweizerischen Anwaltsverbandes (SAV) finden Sie sämtliche Adressen der kantonalen Verbände sowie die Liste der kantonalen Rechtsauskunftsstellen. Sie können dort auch die Standesregeln nachlesen (→ SAV → Statuten/Standesregeln).
- www.admin.ch. Hier können Sie sämtliche Bundesgesetze in der jeweils aktuellen Fassung nachlesen (→ Dokumentation → Systematische Sammlung). Wenn Sie dort in der Suchmaske zum Beispiel BGFA eingeben, erscheint das Anwaltsgesetz im Wortlaut auf Ihrem Bildschirm. Artikel 12 des BGFA zählt die Berufsregeln auf, an die sich Anwältinnen und Anwälte halten müssen.
- www.bgfa.ch. Diese Site richtet sich primär an Anwälte, ist aber auch für Laien interessant. Hier finden Sie beispielsweise Urteile zu Patententzügen und Fachbeiträge, zum Beispiel mit dem Titel «Darf man im Prozess lügen?».

Eine Vollmacht regelt wichtige Details

Unumgänglich ist bei der ersten Besprechung auch die Regelung des Verhältnisses zwischen Klient und Anwalt: Lassen Sie sich genau erklären, wie die Zusammenarbeit abläuft.

Als Klient oder Klientin müssen Sie eine Vollmacht unterzeichnen. Diese Vollmachten sind sehr allgemein gefasst, da sie für praktisch alle Fälle einheitlich formuliert sind.

Trotzdem sollten Sie das Formular vor der Unterschrift genau durchlesen und bei Unklarheiten

chen Büros allenfalls den Fall bearbeitet, kann das Stellvertretungsrecht auf der Vollmacht streichen.

Ansonsten enthalten die Anwaltsvollmachten in der Regel eine Ermächtigung zur Vertretung vor Gerichten und Behörden sowie eine generelle Ermächtigung zur Einsicht in Akten inklusive medizinische Unterlagen.

Ein Muster für eine Vollmacht ist am Ende dieses Kapitels abgedruckt.

Wichtig: Eine solche Vollmacht können Klientinnen und Klienten jederzeit per sofort und ohne Begründung widerrufen. Dies geschieht am besten mit eingeschriebenem Brief an den entsprechenden Anwalt.

Zusätzlich schliessen Klient und Anwalt in der Regel einen

rung regelt. Ein Muster ist ebenfalls am Ende dieses Kapitels abgedruckt.

Wie die Vollmacht ist auch der Auftrag jederzeit widerrufbar, dies ebenfalls ohne jede Begründung.

Beim Auftrag gilt dieses Widerrufsrecht allerdings für beide Parteien: Nicht nur der Klient, sondern auch sein Anwalt kann den Auftrag kündigen. Allerdings darf dieser Widerruf nicht zur Unzeit erfolgen (siehe Kasten auf dieser Seite).

Für Klientinnen und Klienten heisst das: Wollen sie einem Anwalt das Mandat entziehen, können sie das praktisch immer tun. Sie sollten aber vorher prüfen, ob sie rechtzeitig einen Ersatz finden (was meist Zusatzkosten verursacht).

Das Honorar bemisst sich nach dem Stundenaufwand

Im Auftrag wird auch die Honorierung bzw. der Stundenansatz festgelegt. Grundsätzlich bemisst sich das Honorar eines Anwalts nach seinem persönlichen Zeitaufwand. Darin sind alle Büro- und Sekretariatskosten enthalten.

Als Basis wird ein Honorar pro Stunde vereinbart. Dieses liegt in der Schweiz in der Regel zwischen 200 und 400 Franken. Wirtschaftsanwälte, die für Unterneh-

Fortsetzung auf Seite 38

Der Anwalt darf nicht zur Unzeit kündigen

Klientinnen und Klienten dürfen den Auftrag an den Anwalt jederzeit kündigen.

Auch Anwältinnen und Anwälte dürfen das Mandat niederlegen – aber nicht «zur Unzeit», wie es im Gesetz heisst. Sie dürfen also zum Beispiel nicht kurz vor Ablauf einer Frist oder unmittelbar vor einem Gerichtstermin kündigen.

Der Grund leuchtet ein: Legt ein Anwalt am Ende einer Beschwerde oder Berufungsfrist sein Mandat nieder, ist es für den Klienten fast unmöglich, innert der gesetzten Frist einen Ersatz zu finden. Denn ein neuer Anwalt müsste zuerst alle Akten beschaffen und sich in den Fall einarbeiten, was so schnell selten möglich ist.

11 Punkte zum richtigen Umgang mit Anwältinnen und Anwälten

1. Wie findet man einen guten Anwalt?
Am besten fragen Sie im Bekanntenkreis: Wer hat schon gute Erfahrungen mit einem Anwalt gemacht? Die Branchenverbände können zwar bewährte Anwälte vermitteln, doch sie dürfen keinen besonders empfehlen, weil sie alle Mitglieder gleich behandeln müssen.

2. Was ist ein guter Anwalt?
Nicht der Ja-Sager, der Ihnen nach dem Munde redet. Nehmen Sie den Skeptiker, der Ihnen unangenehme Fragen stellt.

3. Muss der Anwalt in meinem Wohnsitzkanton praktizieren?
Nein. Wer in einem kantonalen Anwaltsregister eingetragen ist, ist an allen Gerichten der Schweiz zugelassen.

4. Muss man bei Anwälten einen Kostenvorschuss bezahlen?
Es gibt Anwälte, die einen Vorschuss verlangen – und andere, die darauf verzichten. Wichtig: Vereinbaren Sie beim ersten Gespräch, wann und wie Rechnung gestellt werden soll. Fragen Sie nicht nur nach dem Stundentarif; entscheidend ist auch, wie viele Stunden ein Anwalt für Ihren Fall aufwendet. Und vereinbaren Sie ein Kostendach, um unliebsame Überraschungen zu vermeiden.

5. Wie viel kostet ein Rechtsanwalt?
Die Höhe des Honorars hängt meist vom Streitwert, von der Schwierigkeit des Falles und der Berufserfahrung des Anwalts ab. Häufig wird ein fester Stundenansatz vereinbart. Dieser liegt in der Regel zwischen 200 und 400 Franken. Falls Sie eine Rechtsschutz-Versicherung haben, so soll Ihr Anwalt dort eine Kostengutsprache beantragen.

6. Wie rechnet ein Anwalt ab?
Wenn mit einem bestimmten Stundenansatz nach Zeitaufwand abgerechnet wird, sind die Sekretariatsarbeiten im Honorar inbegriffen. Berechnet werden darf dann nur der Zeitaufwand des Anwalts. Spesen für Kopien, Anrufe, Fahrtkosten usw. werden zusätzlich in Rechnung gestellt. Wer einen Prozess gewinnt, erhält häufig eine Entschädigung. Diese deckt aber die Anwaltskosten nicht in jedem Fall.

7. Was kann man gegen eine zu hohe Rechnung unternehmen?
Zunächst sollte man beim Anwalt reklamieren. Ist dies erfolglos, kann man die Rechnung vom kantonalen Anwaltsverband überprüfen lassen, sofern der Anwalt dort Mitglied ist. Das gilt für die Kantone Zürich, St. Gallen, Graubünden, Basel-Stadt und Basel-Landschaft. In andern Kantonen kann man sich beim Anwaltsverband erkundigen, ob eine aussgerichtliche Stelle die Rechnung prüft.

8. Wer hat Anspruch auf einen kostenlosen Anwalt?
Das ist in den kantonalen Prozessordnungen geregelt und wird vom Gericht auf Gesuch hin geprüft. Grundsätzlich gilt: Wer neben seinem Lebensunterhalt nicht für Anwaltskosten aufkommen kann, hat Anspruch auf einen unentgeltlichen Rechtsbeistand. Der Prozess darf aber nicht aussichtslos sein. Voraussetzung ist auch, dass es für das Verfahren überhaupt einen Rechtsanwalt braucht (siehe Kapitel 3).

9. Wo kann man sich über einen Rechtsanwalt beschweren?
In jedem Kanton gibt es eine Aufsichtsbehörde. Diese überwacht, ob das Anwaltsgesetz eingehalten wird. Fragen Sie beim kantonalen Obergericht nach der Adresse.

10. Darf ein Anwalt das Mandat kündigen?
Ja. Wie der Klient darf auch der Anwalt das Mandat jederzeit kündigen – allerdings nicht zur Unzeit. Also zum Beispiel nicht kurz vor einem Verhandlungstermin.

11. Muss der Anwalt die Originalakten zurückgeben?
Ja. Klienten können die Akten herausverlangen. Grundsätzlich müssen Anwälte die Akten zehn Jahre lang aufbewahren. Ihre persönlichen Notizen hingegen müssen Anwälte nicht aushändigen.

hohe Streitwerte bearbeiten, verlangen bis zu 600 Franken.

Geht es um tiefere Streitwerte wie etwa bei familienrechtlichen Fragen oder arbeitsvertraglichen bzw. mietrechtlichen Streitigkeiten, wird in der Regel ein Stundenansatz von 200 bis 300 Franken vereinbart.

Viele Anwälte richten ihr Stundenhonorar nicht nur nach dem Streitwert des Rechtshändels, sondern ziehen als Basis für ihr Honorar auch die finanziellen Verhältnisse des Klienten in Betracht. Sie verlangen also von reichen Klienten mehr, von ärmeren Mandanten weniger.

Zuzüglich zum Honorar nach Zeitaufwand kommen noch die detaillierten Auslagen (Spesen für Kopien, Kuriere, Telefon, Fax, Porti, Autokilometer, Zugbillette usw.) sowie die Mehrwertsteuer. Es kann aber sein, dass diese zu-

TIPP

Vereinbaren Sie ein Kostendach oder Zwischenrechnungen

Damit Sie beim Anwaltshonorar am Schluss keine böse Überraschung erleben, können Sie mit dem Anwalt ein Kostendach vereinbaren. Das ist eine bestimmte Summe, bis zu der der Anwalt einstweilen arbeiten soll.

Alternative dazu: Sie können auch vierteljährliche oder halbjährliche detaillierte Zwischenrechnungen vereinbaren. So haben Sie die Kostenentwicklung im Blick. Denn ohne besondere Vereinbarung stellen manche Anwältinnen und Anwälte nur einmal jährlich – oder noch seltener – Rechnung.

auf das Stundenhonorar (plus Mehrwertsteuer).

Zuschlag zum Basishonorar: Die Erfolgsprämie

Immer häufiger vereinbaren Anwalt und Klient nebst dem Basishonorar nach Zeitaufwand zusätzlich noch eine abgestufte Erfolgsprämie, die sich nach dem erzielten Resultat richtet. Das kann zum Beispiel der Fall sein, wenn der Klient in einem Haftpflichtprozess von der Gegenpartei eine hohe Schadenersatzsumme verlangt.

Die Vereinbarung könnte dann so lauten: Das Basishonorar beträgt 250 Franken pro Stunde. Zusätzlich erhält der Anwalt aber noch:

- 8 Prozent der erstrittenen Geldsumme, falls diese mehr als 250 000 Franken beträgt, oder
- 6 Prozent der ausbezahlten Geldleistung, falls diese über 300 000 Franken liegt, oder
- 4 Prozent, falls 500 000 Franken oder mehr herausschauen, oder
- 2 Prozent der Summe, falls über 1 Million Franken resultieren.

Reine Erfolgsprämien sind aber nicht zulässig. Das heisst: Ein Anwalt darf nicht kostenlos arbeiten und sein Honorar allein aufgrund der kassierten Gelder vereinbaren.

Wie hoch die Anwaltsrechnung am Ende zu stehen kommt, lässt sich zu Beginn des Mandats in der Regel nicht errechnen – auch nicht annähernd. Denn der Zeitaufwand ist praktisch im Voraus nicht zu beziffern. Er hängt ab von der Reaktion der Gegenpartei, von der Komplexität der gerichtlichen Verfahren usw.

Zudem weiss ein Klient zu Beginn eines Mandats nicht, wie speditiv sein Anwalt arbeitet. Erfahrene und spezialisierte Anwälte sind in der Regel viel effizienter als jüngere mit weniger Erfahrung – und kommen deshalb in einer Stunde bedeutend weiter.

Aus diesem Grund muss ein höherer Stundenansatz nicht unbedingt eine höhere Schlussrechnung zur Folge haben.

Rechnungsstellung: Das muss der Anwalt berücksichtigen

Anwälte müssen keine detaillierte Rechnung mit der Auflistung sämtlicher Tätigkeiten und Verfahrensschritte vorlegen. Die meisten Anwälte stellen denn auch lediglich eine Honorarnote mit der Angabe der aufgewendeten Gesamtzeit und dem Gesamthonorar zusammen.

Jeder Klient hat aber das Recht, jederzeit eine detaillierte Rechnung zu erhalten. Die kann er zu jedem Zeitpunkt verlangen – also nicht erst nach Beendigung des Mandats.

Wünscht ein Klient eine Rechnung, sollte ein Anwalt innerhalb von ein bis zwei Monaten Rechnung stellen. Stellt er zu spät Rechnung, ist dies allerdings noch kein Grund, die Rechnung nicht zu bezahlen. Denn der Honoraranspruch des Anwalts verjährt erst nach fünf Jahren.

Kostenvorschuss oder nicht? Erkundigen Sie sich!

Es gibt Anwältinnen und Anwälte, die grundsätzlich nur arbeiten, wenn der Klient einen Kostenvorschuss gezahlt hat. Andere verzichten auf einen Vorschuss.

Früher wurden Rechtsuchende praktisch immer um einen Vorschuss gebeten. Heute ist das nicht mehr der Fall.

Manche Anwältinnen und Anwälte sind durchaus bereit, zuerst etwas an die Hand zu nehmen und erst anschliessend den bereits entstandenen Aufwand in Rechnung zu stellen. Es kann sogar sein, dass ein Anwalt erst nach Abschluss des Falles eine Honorarnote verschickt.

Scheuen Sie sich deshalb nicht, diese Frage schon bei der ersten Besprechung mit dem Anwalt zu stellen und im Auftrag schriftlich zu regeln.

Überrissene Rechnung? Das können Sie tun

Oft gibt es Streit um die Anwaltsrechnung. Dazu ein wichtiges Detail: Verweigert ein Klient die Zahlung der Rechnung, kann der Anwalt seine Forderung nicht direkt bei einem Gericht einklagen.

Vielmehr muss sich der Anwalt zuerst vom Anwaltsgeheimnis entbinden lassen. Dafür gibt es zwei Möglichkeiten:

- Der Klient entbindet ihn freiwillig vom Berufsgeheimnis. Dies ist in der Regel am einfachsten.
- Weigert sich der Klient, muss der Anwalt bei der Kantonalen Aufsichtskommission den Antrag stellen, dass er von der Wahrung des Berufsgeheimnisses befreit wird, soweit es für das Inkasso seiner Forderung nötig ist.

Diese Entbindung wird regelmässig gewährt.

vor Bundesgericht!

Es kommt immer wieder vor, dass Bürgerinnen und Bürger ihren Streit allein vor Gericht ausfechten – ohne Anwalt. Und dass sie die Angelegenheit bis vors Bundesgericht tragen.

Doch da sind Laien in der Regel überfordert. Und das hat regelmässig zur Folge, dass das Bundesgericht auf eine Beschwerde «im vereinfachten Verfahren nicht eintritt», wie es im Fachjargon heisst.

Mit anderen Worten: Die Beschwerde wird gar nicht behandelt.

In der Regel scheitern Laien an der Begründung. Das Bundesgericht verlangt, dass ein Rechtsmittel «die Begehren und deren Begründung enthalten» muss, «wobei in der Begründung in gedrängter Form darzulegen» ist, inwiefern das Urteil der Vorinstanz das Recht verletzt hat.

Enthält aber ein Laien-Antrag «keinen rechtsgenüglichen Antrag», setzen sich die Ausführungen «mit dem angefochtenen Entscheid nicht auseinander» und ist unklar, «inwiefern die Sachverhaltsfeststellung der Vorinstanz unzutreffend und die darauf beruhenden Erwägungen rechtsfehlerhaft sein sollen», so lehnt das Bundesgericht die Eingabe ab.

Immerhin verlangt das Bundesgericht in solchen schnell abgewiesenen Fällen «umständehalber» nicht immer Gerichtskosten.

Gescheitert wegen unzulänglichem Berater. Ebenfalls nicht empfehlenswert ist es, sich von einem ungeeigneten Berater vor Bundesgericht vertreten zu lassen. Ein Ehepaar tat das in Steuersachen – und muss jetzt dem Bundesgericht 3000 Franken Gerichtskosten zahlen, ohne dass es in der Sache Erfolg gehabt hätte.

Das Paar liess sich von einem «Berater» vertreten, den das Bundesgericht mit scharfen Worten rüffelte. Er setze sich mit dem angefochtenen Urteil «in grossteils ungenügender Form» auseinander, er nehme Argumente der Vorinstanz nicht zur Kenntnis, er wiederhole «schon mehrmals entkräftete Argumente», und seine Prozessführung gebe «in besonderem Ausmass zu Zweifeln Anlass» (Bundesgerichtsurteil 2C_223/2010 vom 19.11.2010).

nie zu verweigern.

Das Schiedsverfahren für den Streit ums Honorar

Wer das Gefühl hat, eine überrissene oder ungerechtfertigte Anwaltsrechnung erhalten zu haben, kann sich bei einigen kantonalen Anwaltsverbänden einem Schiedsverfahren unterziehen. In den anderen Kantonen sind nur die Gerichte für Honorarstreitigkeiten zuständig.

Für dieses Schiedsverfahren haben die jeweiligen Anwaltsverbände sogenannte Honorarkommissionen, die die Rechnungsstellung des Mitglieds auf ihre Angemessenheit überprüfen.

Die Liste mit den kantonalen Anwaltsverbänden finden Sie zum Beispiel im Internet unter www.swisslawyers.com (→ Anwaltssuche → Kantonalverbände). Wer kein Internet hat, kann beim Schweizerischen Anwaltsverband nachfragen (Tel. 031 313 06 06, siehe Adresse im Anhang).

Ist ein Anwalt nicht Mitglied des Verbandes, hilft diese Honorarkommission nicht weiter.

Allen Klienten steht aber eine Anzeige bei der kantonalen Aufsichtskommission über die Rechtsanwälte offen; diese ist meistens beim kantonalen Ober- bzw. Kantonsgericht ansässig.

Diese Aufsichtsbehörde darf allerdings nur einschreiten, wenn die Rechnung des Anwalts krass übersetzt ist. Dies ist nach der bisherigen Praxis erst dann der Fall, wenn der Anwalt etwa das Dreifache des angemessenen Betrags fordert.

Der bessere Weg für Klientinnen und Klienten ist deshalb, die Rechnung nicht zu zahlen; dann muss das Gericht ihre Angemessenheit überprüfen.

Wenn nämlich seine Rechnung offen bleibt, kann der Anwalt sie auf dem Gerichtsweg geltend machen. In diesem Verfahren muss er darlegen, dass er den veranschlagten Aufwand tatsächlich erbracht hat und dass die Rechnungsstellung dem Vertrag mit dem Klienten entspricht.

Wurde darin kein bestimmter Stundenansatz abgemacht, so gilt das, was üblich ist. Die üblichen Tarife sind dem Gericht bekannt; es kennt also das, was ortsüblich ist, und es weiss auch, wie sich die Komplexität und Schwierigkeit des Falles und die Höhe des Streitwerts in der Honorarnote auswirken können und dürfen.

Wenn der Anwalt einen Schnitzer macht ...

Nicht nur Ärzte oder Architekten können Fehler machen, sondern auch Anwältinnen und Anwälte. Handeln sie unsorgfältig und entsteht einem Mandanten daraus ein finanzieller Nachteil, so haften sie dafür. Das kann schon nach einer leichten Fahrlässigkeit der Fall sein.

Apropos Fahrlässigkeit: Anwälte dürfen im Vertrag mit ihren Klienten nicht vereinbaren, dass sie nur für grobfahrlässig oder absichtlich verursachte Schäden haften.

Klienten können vom Anwalt erwarten, dass er nicht nur das Gesetz, sondern auch die Gerichtspraxis kennt – und zwar auch die aktuelle. Und dass ihm die Fachliteratur zur Problematik des konkreten Streitfalls bekannt ist.

Bei internationalen Streitigkeiten gehören auch die Staatsverträge zu den Kenntnissen, die von einem Anwalt oder von einer Anwältin verlangt werden.

Voraussetzung für eine Haftung des Anwalts ist eine Verletzung der Sorgfaltspflicht sowie ein daraus entstehender finanzieller Nachteil.

Ein Anwalt verletzt seine Sorgfaltspflicht zum Beispiel dann, wenn er eine Frist verpasst. Oder wenn er den Mandanten nicht über einen nachteiligen Entscheid des Gerichts informiert.

Auch aus der Verletzung der Geheimhaltungspflicht kann einem Klienten ein finanzieller Schaden entstehen.

Der Klient muss die mangelnde Sorgfalt beweisen

Fordert ein Klient Schadenersatz, muss er beweisen, dass der Anwaltsvertrag verletzt wurde und dass er dadurch einen Schaden erlitten hat. Der Klient muss also eine Verletzung der Sorgfaltspflicht belegen können.

Ist sie einmal bewiesen, wird ein Verschulden des Anwalts vermutet. Die Haftung des Anwalts entfällt dann nur, wenn er seinerseits beweisen kann, dass ihm keinerlei Verschulden an der Verder Regel sehr schwierig zu erbringen sein.

Das Schreckensszenario der Anwälte: Eine Frist verpasst

Häufigster Fehler von Anwälten ist das Verpassen einer Frist. Ist eine wichtige Frist verpasst, ist das Versäumnis häufig nicht mehr rückgängig zu machen. So sind beispielsweise die Fristen für das Einreichen einer Klage oder für den Weiterzug an eine obere Instanz nicht erstreckbar.

Das bedeutet: Der Prozess ist zu Ende, falls er nicht innert Frist weitergezogen wurde. Klientinnen und Klienten, die gestützt darauf einen Schaden erleiden, müssen dann beweisen, dass die obere Instanz ein für sie besseres Urteil gefällt hätte – was nicht ganz einfach ist.

Im Rahmen des Haftpflichtprozesses muss dann aber das Gericht eine Mutmassung über den Ausgang des Verfahrens vor der oberen Instanz abgeben. Diese Annahme ist Basis für die Berechnung des allfälligen finanziellen Schadens.

Mustervorlage für eine Anwaltsvollmacht

X. Y.
Rechtsanwalt

wird in Sachen ______________________________

betreffend ______________________________

zu allen Rechtshandlungen eines Generalbevollmächtigten mit dem Recht, Stellvertreter zu ernennen, bevollmächtigt.

Die Vollmacht schliesst insbesondere ein: aussergerichtliche Vertretung, Vertretung vor allen Gerichten, Verwaltungsbehörden und Schiedsgerichten, Abschluss von Gerichtsstandsvereinbarungen und Schiedsverträgen, Ergreifen von Rechtsmitteln, Abgeben von Abstandserklärungen, Abschluss von Vergleichen, Anerkennung und Rückzug von Klagen, Vollzug von Urteilen und abgeschlossenen Vergleichen, Empfangnahme und Herausgabe von Wertschriften, Zahlungen und anderen Streitgegenständen, Anhebung und Durchführung von Schuldbetreibungen, einschliesslich Stellen des Konkursbegehrens, Vertretung in Erbschaftssachen und bei öffentlichen Beurkundungen und Grundbuchgeschäften, Vertretung in Strafsachen, insbesondere Anheben/Stellen und Rückzug von Strafklagen und -anträgen. Abweichende prozessrechtliche Bestimmungen vorbehalten, erlischt diese Vollmacht nicht mit dem Ableben, der Verschollenerklärung, dem Verlust der Handlungsfähigkeit oder dem Konkurs der Klientschaft.

Diese Vollmacht wird zur Verfolgung eines Auftrags erteilt, den die Klientschaft mit dem hiermit Bevollmächtigten abgeschlossen hat.
Die Klientschaft bestätigt, dass sie ihren Anspruch auf eine allfällige Prozessentschädigung dem Beauftragten zahlungshalber abgetreten hat.

____

Ort und Datum

____

Die Klientschaft

Die unterzeichnete Klientschaft beauftragt
X. Y., Rechtsanwalt

in der Angelegenheit ______________________________

Der Auftrag umfasst insbesondere folgende Angelegenheiten:
Inhalt Der Beauftragte verpflichtet sich zu einer sorgfältigen Erfüllung dieses Auftrags im Interesse der Klientschaft. Um diese gegenüber Dritten vertreten zu können, wird ihm eine Vollmacht ausgestellt, die ihn auch berechtigt, Stellvertreter zu ernennen, Sachverständige oder andere Drittpersonen beizuziehen. Der Beauftragte wird von seiner Vollmacht nur so weit Gebrauch machen, als dies für die Erfüllung des Auftrages nötig ist. Der Beauftragte ist, vorbehältlich anderer Vereinbarung, auch berechtigt, zur Übermittlung Fax und E-Mail zu verwenden.
Dauer Die Klientschaft kann den Auftrag und die Vollmacht jederzeit widerrufen. Dieses Recht steht auch dem beauftragten Anwalt zu. Der Widerruf darf nicht zur Unzeit erfolgen, beispielsweise kurz vor Ablauf einer nicht erstreckbaren Frist.
Kosten und Honorar Die Klientschaft verpflichtet sich zur Bezahlung des Honorars und aller Auslagen des Beauftragten gemäss folgender Vereinbarung:
Das Honorar bemisst sich nach dem Zeitaufwand. Es wird ein Stundenansatz von Fr. .... zuzüglich MwSt. und Barauslagen vereinbart.
Die Klientschaft beauftragt den Anwalt, das Inkasso der zugesprochenen Streitsumme zu besorgen. Ferner tritt die Klientschaft der beauftragten Person Prozessentschädigungen und Akontozahlungen bis zur Höhe ihrer Ansprüche zahlungshalber ab. Ist die Prozessentschädigung geringer als das nach dieser Vereinbarung resultierende Honorar, so bezahlt die Klientschaft die Differenz. Der Beauftragte ist berechtigt, aus dem Inkasso Vorschüsse zu beziehen und bei länger dauernden Mandaten halbjährlich Akontozahlungen in Rechnung zu stellen.
Akten Die Akten bewahrt der Beauftragte während zehn Jahren auf. Anschliessend werden sie vernichtet.
Haftung Für Verbindlichkeiten aus diesem Mandat haftet ausschliesslich der beauftragte Rechtsanwalt. Die übrigen der Bürogemeinschaft angehörenden Partner haften nicht.
Gerichtsstand und Recht Für Streitigkeiten aus dem Auftrag sind ausschliesslich die ordentlichen Gerichte des Kantons .... zuständig. Gerichtsstand ist ...., schweizerisches Recht ist anwendbar.

____
Ort und Datum

____
Unterschrift Beauftragter Die Klientschaft

oft eine Parteientschädigung zugesprochen. Besser dran sind Bedürftige, die gratis prozessieren dürfen. Und Rechtsschutz-Kunden, für die die Versicherung die Gerichts- und Anwaltskosten übernimmt.

Gerichtsprozesse und Auseinandersetzungen mit Behörden können sehr teuer werden. Deshalb ist es sinnvoll und nötig, vor jedem Schritt durch die Instanzen an die möglichen Kostenfolgen zu denken.

Zudem ist bei vielen Rechtsproblemen das Risiko hoher Prozesskosten grösser als die Chance, zu seinem Recht – oder allenfalls zu seinem Geld – zu kommen. Auch deshalb sollte man versuchen, die unterschiedliche Posten zu berücksichtigen:

- die Kosten des Gerichts,
- die Kosten, die der «Verlierer» an die Gegenpartei bezahlen muss (die sogenannte Prozessentschädigung, siehe Seite 52ff. in diesem Kapitel), sowie
- die Höhe der eigenen Anwaltskosten (siehe Kapitel 2).

STICHWORT

ZPO

Das Kürzel ZPO steht für die schweizerische Zivilprozessordnung; sie gilt seit 1. Januar 2011. Sie ersetzt die bisherigen 26 unterschiedlichen kantonalen Zivilprozessordnungen.

Mit der neuen ZPO wird nun in der ganzen Schweiz in allen Kantonen nach denselben Grundsätzen prozessiert. Das betrifft in erster Linie die Durchführung der Verhandlungen und die prozessualen Grundsätze.

Wer sich für die Entstehungsgeschichte interessiert, kann alle Details auf www.zpo.ch nachlesen.

Im Januar 2011 ist auch die neue Strafprozessordnung (StPO) in Kraft getreten.

Die Details zu ZPO und StPO stehen in den Kapiteln 4 bis 7.

So werden die Gerichtskosten festgelegt

Die Kosten des Gerichts sind je nach Verfahren verschieden hoch. Die Gerichte unterscheiden beispielsweise zwischen:

- gewöhnlichen Zivilprozessen unter Bürgern (zum Beispiel Vertragsstreitigkeiten oder Auseinandersetzungen im Familien- oder Nachbarschaftsrecht usw.),
- Strafverfahren,
- Sozialversicherungsverfahren,
- verwaltungsrechtlichen Streitigkeiten (Steuern, Ausweisentzug usw.) und
- Betreibungsverfahren usw.

Zwar gelten mit der neuen vereinheitlichten Zivilprozessordnung (ZPO) in der ganzen Schweiz die gleichen Spielregeln (siehe Stichwort links). Die Gerichtsbehörden sind aber weiterhin von Kanton zu Kanton unterschiedlich organisiert. Das heisst: Jeder Kanton kann auch künftig seine Gerichtsorganisation selber bestimmen – und auch die Verfahrenskosten.

Es gibt also in der Schweiz weiterhin 26 verschiedene Gebührenordnungen (siehe Tabelle auf Seite 51).

Allen gemeinsam sind punkto Kosten folgende Grundsätze:

Wer vor Gericht mehr fordert, muss höhere Kosten zahlen

■ **Der Streitwert als Massstab.** Je höher der Streitwert, desto höher die Prozesskosten. Die Gerichtsgebühren richten sich also grundsätzlich nach der eingeklagten Forderung.

Im Kanton Zürich zum Beispiel liegt die Gebühr für eine Forderung bis 5000 Franken in der Regel bei rund 1000 Franken, bei 20 000 Franken Streitwert sind es gut 3000 Franken, bei 50 000 Franken Streitwert gut 5000 Franken.

Dies betrifft das eigentliche Gerichtsverfahren. Darin nicht inbegriffen sind aber die Verfahren vor dem Friedensrichter. Auch dafür fallen schnell einmal 400 bis 500 Franken an.

Wird nicht um eine bestimmte Geldforderung gestritten, wie etwa bei einer Scheidung, betragen die Kosten im Kanton Zürich bis rund 13 000 Franken.

Bei einer Scheidung legt das Gericht seine Kosten anhand der wirtschaftlichen Verhältnisse fest; es berücksichtigt also Einkommen und Vermögen der beiden Parteien.

In durchschnittlichen Fällen müssen Scheidungswillige (wenn sie ohne fixfertige Konvention vor Gericht erscheinen) mit Gerichtsgebühren zwischen rund 4000 und 10 000 Franken rechnen.

IN DIESEM KAPITEL

■ **Kostenlose Forderungsprozesse im Arbeitsrecht.** Bei den sogenannten Forderungsprozessen gibt es Ausnahmen vom Grundsatz der Kostenpflicht. So fallen bei arbeitsrechtlichen Streitigkeiten bis zum Betrag von 30 000 Franken in der ganzen Schweiz keine Gerichtskosten an.

In solchen Fällen dürfen die Gerichte einer Partei nur dann Gerichtskosten auferlegen, wenn sie «mutwillig» prozessiert. Das ist etwa dann der Fall, wenn ein

Fortsetzung auf Seite 49

Stossende Vorschusspflicht: Kostenrisiko für siegreiche Kläger

Jede Gerichtsinstanz legt die Höhe ihrer Gerichtskosten im Urteil oder im Erledigungsbeschluss fest. Dort steht auch, welche Partei wie viel davon zahlen muss.

Seit Anfang 2011 können alle Gerichte in der ganzen Schweiz die voraussichtlichen Gerichtskosten als Vorschuss von der klagenden Partei verlangen.

Das heisst: Nachdem er seine Klage eingereicht hat, erhält der Kläger eine kurze Frist, um den vom Gericht festgesetzten Kostenvorschuss zu bezahlen; ansonsten tritt das Gericht auf seine Klage gar nicht ein.

Diese Vorschusspflicht ist in den meisten Kantonen seit Anfang 2011 neu.

Besonders stossend: Die klagende Partei geht das Risiko ein, dass sie die Gerichtskosten selbst dann tragen muss, wenn sie im Verfahren siegt – dann nämlich, wenn die Gegenseite nicht zahlt.

Zwar verpflichtet das Gericht jeweils die Gegenseite (die den Prozess verloren hat), dem siegreichen Kläger die Gerichtskosten zu zahlen. Exakt dieses Geld nimmt das Gericht aber aus dem Vorschuss der klagenden Partei.

Der Kläger muss dann selber schauen, wie er sein Geld von der Gegenpartei erhält. Das ist mühsam – und wenn die Gegenseite nicht zahlt, geht der Kläger leer aus.

Klagen – nur noch ein Privileg für die Reichen? Anders ausgedrückt: Früher hat der Staat das Ausfallrisiko für nicht bezahlte eigene Kosten getragen; jetzt wälzt er es auf die Klägerinnen und Kläger ab.

Folge: Jede Partei muss sich gut überlegen, ob sie ein Verfahren gegen jemanden einleiten soll, der kein Geld hat, oder gegen ein Unternehmen, das möglicherweise bald Konkurs macht. Denn in solchen Fällen ist es für die klagende Partei praktisch unmöglich, die dem Gericht vorausbezahlten und der Gegenpartei auferlegten Gerichtsgebühren zurückzubekommen.

Überspitzt formuliert: Klagen können jetzt nur noch die Reichen – und die ganz Armen, die unentgeltlich prozessieren können. Und Rechtsschutz-Versicherte, weil ja die Versicherung auch die anfallenden Gerichtskosten zahlt (siehe Seite 56ff.)

Der ehemalige Bundesrichter Karl Spühler kritisiert: «Diese Kostenregelung begünstigt die Gerichtskasse beziehungsweise den Fiskus der Kantone und schadet den Interessen der kleineren und mittleren klagenden Parteien.»

Für Anwaltsklienten heisst das auch: Sie dürfen von ihrem Anwalt erwarten, dass er vorher auch die Zahlungsfähigkeit der Gegenseite abschätzt. Denn es nützt nichts, eine Forderung bei einer Partei einzuklagen, die nicht einmal die Prozesskosten zahlen kann.

«Ausser Spesen nichts gewesen.» Dieser negative Aspekt der Vorschusspflicht gilt im Übrigen auch im Betreibungsverfahren: Die Betreibungsämter sowie die Gerichte verlangen im Zusammenhang mit Zwangsvollstreckungen die Kosten immer im Voraus von der klagenden Partei. Es lohnt sich also auch aus diesem Grund nicht, Personen oder Unternehmen auf dem Betreibungsweg zu verfolgen, bei denen nichts zu holen ist.

In solchen Fällen lautet das Fazit in der Regel: «Ausser Spesen nichts gewesen.» Es resultiert höchstens ein Verlustschein. Damit ist das Inkasso einer Forderung später nur möglich, falls die beklagte Person finanziell wieder auf die Beine kommt. Bei konkursiten Unternehmen hingegen ist dann definitiv nichts mehr zu holen. Denn sie werden nach dem Konkurs im Handelsregister gestrichen und existieren nicht mehr.

Alle wichtigen Details zum Verlustschein und zum Betreibungsweg stehen im Saldo-Ratgeber «Betreibung, Pfändung, Privatkonkurs». Sie können das 211-seitige Buch im Internet auf www.saldo.ch bestellen oder per Telefon 044 253 90 70.

Fortsetzung von Seite 47

Arbeitgeber mit dem Prozess nur eine Lohnzahlung verzögern will. Oder wenn eine Partei unentschuldigt der Verhandlung fernbleibt.

Aber Achtung: Will zum Beispiel ein Angestellter eine Forderung aus dem Arbeitsvertrag im Betreibungsverfahren durchsetzen, so ist dieser Weg nicht gratis, sondern kostet die üblichen Gebühren des Betreibungsverfahrens.

Und noch eine Ergänzung: Klagt jemand, weil die Arbeitslosenversicherung nicht zahlt, so fällt das ebenfalls nicht unter die Streitigkeiten aus einem Arbeitsverhältnis. Das ist eine sozialversicherungsrechtliche Angelegenheit (siehe Kapitel 8). Entsprechend richten sich die Kosten nach den Regeln für Sozialversicherungsstreitigkeiten.

■ **Mieterprobleme: Gratis vor der Schlichtungsbehörde.** Bei Mietstreitigkeiten gilt ebenfalls für die ganze Schweiz einheitlich die Regel, dass die Verfahren kostenlos sind – aber nur vor den Schlichtungsstellen.

Forderungen, Anfechtungen von Kündigungen, Erstreckungsbegehren oder Schadenersatzansprüche müssen in Mietsachen zuerst bei der zuständigen Schlichtungsstelle eingereicht werden. Diese sind aus Vertretern der Hauseigentümer- und Mieterverbände sowie einem Vorsitzenden zusammengesetzt und unterbreiten den Parteien einen Vorschlag für einen Vergleich.

Kommt keine Einigung zustande, geht der Streit anschliessend ans Mietgericht, das je nach Kanton kostenpflichtig ist.

■ **Versicherte streiten günstiger.** Auseinandersetzungen um Sozialversicherungen zwischen Krankenkassen, Pensionskassen, Unfallversicherungen usw. und den Versicherten sind in der Regel kostenlos; das gilt an den kantonalen Versicherungsgerichten.

Am Bundesgericht sind die Kosten gering (siehe Kapitel 8).

■ **Verurteilte Straftäter müssen zahlen, Freigesprochene nicht.** Die Kosten von Strafverfahren muss der Verurteilte zahlen. Wird gegen jemanden eine Strafuntersuchung eingestellt oder wird jemand freigesprochen, werden ihm in der Regel keine Gerichtskosten in Rechnung gestellt.

Ausnahme von der Regel: Wer die Einleitung des Verfahrens schuldhaft selber verursacht hat, kann trotzdem zur Kasse gebeten werden. Als Verschulden gilt ein Verstoss gegen eine zivil- oder strafrechtliche Norm.

Freigesprochene Angeklagte haben eine Entschädigung zugut für ihre Umtriebe im Rahmen des Strafverfahrens.

Mehr noch: Wer unschuldig in Untersuchungshaft sass, erhält eine Genugtuungszahlung vom Staat.

Ausserdem müssen Freigesprochene ihre Anwaltskosten nicht selber zahlen, denn diese gehen auf Staatskosten.

Die Gerichtsgebühren in den Kantonen

Trotz einheitlicher Prozessordnungen gelten seit dem 1. Januar 2011 in den 26 Kantonen nach wie vor 26 verschiedene Gebührenordnungen. Die Juristenzeitung Plädoyer hat die Gebührenstruktur in den Kantonen unter die Lupe genommen und kantonale Richtwerte erhoben (siehe Tabelle auf der Seite rechts).

Befragt wurden die erstinstanzlichen Gerichte. Wo es in einem Kanton mehrere davon gibt, beschränkte sich die Nachfrage auf das Gericht am Hauptort.

Gegenstand der Umfrage waren drei Arten von Prozessen:

- Scheidungsverfahren: Ein Paar mit durchschnittlichen finanziellen Verhältnissen (und mit Kindern) reicht eine vollständige Konvention ein. In solchen Fällen werden Urteile in der Regel nicht begründet, der angegebene Tarif gilt deshalb für den Fall, dass keine Begründung verlangt wird.
- Weiter wurden die Kosten von Forderungsstreitigkeiten ohne Beweisverfahren mit einem Streitwert von 50 000 Franken inklusive Urteilsbegründung erhoben.
- Die dritte Spalte in der Tabelle zeigt das Gleiche, aber bei einem Streitwert von 100 000 Franken.

Grosse Spannweite bei den einzelnen Tarifen

Das Ergebnis der Plädoyer-Umfrage: Die Tarife in den Kantonen sind sehr unterschiedlich.

- Bei Konventionalscheidungen reicht die Spanne von 360 Franken im Kanton Waadt bis zu 2700 Franken in St. Gallen.

Das Kreisgericht St.Gallen differenziert in seiner Antwort, dies sei die Rechnungshöhe für einen Aufwand von 12 Stunden. Bei einem Aufwand von 6 Stunden verlangt das Kreisgericht St. Gallen 1500 Franken, was nach dem Ergebnis der Umfrage in etwa den gesamtschweizerischen Durchschnittskosten einer Scheidung entspricht (immer unter der Voraussetzung, dass die Scheidungswilligen zu Beginn eine vollständige Konvention eingereicht haben).

Augenfällig ist, dass die Westschweizer Kantone mit Ausnahme des Kantons Jura bei Scheidungen deutlich unter den Ansätzen der Deutschschweizer Kantone liegen.

- Bei den Forderungsprozessen mit einem Streitwert von 50 000 Franken beträgt die Bandbreite der Richtwerte 1500 Franken (Neuenburg) bis 6000 Franken (Bern und St. Gallen).

Überraschend erweist sich die erste Instanz aus dem finanzkräf-

Teure Expertisen – im Voraus zu bezahlen

In den Gerichtskostenansätzen für Zivilverfahren sind die Kosten von Beweisverfahren nicht enthalten.

Das bedeutet: Bevor ein Gericht Zeugen einvernimmt oder ein Gutachten bestellt, fordert es von derjenigen Partei, die diesen Beweis verlangt, einen Vorschuss in der voraussichtlichen Höhe der Kosten. Bei Expertisen kann das ohne weiteres ein Betrag zwischen 10 000 und 20 000 Franken sein.

Richtwerte für die Kosten von drei Standardverfahren vor erster Instanz

Kanton	Konventionalscheidung	Forderung Fr. 50 000.–	Forderung Fr. 100 000.–
AI	1800.–	4500.–	6500.–
AG	Kein Richtwert	Kein Richtwert	Kein Richtwert
AR	950.– bis 1250.–	3000.– bis 3500.–	8000.– bis 10 000.–
BE	1400.–	6000.–	10 000.–
BL	1700.–	4200.–	6000.–
BS	Kein Richtwert	3000.–	5400.–
FR	800.–	Kein Richtwert	Kein Richtwert
GE	600.–	3050.–	5000.–
GL	1800.– bis 2000.–	3500.–	5000.–
GR	1500.–	Kein Richtwert	Kein Richtwert
JU	1830.–	4100.–	6600.–
LU	1500.–	Kein Richtwert	Kein Richtwert
NE	Kein Richtwert	1500.– bis 2500.–	2000.– bis 3000.–
NW	1800.–	3500.–	4500.–
OW	1800.– bis 2000.–	3000.– bis 3500.–	4000.– bis 4500.–
SG	1500.– bis 2700.–	6000.–	12 000.–
SH	2000.–	Kein Richtwert	Kein Richtwert
SO	1500.–	3650.–	4900.–
SZ	1700.–	5000.–	10 000.–
TG	1500.–	3000.–	4000.–
TI	1100.–	2500.– bis 3000.–	5000.–
UR	1700.–	Kein Richtwert	Kein Richtwert
VD	360.–	2500.–	2500.–
VS	400.– bis 800.–	Kein Richtwert	Kein Richtwert
ZG	1500.–	1600.–	2100.–
ZH	2000.– bis 2666.–	5550.–	8750.–

Angaben in Franken

QUELLE: PLÄDOYER-AUSGABE 6/10, ANGABEN DER KANTONE

tigen Kanton Zug mit einem Richtwert von 1600 Franken zusammen mit Neuenburg als die kostengünstigste.

- Das Gleiche gilt für Forderungsprozesse mit einem Streitwert von 100 000 Franken. Das Kantonsgericht Zug erhebt bei einem Streitwert von 100 000 Franken als Richtwert Verfahrenskosten von 2100 Franken (Neuenburg 2000 bis 3000), während andere

Kantone mit einem Richtwert von 10 000 bis 12 000 Franken am tiefsten in die Tasche der zahlungspflichtigen Partei greifen.

Wo in der Tabelle «Kein Richtwert» steht, erfolgt die Kostenberechnung teils nach komplizierten Formeln, auf die hier nicht näher eingegangen wird.

Kosten für die Erhebung von Beweisen oder Gutachten kommen separat dazu (Kasten auf S. 50).

Zu beachten ist auch, dass verschiedene Kantone beim Verzicht auf die Begründung des Urteils eine Reduktion der Kosten gewähren – oft im Umfang eines Drittels oder der Hälfte.

FRAGE

Parteientschädigung: Muss ich mein Geld selber eintreiben?

Ich habe einen Gerichtsprozess gewonnen – und das ohne Anwalt. Im Urteil steht, mein Prozessgegner müsse mir für meine Umtriebe eine Prozessentschädigung von 1000 Franken zahlen. Muss ich mich selber darum kümmern, dass ich zu meinem Geld komme?

Ja. Im Normalfall sprechen die Gerichte der «siegreichen» Partei eine sogenannte Parteientschädigung zu, die von der unterlegenen Seite zu zahlen ist. Doch für das Inkasso ist das Gericht nicht zuständig, das müssen Betroffene selber machen.

Schicken Sie also Ihrem Prozessgegner einen Brief, in dem Sie ihn auffordern, den vom Gericht festgelegten Betrag zu zahlen. Legen Sie einen Einzahlungsschein bei oder geben Sie Ihre Bankverbindung an.

Sollte der Prozessgegner nicht zahlen, können Sie ihn ohne weitere vorherige Schritte betreiben. Mit dem Gerichtsurteil haben sie einen definitiven Rechtsöffnungstitel in der Hand, gegen den Ihr Prozessgegner fast nichts mehr machen kann.

Die konkreten Verfahrenskosten hängen von verschiedenen Faktoren ab – in erster Linie vom Streitwert und dem wirtschaftlichen Interessenwert. Dazu kommen der Zeitaufwand des Gerichts, die rechtlichen Schwierigkeiten des Verfahrens, der Umfang der Prozessakten sowie das prozessuale Verhalten einer Partei.

In verschiedenen Kantonen wurden die zum Teil sehr tiefen unteren Grenzwerte auf Anfang 2011 angehoben. Die Aargauer Regierung beispielsweise schreibt in ihrer Botschaft zum neuen Einführungsgesetz zur ZPO als Begründung: «Der untere Gebührenrahmen ist in Zivilsachen generell auf 200 Franken anzuheben, damit zumindest eine Teildeckung der Kanzleigebühren und Auslagen in ähnlichem Umfang wie in anderen Verfahren erreicht wird.»

«Sieger» erhalten eine Prozessentschädigung

Die Gerichte legen in ihren Entscheiden nicht nur fest, wie hoch die Kosten des Verfahrens sind; sie bestimmen auch, wer diese Kosten zahlen muss. Zudem entscheiden die Gerichte im Urteil auch, mit welchem Betrag die unterliegende Partei die obsiegende entschädigen muss; das ist die sogenannte Parteientschädigung (manchmal auch Prozess- oder Umtriebsentschädigung genannt).

Mit diesem Betrag kann die siegreiche Partei im Prinzip die eigenen Anwaltskosten – oder zumindest einen Teil davon – zahlen.

Wie die Gerichtsgebühren richten sich auch die Parteientschädigungen nach einem Tarif, der in jedem Kanton unterschiedlich ist.

Im Kanton Zürich zum Beispiel beträgt die Parteientschädigung bei einem Streitwert von 5000 Franken 1250 Franken, bei 20000 Franken Streitwert liegt sie bei rund 4000 Franken. Macht der Streitwert 50 000 Franken aus, schlägt die Parteientschädigung mit 7000 Franken zu Buche.

Diese Beträge können sich je nach Dauer des Verfahrens noch erhöhen.

Parteientschädigung deckt die Anwaltkosten nicht immer

Die Parteientschädigung reicht oft nicht aus, um die eigene Anwaltsrechnung zu zahlen. Denn deren Höhe richtet sich nach der Vereinbarung zwischen Anwalt und Klient (und eben nicht nach der zugesprochenen Prozessentschädigung).

War beispielsweise ein Stundenansatz von 300 Franken vereinbart und reicht die vom Gericht zugesprochene Parteientschädigung nicht aus, um die Rechnung des Anwalts zu begleichen, so muss der Klient seinem Anwalt die Differenz bezahlen – obwohl er vor Gericht siegte.

Besonders bei Prozessen mit Streitwerten unter 50 000 Franken reichen die von den Gerichten zugesprochenen Parteientschädigungen häufig nicht, um die eigene Anwaltsrechnung zu bezahlen.

Und wie kommt die siegreiche Partei zur Entschädigung, die sie vom Gericht zugesprochen erhielt? In der Regel übernimmt der Anwalt das Inkasso der Prozessentschädigung direkt: Er fordert die Gegenpartei auf, ihm die betreffende Summe zu überweisen. Den so kassierten Betrag zieht er dann von seiner Rechnung ab.

Wer ohne Anwalt vor Gericht siegte, muss die Prozessentschädigung selber eintreiben (siehe Kasten auf der Seite links).

In den Schlichtungsverfahren werden in der Regel keine Parteientschädigungen zugesprochen.

Gratis prozessieren? Das sind die Voraussetzungen

Die teils happigen Gerichtskosten und die bei Prozessen üblichen Kostenrisiken würden es vielen Bürgerinnen und Bürgern verunmöglichen, ihre Ansprüche auf dem Rechtsweg durchzusetzen. Doch für Leute mit wenig Geld gibt es das Recht auf unentgeltliche Prozessführung und den Anspruch auf einen Gratis-Anwalt.

Das ergibt sich aus der Bundesverfassung; sie hat für Leute aus bescheidenen finanziellen Verhältnissen den Anspruch auf unentgeltliche Rechtspflege für die ganze Schweiz festgelegt. Er gilt in allen Kantonen und auch vor allen schweizerischen Gerichten.

Das sind die Voraussetzungen für den Anspruch auf einen Gratisprozess:

- **Keine Aussichtslosigkeit.** Die unentgeltliche Rechtspflege wird nur gewährt, wenn der Prozess

Mittellosigkeit im Kanton Zürich: Die einzelnen Posten

Die Aufzählung listet auf, wie «Bedürftigkeit» im Kanton Zürich definiert wird. Wer mehr Geld hat als das Existenzminimum gemäss diesen Angaben, hat keinen Anspruch auf unentgeltliche Rechtspflege:

- Grundbetrag für alleinstehende Person pro Monat: 1200 Franken (für ein Ehepaar 1700 Franken).
- Grundbetrag für jedes Kind im Alter bis zu 10 Jahren: 400 Franken.
- Grundbetrag für jedes Kind im Alter über 10 bis zu 18 Jahren (bzw. bis zum Abschluss der Erstausbildung): 600 Franken.
- Zum Grundbetrag kommen die effektiven monatlichen Wohnkosten (inkl. Nebenkosten) dazu.
- Dazu kommen auch die Sozialbeiträge (Sozialversicherungskosten, Krankenkassenprämien ohne Zusatzversicherungen) und die Prämien für Hausrat- und Haftpflicht-Versicherungen sowie Mitgliedschaftsbeiträge für Berufsverbände.
- Dazugezählt werden auch die unumgänglichen Berufsauslagen (Fahrten zum Arbeitsplatz), also die effektiven Auslagen für den öffentlichen Verkehr (oder bis zu 600 Franken pro Monat, falls man mit dem Auto zur Arbeit fahren muss).
- Bei Schwerarbeit kommen pro Tag ans Essen 5 bis 10 Franken dazu, zusätzlich bei auswärtiger Verpflegung 5 bis 15 Franken für jede Hauptmahlzeit. Plus die Auslagen für einen je nach Beruf allenfalls überdurchschnittlichen Kleiderverbrauch.
- Ebenfalls ins Existenzminimum gehören allfällige Unterhaltsbeiträge sowie Kosten für die Schulung der Kinder und grössere Auslagen für Arzt- oder Zahnarzt.
- Die Steuern werden ebenfalls berücksichtigt.
- Zusätzlich zum minimalen Einkommen kann je nach Gericht noch ein kleines Vermögen toleriert werden, ohne dass man den Anspruch auf unentgeltliche Rechtspflege verliert.

Wie die Situation in Ihrem Wohnkanton ist, erfahren Sie bei den zuständigen Gerichten, in der Regel beim Obergericht, das die Berechnungsregeln festlegt.

Im Internet finden Sie viele Informationen und sogar Antragsformulare, wenn Sie den Begriff «unentgeltliche Rechtspflege» sowie Ihren Wohnkanton in einer Suchmaschine eingeben.

nicht erfolglos scheint. Aussichtslose Prozesse werden vom Staat nicht finanziert.

Der Grund: Wenn jemand einen Prozess auf eigene Rechnung und Gefahr nicht führen würde, so soll er dies auch nicht auf Staatskosten tun können.

Ob eine Klage aussichtslos ist, berurteilt das Gericht aufgrund der ersten Begründung; darauf gestützt entscheidet es dann über die Gewährung der unentgeltlichen Rechtspflege.

- **Nur für Bedürftige.** Zweite Voraussetzung: Anspruch auf unentgeltliche Prozessführung hat nur, wer nicht genügend finanzielle Mittel hat, um neben dem Lebensunterhalt für sich und die Familie auch noch für Prozesskosten aufzukommen.

Als Basis für die Berechnung der Mittellosigkeit gilt im Prinzip das betreibungsrechtliche Existenzminimum; dieses wird von Kanton zu Kanton unterschiedlich definiert. Für die unentgeltliche Prozessführung haben die Kantone aber diese Zahlen teils noch angepasst bzw. erhöht.

Im Kanton Zürich zum Beispiel wird die Mittellosigkeit nach den Ansätzen im Kasten links berechnet.

Wichtig: Die unentgeltliche Rechtspflege befreit nur von den eigentlichen Gerichtskosten. Wer einen Prozess verliert, muss anschliessend trotzdem eine Prozessentschädigung an die Gegenpartei zahlen, falls dies vom Gericht so festgelegt wird.

Der Gratis-Anwalt. Zusätzlich zur unentgeltlichen Prozessführung kann das Gericht einen Gratis-Anwalt stellen. Voraussetzung dafür: Die Partei muss zur Führung des Prozesses und zur Wahrung ihrer Rechte auf einen Anwalt angewiesen sein. Das ist normalerweise bei komplizierten Sachverhalten oder bei schwierigen Rechtsfragen der Fall.

Die Gerichte gewähren zudem in der Regel dann einen unentgeltlichen Rechtsbeistand, wenn die Gegenpartei selber auch durch einen Anwalt vertreten ist. Nur so herrscht Waffengleichheit im Verfahren.

Betroffene dürfen frei wählen, welcher Anwalt sie im Rahmen des unentgeltlichen Rechtsbeistands vertreten soll. Dieser reicht dann das Gesuch um unentgeltliche Rechtspflege ein – und er wird auch vom Gericht entschädigt, falls es die «Unentgeltliche» für seinen Klienten gutheisst.

Übrigens: Sollte der Gratis-Anwalt mit der Entschädigung des Gerichts nicht einverstanden sein, so darf er seinem Klienten keine Zusatzrechnung schicken.

Für Unternehmen gibt es keine unentgeltliche Prozessführung.

Wer später zu Geld kommt, muss doch noch zahlen

Der Staat kann später die vorläufig «geschenkten» Gerichts- und Anwaltskosten von den Begünstigten zurückfordern – aber nur, wenn sich die wirtschaftliche Lage der betreffenden Person in der Zwischenzeit deutlich verbessert hat. Dieses Recht auf Rückforderung erlischt in der Regel zehn Jahre nach Abschluss des Verfahrens.

Der amtliche Verteidiger. In Strafverfahren ist je nach Vorwurf bzw. Delikt eine Verteidigung notwendig. Wer kein Geld für einen Anwalt oder eine Anwältin hat, erhält einen sogenannten amtlichen Verteidiger.

Jede beschuldigte Person kann diesen Anwalt selber frei wählen. Falls der Angeschuldigte keinen Vorschlag macht, entscheidet eine kantonale Behörde.

Notwendig ist eine Verteidigung durch einen Anwalt dann, wenn die Untersuchungshaft einer beschuldigten Person einschliesslich der vorläufigen Festnahme mehr als zehn Tage gedauert hat oder wenn eine Freiheitsstrafe von mehr als einem Jahr droht (siehe Kasten auf Seite 136).

Einen amtlichen, kostenlosen Verteidiger können aber schon Beschuldigte beantragen, denen eine Gefängnisstrafe von vier Monaten oder eine Geldstrafe von mehr als 120 Tagessätzen droht.

Das Gleiche gilt für Beschuldigte, die aufgrund ihres Gesundheitszustandes oder aus anderen Gründen ihre Interessen im Verfahren nicht ausreichend wahren können (siehe Kasten auf Seite 136).

Plädiert ein Staatsanwalt vor dem Gericht persönlich, hat jeder Beschuldigte ebenfalls ein Anrecht auf einen amtlichen Verteidiger, falls er nicht selber einen Anwalt zahlen kann.

Seit Anfang 2011 ist in Strafprozessen ein abgekürztes Verfahren möglich.

Dieses gilt für Fälle, in denen eine Freiheitsstrafe von maximal fünf Jahren droht – und nur dann, wenn der Beschuldigte grundsätzlich geständig ist, das heisst den Sachverhalt anerkennt, seine Aussagen mit den Akten übereinstimmen und die von der Staatsanwaltschaft beantragten Sanktionen angemessen sind.

Auch in solchen Verfahren muss jedem Beschuldigten ein Verteidiger gestellt werden. Die Kosten dafür übernimmt einstweilen der Staat.

Kommt ein Verurteilter später wieder in gute finanzielle Verhältnisse, kann der Staat von ihm die Kosten für das Gerichtsverfahren und für den amtlichen Verteidiger zurückfordern.

Wer eine Rechtsschutz-Versicherung hat, ist klar im Vorteil

Recht haben ist gratis. Seine Rechte durchsetzen kann aber teuer werden. Hier kann eine Rechtsschutz-Versicherung einspringen.

Allerdings sind mit einer solchen Police längst nicht alle Rechtshändel versichert.

Viele Rechtsschutz-Versicherte verlassen sich im Streitfall blind auf ihre Versicherung – und werden oft enttäuscht. Grund: Viele Kunden erwarten schlicht zu viel. Sie übersehen, dass sie mit einer solchen Versicherung keinen Partner für alle Fälle haben. Die Verträge decken nämlich nur Kosten von Streitigkeiten in bestimmten Rechtsgebieten.

Mehr noch: Im Laufe der letzten Jahre haben die Anbieter immer mehr Ausnahmen in die Allgemeinen Versicherungsbedingungen (AVB) aufgenommen. So sind beispielsweise nicht mehr überall alle Streitigkeiten aus Arbeitsverträgen gedeckt.

Eine weitere Einschränkung: Der grösste Teil der Prozesse, die vor Gerichten und Verwaltungsbehörden stattfinden, kann nicht versichert werden. Dies betrifft in erster Linie familienrechtliche Prozesse (Unterhalts-, Eheschutz- und Scheidungsverfahren), Erbstreitigkeiten, Bauprozesse, Steuerverfahren sowie die meisten Strafverfahren.

Auch wer sich in Geldanlage-Fragen schlecht beraten fühlt, kann das Verlorene nicht mit dem Rechtsschutz zurückholen.

Der Streit um die Aussichtslosigkeit

Selbst bei Streitigkeiten, die grundsätzlich durch die Police gedeckt wären, kann die Versicherung eine Übernahme von Prozesskosten ablehnen – dann nämlich, wenn sie eine Klage, einen Rekurs an eine obere Instanz oder eine Beschwerde als aussichtslos einschätzt.

Eine solche Ablehnung muss aber in den Versicherungsbedingungen geregelt sein: Für den Fall, dass die Versicherung einen Streit als aussichtslos betrachtet, muss sie in den Versicherungsbedingungen ein besonderes Verfahren vorsehen, in dem entschieden wird, ob ein Prozess tatsächlich als aussichtslos gelten kann oder nicht.

Enthält das Kleingedruckte keine solche Klausel oder macht die Versicherung ihren Kunden bei der Ablehnung eines konkreten Schadenfalles nicht auf die Möglichkeit des Schiedsverfahrens aufmerksam, muss sie so oder so zahlen.

Kommt es zu einem solchen Schiedsverfahren, entscheidet ein vom Kunden und von der Versicherung gemeinsam beauftragter Schiedsrichter – in der Regel ein Anwalt – über die Chancen eines gerichtlichen Vorgehens. Die Kosten des Verfahrens gehen meist zulasten des Verlierers.

Findet der Schiedsrichter, der Fall sei effektiv aussichtslos, kann der Kunde immer noch auf eigene Kosten für sein Recht kämpfen. Erzielt er dabei mindestens einen Teilerfolg, so muss ihm die Versicherung nachträglich dennoch alle Auslagen ersetzen.

Anspruch auf Unterstützung und Kostengutsprache

Dass die Versicherungen nicht vorschnell kneifen dürfen, hat auch das Bundesgericht 1993 in Erinnerung gerufen: Danach haben die Versicherten grundsätzlich einen klagbaren Anspruch auf Unterstützung und Kostengutsprache.

Und: Die subjektive Einschätzung der Prozesschancen durch die Versicherung könne nicht entscheidend sein, die Frage müsse objektiv beurteilt werden.

Im konkreten Fall räumten die Richter in Lausanne einem Prozess gegen eine Versicherung dennoch gewisse Erfolgschancen ein, obwohl die Forderung bereits verjährt war. Denn: Ohne Prozess war noch nicht sicher, ob die Versicherung im Verfahren die Verjährung überhaupt geltend machen würde.

Die Versicherungen haben das Sagen

Wichtig: Die Rechtsschutz-Versicherung muss den Kunden oder die Kundin schriftlich auf das Schiedsverfahren hinweisen, falls sie Aussichtslosigkeit geltend macht. Unterlässt sie den Hinweis, gilt das Rechtsschutzbedürfnis laut der «Verordnung über die Beaufsichtigung von privaten Ver-

TIPP

Schliessen Sie keine Mehrjahresverträge ab!

Schliessen Sie für die Rechtsschutz-Versicherung nur kurzfristige Verträge ab. So haben Sie eine feste Laufzeit von einem Jahr sowie eine automatische Verlängerung um jeweils ein weiteres Jahr, falls keine Kündigung erfolgt.

Auf diese Weise können Sie Ihre Police dem aktuell benötigten Schutz anpassen (Anzahl Autos, Anzahl Versicherte, Ausdehnung des Vertragsrechtsschutzes usw.).

- Passen Sie bei freien Vermittlern auf: Sie versuchen, auch beim Rechtsschutz mehrjährige Verträge zu vermitteln, weil ihnen das eine höhere Verkaufsprovision bringt. Darauf sollten Sie nicht eingehen.
- Klären Sie vor dem Abschluss ab, ob bereits ein Rechtsschutz über andere Versicherungen oder Verbandsmitgliedschaften (Gewerkschaften, Mieterverband, Schutzbrief usw.) besteht. Solche Angebote sind günstig.

sicherungsunternehmen» als anerkannt.

Aussichtslos oder nicht, weitermachen oder aufgeben – das ist also die heikle Streitfrage, über die sich Versicherte und Gesellschaften oft in die Haare geraten.

Die Interessenlagen in diesem Punkt sind naturgemäss unterschiedlich: Die Versicherten haben die finanziellen Folgen eines Verfahrens abgedeckt und jahrelang dafür Prämien bezahlt. Sie geben sich deswegen in der Regel weniger kompromissbereit und möchten das Maximum herausholen.

Anders die Versicherungen: Sie sind daran interessiert, die Kosten eines Verfahrens möglichst niedrig zu halten. Sie sind deswegen eher bereit, einem Vergleich zuzustimmen.

Entscheidend ist deshalb, wer im Schadenfall das Sagen hat: Aufgrund der Bestimmungen im Kleingedruckten sind es in der Regel die Versicherungen. Ihre Sachbearbeiter behandeln den Rechtsstreit zuerst intern; sie versuchen, mit der Gegenpartei eine Einigung zu erzielen, oder beraten den Versicherten, wie er vorgehen soll. So versuchen die Versicherungen, ihren eigenen Aufwand nach Möglichkeit zu begrenzen.

Das Recht auf die freie Wahl eines Anwalts

Vorteilhaft für die Rechtsschutz-Versicherten ist es, wenn sie bei Bedarf jederzeit selber eine Anwältin oder einen Anwalt mit dem Streitfall beauftragen können. Erstens haben sie so in der Regel einen besser ausgebildeten und zudem prozesserfahrenen Rechtsvertreter, als wenn sie sich mit einem Versicherungsjuristen begnügen müssen, der nicht Anwalt zu sein braucht.

Zudem besteht so eher die Gewähr, dass ihre Interessen optimal gewahrt sind. Denn ein Jurist einer Rechtsschutz-Versicherung steht immer in einem Interessenkonflikt: Sein Arbeitgeber, die Versicherung, hat ein Interesse, dass der Fall so wenig wie möglich kostet.

Die versicherte Person hingegen will in erster Linie zu ihrem Recht kommen – egal, was es kostet. Dafür hat sie ja eine Versicherung abgeschlossen.

Zum Vergleich: Die Krankenkasse bestimmt in der Regel auch nicht, welchen Arzt eine versicherte Person aufsuchen muss. Sie übernimmt vielmehr die Kosten des frei gewählten Arztes.

Die Versicherung erteilt eine Kostengutsprache

Vor Gericht zugelassene Anwälte dürfen im Übrigen nicht zwei Herren dienen; sie müssen unabhängig sein. Das verlangt das Gesetz ausdrücklich.

Folge: Sie dürfen nicht von einer Rechtsschutz-Versicherung beauftragt werden, sondern nur vom Versicherten selbst. Ihm sind sie Rechenschaft schuldig, und der Versicherte als Auftraggeber muss auch das Honorar bezahlen.

In der Praxis erteilt aber die Versicherung dem vom Versicherten gewählten Anwalt eine Kostengutsprache, sodass der Anwalt die Rechnung direkt der Versicherung stellen kann.

Achtung: Nach dem Wortlaut der Versicherungsbedingungen (AVB) erlauben nicht alle Gesellschaften den Versicherten, bei einem Streitfall einen Anwalt frei zu bestimmen.

Dieser Passus ist nur teilweise gültig: nämlich nur für aussergerichtliche Schadenerledigungen und einige wenige Verfahren. In der Regel haben die Versicherten trotz dieser Klausel im Falle eines Gerichtsverfahrens laut Gesetz das Recht auf einen selbst gewählten Anwalt.

Versicherungen setzen sich über geltendes Recht hinweg

Einige Versicherungen behalten sich in den AVB das Recht vor, den vom Versicherten vorgeschlagenen Anwalt abzulehnen.

Der Kunde darf dann in solchen Fällen drei weitere Anwälte vorschlagen, von denen die Versicherungsgesellschaft einen akzeptieren muss.

Auch die Gültigkeit dieser Klausel ist umstritten: Das Versicherungsaufsichtsgesetz (VAG) verlangt ausdrücklich die freie Anwaltswahl für Gerichtsverfahren, die unter das Anwaltsmonopol fallen. Ohne Wenn und Aber.

Mit der Verweigerung der freien Anwaltswahl setzen sich einige Versicherungsgesellschaften also über geltendes Recht hinweg.

Tipp: Bestehen Sie bei einem Prozess darauf, dass Sie selber festlegen können, welcher Anwalt oder welche Anwältin Sie vertreten soll. Das ist Ihr gutes Recht, auch wenn in den Versicherungsbedingungen etwas anderes steht.

Prozessieren ist nicht in jedem Fall teuer

Wer sich den Abschluss einer Rechtsschutz-Police überlegt, sollte bedenken, dass Prozessieren nicht in jedem Fall teuer ist:

- Die grosse Mehrheit aller gerichtlichen Streitigkeiten über finanzielle Forderungen endet mit einem Vergleich. Das heisst konkret: Die Parteien einigen sich – vom Gericht dazu motiviert – auf einen Kompromiss, verzichten auf ein begründetes Urteil, und die Richter setzen die Gerichtskosten relativ tief an.
- Arbeitsgerichtliche Streitigkeiten bis zu einem Streitwert von 30 000 Franken sind von jeglichen Gerichtskosten befreit.
- Betroffene, die über kein Vermögen verfügen und nur so viel verdienen, dass es für den Lebensunterhalt reicht, können in der Regel gratis prozessieren (siehe die Ausführungen dazu auf Seite 53 ff.).

Allerdings müssen Betroffene damit rechnen, dass der Staat den Vorschuss später wieder einzutreiben versucht, wenn sie wieder zu Vermögen gekommen sind.

- Wer auf dem Existenzminimum oder knapp darüber lebt, hat ferner das Recht auf einen kostenlosen Anwalt, falls er für ein Verfahren einen Rechtsbeistand benötigt (siehe Seite 55 f.).

Grosse Unterschiede bei den Prämien

Wer sich für eine Rechtsschutz-Police entscheidet, sollte auch auf die Prämien achten; die Unterschiede sind hier beträchtlich. Die Leistungen hingegen sind im Grossen und Ganzen ähnlich.

Allerdings: Nach Ansicht von Anwälten sind Rechtsschutz-Versicherte im Schadenfall bei Coop Rechtsschutz und Assista am besten aufgehoben (siehe Kasten auf der übernächsten Seite).

Bei den Rechtsschutz-Versicherungen sind die Prozesskosten grundsätzlich in zwei Bereichen (einzeln oder kombiniert) gedeckt: im Verkehrs- und im Privatrechtsschutz. Beide Policen kann man separat abschliessen – ausser bei den Krankenkassen KPT, Helsana und Visana, wo die zwei Deckungen in einer einzigen Versicherung enthalten sind.

Beim Kombi-Produkt gewähren viele Versicherer Rabatte.

Betrachtet man die Prämien ohne Berücksichtigung der Angebote der Verkehrsverbände TCS, VCS und ACS (wo ja noch die Mitgliedergebühren dazukommen oder inbegriffen sind), so ergibt sich:

Beim **Verkehrsrechtsschutz** liegen die Prämien (Stand Anfang 2011) für einen Alleinstehenden zwischen Fr. 80.90 (CAP) und Fr. 140.– (Nationale). Eine Familie zahlt zwischen Fr. 122.90 (Helvetia) und Fr. 180.– (DAS).

Im **Privatrechtsschutz** sind die Unterschiede ebenfalls markant. Die Single-Deckung schwankt zwischen Fr. 165.– (Fortuna) und Fr. 264.30 (Helvetia), für Familien zwischen Fr. 210.– (Fortuna) und Fr. 322.40 (Helvetia).

Für das **Kombipack** verlangt die teuerste Gesellschaft mehr als doppelt so viel wie die günstigste: Für Fr. 172.80 ist die Familie bei der Visana versichert, während sie bei der Helvetia mit happigen Fr. 393.10 rechnen muss.

Hier ist allerdings zu beachten: Das Visana-Familienangebot gibt es zu diesem Preis nur, wenn die Eltern die Grundversicherung bei der Visana haben. Und es gilt genau betrachtet nicht für jede beliebige Familie, sondern für zwei Erwachsene mit zwei minderjährigen Kindern. Werden Kinder dann 18 Jahre alt, so kostet das bei der Visana eine jährliche Mehrprämie von Fr. 57.60 pro Kind, falls dieses ebenfalls die Grundversicherung bei der Visana hat.

Gleiche Einschränkung beim Helsana- und KPT-Familienangebot: Werden Kinder 18 Jahre alt, so kostet das bei beiden Krankenkassen künftig eine Mehrprämie von Fr. 58.80 pro Kind (bis sie 25 sind).

Bei den anderen Versicherern hingegen sind nicht erwerbstätige Kinder in beliebiger Zahl in der Familienpolice gratis mitversichert; in der Regel gilt dies auch dann noch, wenn sie über 18 Jahre und damit erwachsen sind, aber weiterhin zu Hause wohnen.

Tipp: Wie lange erwachsene Kinder noch in der Familienpolice

Fortsetzung auf Seite 62

Rechtsschutz-Prämien für Einzelpersonen

Gesellschaft	Privatrechtsschutz	Verkehrsrechtsschutz	Kombiprodukt
Visana-Gruppe [2]	–	–	115.20 [1]
Helsana-Gruppe [8]	–	–	117.60 [1]
KPT			117.60 [1,10]
Assista TCS [6]	225.–	66.–	258.–
Protekta [3,9]	200.–	110.–	260.–
Orion [3]	231.–	115.50	277.20
Fortuna [3]	165.–	135.–	280.–
CAP	–	80.90	289.80 [4]
VCS	210.–	90.–	
Nationale	200.–	140.–	290.–
DAS [5]	185.–	135.–	295.–
Axa-Arag	209.–	132.30	299.30
Coop Rechtsschutz	235.–	135.–	320.–
Helvetia	264.30	95.90	322.30
ACS [7]	195.–	290.–	485.–

Rechtsschutz-Prämien für Familien und Konkubinatspaare

Gesellschaft	Privatrechtsschutz	Verkehrsrechtsschutz	Kombiprodukt
Visana-Gruppe [2]	–	–	172.80 [1]
Helsana-Gruppe [8]	–	–	175.20 [1]
KPT			176.40 [1,10,11]
VCS [6]	210.–	90.–	290.–
Assista TCS [6]	245.–	96.–	311.–
CAP	–	130.20	346.50 [4]
Protekta [3,9]	240.–	160.–	350.–
Fortuna [3]	210.–	175.–	365.–
Nationale	290.–	170.–	365.–
Orion [3]	315.–	147.–	369.60
Axa-Arag	251.–	162.80	371.70
Coop Rechtsschutz	280.–	165.–	375.–
DAS [5]	230.–	180.–	385.–
Helvetia	322.40	122.90	393.10
ACS [7]	195.–	290.–	485.–

Jahresprämien in Franken für Neuabschlüsse, inkl. 5% Stempelabgabe. Ohne allfällige Treue- und Schadenfreiheitsrabatte. Rangiert nach dem Preis für das Kombiprodukt. Bei der Familie gelten die Angaben für 2 Elternteile und 2 Kinder. Zürich und Zurich Connect bieten den Rechtsschutz auch an, jedoch nur in Kombination mit einer anderen Versicherung. Online-Angebote und -Rabatte sind nicht berücksichtigt.

1 Nur als Kombiprodukt erhältlich 2 Preis für Visana-Kunden (inkl. Sana24 und Vivacare) mit Grundversicherung, sonst 144.– bzw. mit 2 minderjährigen Kindern 288.– 3 Sonderkonditionen für Senioren (Protekta ab 55, Orion ab 60, Fortuna ab «Austritt aus dem Erwerbsleben») 4 Prämie für Mieter, Hauseigentümer zahlen 399.– (Einzelperson) bzw. 455.70 (Familie) 5 Prämien für Produkt Classic, es gibt auch die günstigere Variante Basic (Kombipreise 255.–/335.–) und die gehobene Variante Top (Kombipreise 335.–/465.–) 6 Nur für Mitglieder, zuzüglich Mitgliedergebühren (Kombiprämien des TCS ohne Mitgliedschaft 315.–/375.–) 7 Prämie inkl. ACS-Mitgliedschaft und weitere Dienstleistungen 8 Nur für Helsana-Kunden mit der Zusatzversicherung Top oder Completa; Kinder bis 18 sind gratis. Jährliche Mehrkosten von 58.80 pro Kind ab 19 Jahren 9 Für Jugendliche gibt es einen Auszubildenden-/Studentenrabatt 10 Nur für KPT-Kunden mit einer ambulanten Zusatzversicherung 11 Kinder bis 18 sind gratis. Jährliche Mehrkosten von 58.80 pro Kind ab 19 Jahren

QUELLE: VZ VERMÖGENSZENTRUM, STAND ANFANG 2011

Fortsetzung von Seite 60

eingeschlossen sind, ist in den Versicherungsbedingungen genau geregelt.

Oft gilt in diesem Punkt das Gleiche wie bei der Privathaftpflicht-Versicherung: Achten Sie also darauf und fordern Sie Ihre Kinder auf, selber einen Rechtsschutz abzuschliessen, sobald sie von zu Hause ausziehen.

Für Alleinstehende liegt die Spannweite beim Kombiprodukt zwischen Fr. 115.20 (Visana mit Grundversicherung, sonst 144.–) und Fr. 322.30 (immer ohne Berücksichtigung der Verkehrsverbände ACS, TCS und VCS).

Beim Anbieter DAS ist zu beachten, dass die Prämien in der Tabelle für das Produkt Classic gelten. Dieses ist vergleichbar mit den Angeboten der Konkurrenz. Bei der günstigeren DAS-Variante Basic ist die Deckungssumme kleiner (200 000 Franken), es gilt ein genereller Selbstbehalt von 500 Franken, und die Deckung ist auf die Schweiz beschränkt.

Beim teureren Top-Produkt ist die versicherte Deckungssumme höher (300 000 Franken), und die Deckung gilt weltweit.

Auch bei Axa-Arag ist es möglich, gegen Mehrprämie eine höhere Versicherungssumme sowie gezielte Deckungserweiterungen zu versichern.

TIPP

Anwälte würden Coop Rechtsschutz oder Assista wählen

Was taugen die Rechtsschutz-Versicherungen? Der K-Tipp hat Ende 2010 5800 Anwältinnen und Anwälte der Deutschschweiz nach ihren Erfahrungen mit den acht grössten Rechtsschutz-Versicherern befragt: Wie speditiv werden die Rechtsschutzfälle abgewickelt? Wie häufig lehnen es die Versicherungen ab, die Kosten für einen Anwalt zu übernehmen, und bearbeiten den Fall nur hausintern? Wie häufig werden die von den Versicherten vorgeschlagenen Anwälte abgelehnt? Wie wird die Kompetenz der Rechtsschutzjuristen beurteilt? Werden Rechtsschutzgesuche zu häufig wegen angeblicher Aussichtslosigkeit abgelehnt?

458 der angefragten Juristen hatten Erfahrung mit Rechtsschutz-Versicherern und beantworteten den Fragebogen. Die Umfrageergebnisse sind nicht repräsentativ, aufgrund der Fachkenntnisse der Befragten aber aussagekräftig.

Resultat: Nur zwei Versicherungen erhielten die Note «gut»: Coop Rechtsschutz und die Assista des TCS. Alle anderen waren nur «genügend».

Das gute Urteil für Coop Rechtsschutz gilt sinngemäss auch für andere Versicherte, deren Streitfälle ebenfalls von Coop Rechtsschutz betreut werden. Es sind dies Kunden von Helvetia, Helsana, KPT, Nationale und Mitglieder diverser Gewerkschaften wie Unia, SEV, VPOD oder Syna.

Die schlechtesten Noten gaben die Anwälte der Fortuna und der DAS. Laut der Fortuna müssten die Versicherten befragt werden, um die Qualität der Versicherer zu prüfen. Die DAS hält die Bewertung durch Anwälte für unseriös, da diese nicht neutral seien. Sie macht geltend, 91 Prozent der befragten Kunden würden ihre Dienstleistung als «gut bis hervorragend» beurteilen.

Verkehrsbussen müssen Sie selber zahlen

Abgesehen von wenigen Details ist die Deckung bei allen Anbietern ungefähr gleich: Die Rechtsschutz-Versicherung übernimmt in der Regel die Anwalts- und Gerichtskosten inklusive Gutachten, Parteientschädigungen an die Gegen-

Fortsetzung auf Seite 64

10 Fragen und Antworten zur Rechtsschutz-Versicherung

1. Ist eine Rechtsschutz-Versicherung nötig?
Nötig ist sie nicht, aber nützlich. Wichtiger ist es, die grössten finanziellen Risiken zu versichern: Krankheit und Unfall inklusive Taggeld, das Todesfall- und Erwerbsausfall-Risiko, die private Haftpflicht und den Verlust von Hausrat. Prozesskosten hingegen gehören nicht zu den Grossrisiken und fallen relativ selten an.

2. Übernimmt die Versicherung die Kosten für alle möglichen Rechtsstreitigkeiten?
Nein. Die Deckung ergibt sich aus den Versicherungsbedingungen. Mindestens gedeckt sein sollten Prozesskosten aus Kauf-, Miet-, Werk-, Darlehens-, Arbeits- und Pauschalreiseverträgen und aus dem einfachen Auftrag sowie Auseinandersetzungen mit Versicherungen.

Das ist nur ein kleiner Teil der rechtlichen Streitigkeiten. Immerhin: Einige Gesellschaften übernehmen bei nicht versicherten Streitigkeiten zum Beispiel aus dem Familien- oder Erbrecht eine einmalige Konsultation bei einem frei gewählten Anwalt.

3. Kann man bei Prozessen den Anwalt frei wählen?
Der Kunde kann in der Regel selber bestimmen, welcher Anwalt ihn vertreten soll – auch wenn in den Versicherungsbedingungen etwas anderes steht.

4. Welche Rechtsgebiete sind bei einer Rechtsschutz-Versicherung oft ungedeckt?
Zum Beispiel Familienrechtsprozesse wie Scheidungen, Erbstreitigkeiten, Bauprozesse, Steuerverfahren sowie die meisten Strafverfahren, Nachbarrechtsstreit und Auseinandersetzungen über Eigentum und Besitz von Liegenschaften.

5. Was deckt der Verkehrsrechtsschutz?
Streitigkeiten mit Haftpflichtigen und Versicherungen, Kauf, Verkauf, Miete oder Reparatur von Autos, Leasing, Verletzung von Verkehrsregeln, Fahrausweisentzug usw. In der Regel gilt die Versicherung für alle Motorfahrzeuge, die von der versicherten Person eingelöst sind.

6. Muss der Versicherte seinen Fall sofort melden?
Ja, und zwar schriftlich innert einer gewissen Frist. Je nach Versicherung beträgt diese 10 oder 14 Tage. Wer zu spät ist, riskiert, dass die Versicherung ihre Leistungen kürzt. Das darf sie aber nur, wenn wegen der verspäteten Anmeldung des Schadens unnötige Kosten entstanden sind. Die Versicherung darf jedoch die Übernahme des Falles wegen der Verspätung nicht komplett verweigern.

7. Kann man eine Rechtsschutz-Versicherung auch nach Beginn eines Rechtsstreits noch abschliessen?
Nein. Generell gilt: Keine Versicherung deckt einen Vorfall, der schon vor Vertragsabschluss eingetreten ist. Abgebrannte Häuser kann man nicht mehr versichern!

8. Kann die Versicherung die Übernahme von Prozesskosten ablehnen, obwohl die Streitigkeit in der Police gedeckt ist?
Ja. Nämlich dann, wenn eine Klage als aussichtslos eingeschätzt wird. Die Versicherung muss jedoch den Kunden darauf hinweisen, dass er ein Schiedsverfahren verlangen kann. In der Folge entscheidet dann ein unabhängiger Anwalt, ob der Fall wirklich aussichtslos ist.

9. Sollten Konkubinatspaare die Rechtsschutz-Policen zusammenlegen?
Ja, eine gemeinsame Police ist billiger als zwei Einzelpolicen.

10. Sind die Prämien überall gleich?
Nein. Die Unterschiede sind beträchtlich. Die Höhe der Prämie steht in keinem Zusammenhang zu den Leistungen der Versicherungen (siehe Tabelle auf Seite 61).

Fortsetzung von Seite 62

partei sowie Kautionen in Strafsachen.

Teilweise werden zudem Inkassokosten und Fahrspesen ersetzt.

Das heisst: Die Kosten für Prozesse in den versicherten Bereichen sind gedeckt – und zwar in der Regel ohne Selbstbehalte.

Nicht auf die Rechtsschutz-Versicherung überwälzt werden können Bussen, weil es sich dabei um persönliche Strafen handelt und nicht um Verfahrenskosten.

Bei Vorsatzdelikten wie Diebstahl, Mord oder Verstoss gegen das Betäubungsmittelgesetz hilft die Rechtsschutz-Versicherung nicht (eventuell übernimmt sie die Kosten nachträglich, falls ein Freispruch erfolgt).

Die Deckung ist in der Regel auf einen Betrag von maximal 250 000 Franken beschränkt. Diese Beträge reichen angesichts der tatsächlich versicherten Leistungen bei weitem aus.

Geografisch limitieren die meisten Gesellschaften den Rechtsschutz auf Europa und die Mittelmeer-Randstaaten. Für gewisse Teilgebiete (zum Beispiel im Vertrags- oder Arbeitsrecht) kann die Deckung auf Ereignisse in der Schweiz und im Fürstentum Liechtenstein beschränkt sein.

Aber Achtung: Auch andere Versicherungen zahlen zum Beispiel bei Vertragsstreitigkeiten nicht, falls ausländisches Recht anwendbar ist oder der Prozess im Ausland stattfindet.

Geringe Unterschiede beim Verkehrsrechtsschutz

Wesentlich beim Rechtsschutz ist der Umfang der versicherten Rechtsstreitigkeiten. Gering sind die Unterschiede im **Verkehrsrechtsschutz**. Ein paar Details:

- Gedeckt sind bei allen Gesellschaften Streitigkeiten mit Haftpflichtigen, Versicherungen, Vertragspartnern (etwa beim Kauf, Verkauf, bei Miete oder Reparatur von Autos sowie Leasing) und dem Staat (Verletzung von Verkehrsregeln, Führerausweisentzug).
- Die Versicherung gilt in der Regel für alle Motorfahrzeuge, die auf den Namen einer versicherten Person (Versicherungsnehmer, Familienmitglied) eingelöst sind. Ausserdem geniessen die versicherten Personen bei praktisch allen Gesellschaften Rechtsschutz als Lenker jedes beliebigen Fahrzeugs.
- Der Verkehrsrechtsschutz erstreckt sich bei den meisten Gesellschaften auch auf Vorfälle als Fussgänger, Velofahrer und als Passagier von öffentlichen oder privaten Verkehrsmitteln.

Eingeschränkte Deckung beim Arbeitsrecht

Grösser sind die Deckungslücken im **Privatrechtsschutz:**

- Besonders wichtig ist hier die Deckung für Prozesskosten aus Vertragsstreitigkeiten (vor allem Kauf-, Miet-, Werk-, Darlehens-, Arbeits- und Pauschalreisevertrag sowie einfacher Auftrag). Wer eine Versicherung abschliesst, sollte darauf achten, dass mindestens diese Gebiete gedeckt sind. Es kann aber durchaus sein, dass Kaufverträge, die im Ausland abgeschlossen wurden, nicht versichert sind (je nach Gesellschaft).

- Einzelne Anbieter zahlen solche Streitigkeiten erst ab einem Mindeststreitwert von beispielsweise 300 oder 500 Franken. Dies ist allerdings sinnvoll, denn bei «billigen» Auseinandersetzungen sollte man nicht prozessieren.

Im für die meisten wohl wichtigsten Bereich des Arbeitsrechts schränken immer mehr Gesellschaften ihren Rechtsschutz ein. In der Regel sind Arbeitnehmer nicht versichert, falls sie gleichzeitig Direktor oder Mitglied des Verwaltungsrates oder der Geschäftsleitung sind. Vereinzelt sind auch noch «leitende Angestellte» ausgeschlossen – ein unklarer Begriff, der nicht selten zu schwierigen Abgrenzungsproblemen führt.

Zudem zahlen einige Anbieter bei einem Streitwert über 100 000 Franken allfällige Prozesskosten nur noch anteilsmässig.

- Gedeckt sind Versicherungsnehmer zudem, wenn ihnen ein Schaden zugefügt wurde und sie nun beim Schadenverursacher ih-

Prozessfinanzierung: Angebot bei einem hohen Streitwert

Ende 2004 entschied das Bundesgericht: Prozessfinanzierung durch ein Finanzunternehmen ist zulässig. Inzwischen ist der deutsche Allianz-Konzern im Schweizer Markt mit seiner «Allianz Prozessfinanz GmbH» tätig geworden (Limmatquai 2, 8001 Zürich, 044 281 96 86, www.allianz-profi.ch).

Das Angebot der Allianz ist für Kundinnen und Kunden interessant, die hohe Prozesskosten nicht aufbringen können oder wollen und keine Rechtsschutz-Versicherung haben (oder auf einem Gebiet streiten, das durch die Rechtsschutz-Versicherung nicht gedeckt ist). Sie stehen deshalb vor der Wahl, eine Klage einzureichen oder klein beizugeben.

Voraussetzung ist eine Geldforderung, sei es etwa ein Erbschaftsstreit, ein Haftpflichtprozess oder ein handelsrechtlicher Anspruch.

Allerdings können nicht alle Interessentinnen und Interessenten von dieser Dienstleistung profitieren. Übernommen werden nur Fälle mit einem Streitwert ab 300 000 Franken.

Anträge auf Prozessfinanzierung werden bei der Allianz von angestellten und externen Anwälten sowie von Gutachtern geprüft. Bei einem positiven Entscheid übernimmt die Allianz die dem Kunden entstehenden Prozesskosten sowie das gesamte Kostenrisiko für den Fall, dass er den Prozess verliert.

Im Gegenzug kassiert die Allianz im Erfolgsfall eine Beteiligung (also kein fixes Honorar). Diese liegt laut einem Sprecher der Allianz im Normalfall bei 30 Prozent des Nettoertrages – nach Abzug aller Prozessauslagen.

Kommt es zu einer schnellen Einigung mit dem Prozessgegner, vermindert sich die Beteiligung der Allianz auf 20 Prozent des Nettoertrages.

Das grösste Hindernis für die Klienten: Die Allianz übernimmt nur Fälle mit einem Streitwert von über 300 000 Franken. Zudem muss die Gegenpartei solvent sein. Und die Erfolgsaussichten müssen «überwiegend» sein.

Ein vergleichbares Angebot hat die Profina Prozessfinanzierung GmbH (Unter Altstadt 28, 6300 Zug, 044 219 69 45, www.profina.ch. Die Profina übernimmt Fälle bereits ab einem Streitwert von 50 000 Franken.

re Haftpflichtansprüche (Schadenersatz, eventuell Genugtuung) durchsetzen wollen.

Wer selber einen Schaden verursacht hat, darf aber nicht auf die Unterstützung durch die Rechtsschutz-Versicherung zählen. Hier käme eine allfällige vorhandene Haftpflicht-Versicherung zum Zug.

Familien- und Erbrecht ist nicht versichert ...

- Auseinandersetzungen mit privaten und öffentlichen Versicherungen sind im Leistungskatalog der Privatrechtsschutz-Versicherungen ebenfalls enthalten. Auch in diesem Punkt herrscht unter den Gesellschaften praktisch Übereinstimmung.

Ausnahme: Prozesse gegen die Rechtsschutz-Versicherung selber sind nicht versichert.

Nicht mehr durchwegs gedeckt sind nachbarrechtliche Streitigkeiten und Auseinandersetzungen über Eigentum und Besitz von Liegenschaften. Hier ist der Versicherungsschutz unterschiedlich. Beim Nachbarrecht zum Beispiel kann die Deckung auf 3000 Franken beschränkt sein – oder es gibt nur eine Beratung.

- Rechtsschutz aus Grundstückverträgen (Kauf oder Verkauf, Belehnung oder Verpfändung) lehnen die Gesellschaften fast durchwegs ab.
- Generell nicht versichert sind Personen-, Familien- und Erbrechtsprozesse. Verschiedene Gesellschaften bieten aber – ausser teilweise bei Scheidungen – eine einmalige Rechtsberatung pro Fall durch eigene Juristen an. Einige übernehmen bei Familien- und Erbstreitereien die Kosten für einen externen Anwalt bis zu einem Maximalbeitrag von 300 oder 500 Franken pro Fall und Jahr.

... Vereinsrecht und Steuerrecht ebenfalls nicht

- Nicht versichert sind Streitigkeiten aus Gesellschaftsrecht (GmbH, AG, Genossenschaftsrecht usw.), die meisten verwaltungsrechtlichen Auseinandersetzungen (Steuerrecht, Baubewilligungen usw.) oder Ansprüche aus Immaterialgüterrecht (etwa Urheberrechte, Patentrechte usw.).

Einige Gesellschaften bieten hier aber eine einmalige Beratung im Wert von 300 oder 500 Franken an.

- Durch einen Privatrechtsschutz nicht gedeckt sind auch Selbständigerwerbende bei Streitigkeiten aus ihrem Gewerbe.
- In mietrechtlichen Konflikten versichern die meisten Gesellschaften nur Verfahren gegen den Vermieter. Eigentümer können Prozesskosten aber zum Teil separat zusätzlich versichern.

Eine Stunde Anwalt kostet mehr als eine Jahresprämie

Ist also eine Rechtsschutz-Versicherung grundsätzlich zu empfehlen? Für eine solche Police spricht, dass die Prämien im durchschnittlichen Familienbudget nicht allzu stark ins Gewicht fallen dürften; die Kosten von gerichtlichen Verfahren – auch von arbeitsgerichtlichen, falls man einen Anwalt benötigt – können aber schon in einer einzigen Instanz rasch auf 10 000 Franken hochschnellen.

Wer also deutlich über dem Existenzminimum lebt und deshalb am Gericht nicht unentgeltlich prozessieren darf, sollte einen Abschluss durchaus prüfen.

Viele Prozesse lassen sich zwar durch aussergerichtliche Verhandlungen abwenden. Aber welcher Mieter oder Arbeitnehmer kann schon mit Sicherheit ausschliessen, dass er seinem Vermieter oder Arbeitgeber nicht einmal vor Gericht gegenüberstehen muss?

Die richtige Rechtsschutz-Versicherung ist jedenfalls für viele Normalverdiener ohne Vermögen eine gute Investition. Die durchschnittliche Jahresprämie ist bereits nach einer einstündigen Beratung bei einem Anwalt oder bei einer Anwältin amortisiert.

Auch für Jüngere kann sich ein Rechtsschutz lohnen

Aus den Fällen, die regelmässig an die Saldo- und K-Tipp-Rechtsberatung herangetragen werden, zeigt sich deutlich: Auch für jüngere Leute kann sich eine Rechtsschutz-Versicherung lohnen.

Jüngere sind zum Beispiel oft anfälliger für aggressiv auftretende Firmen, die ihnen einen schnellen Verdienst versprechen. Mit einer Rechtsschutz-Versicherung im Rücken gelingt es leichter und billiger, aus ungültigen Verträgen rauszukommen.

Gegen eine Rechtsschutz-Police spricht, dass Rechtsstreitigkeiten nicht zu den teuersten Gefahren des Lebens gehören: Nur wer die wichtigsten und grössten Risiken bereits versichert hat, sollte sich auch noch den Abschluss einer Rechtsschutz-Police überlegen.

Ohne Zweifel wichtiger sind aber Kranken- und Unfallversicherung, Todesfallrisiko- und allenfalls Erwerbsausfall-Versicherung sowie Privathaftpflicht- und Hausratdeckung.

Tipp: Viele Krankenkassen bieten ihren Versicherten einen Patientenrechtsschutz an. Dieser hilft bei Auseinandersetzungen mit Ärzten und Spitälern wegen Fehlbehandlungen oder bei Streitigkeiten mit der Kranken- und Unfallversicherung. Diesen Schutz zu haben, kann durchaus nützlich sein; er vermag aber einen «vollständigen» Rechtsschutz nicht zu ersetzen.

Ein brennendes Haus kann man nicht versichern

Und ganz zum Schluss: Vergessen Sie den allgemeinen Grundsatz nicht, wonach man ein brennendes Haus nicht versichern kann. Will heissen: Wenn Sie schon mitten in einem Rechtsstreit stecken, gibt es für diesen Fall keine Hilfeleistung, wenn Sie die Versicherung erst jetzt abschliessen.

Mehr noch: Für gewisse Fälle besteht vielleicht noch eine Wartefrist von beispielsweise drei Monaten. Das bedeutet, dass ein Streitfall, der während dieser Wartefrist entsteht, nicht versichert ist.

4 Übersicht über Verfahren und Instanzen
So ist die Justiz organisiert

Seit Anfang 2011 gelten für den Ablauf aller Zivil- und Strafverfahren in der ganzen Schweiz die gleichen Spielregeln.
In diesem Kapitel steht, welche Instanzen neu für welche Fälle zuständig sind. Und wie die Kantone ihre Gerichtsorganisation an das neue Prozessrecht angepasst haben.

Erstmals in der Geschichte des Bundesstaates wird seit Januar 2011 in der ganzen Schweiz in allen Kantonen nach denselben Grundsätzen prozessiert. Konkret: Für Zivil- und Straffälle gilt in der ganzen Schweiz das gleiche Bundesrecht, sie laufen also nach den gleichen Spielregeln ab.

- Die Verfahrensabläufe für **Zivilfälle** sind in der Schweizerischen Zivilprozessordnung geregelt, abgekürzt ZPO (siehe auch Stichwort auf Seite 46).

Die ZPO betrifft aber nur die Durchführung der Verhandlungen und die prozessualen Grundsätze. Die Organisation der kantonalen Gerichte bleibt weiterhin sehr unterschiedlich.

Jeder Kanton muss sich zwar an die jetzt in der ganzen Schweiz geltenden Verfahrensgrundsätze halten – doch er kann selber festlegen, welche Gerichte wie heissen und für welche Fälle sie zuständig sind. Die Kantone können beispielsweise frei entscheiden, ob sie bestehende Fachgerichte wie Miet-, Arbeits- oder Handelsgerichte beibehalten oder neu einführen wollen.

- Weniger Spielraum haben die Kantone bei den **Strafverfahren**, die jetzt einheitlich in der ebenfalls seit Januar 2011 gelten Strafprozessordnung (StPO) geregelt sind (siehe Kapitel 7). Neu ist in allen Kantonen die Staatsanwaltschaft für die Leitung der Untersuchung und eine allfällige Klageerhebung zuständig. Aus den bisherigen Untersuchungsrichtern, Verhörrichtern, Amtsrichtern usw. werden neu überall Staatsanwälte.

STICHWORT

Parteien, Kläger und Beklagte

Wenn in diesem Ratgeber von Parteien die Rede ist, so sind damit weder Sozialdemokraten noch Freisinnige gemeint, sondern Private oder Unternehmen, die vor Gericht eine juristische Auseinandersetzung haben.

So werden im Gerichtsjargon auch Eheleute zu Parteien.

Unter diesen Parteien gibt es jeweils Kläger und Beklagte. Der Kläger ist derjenige, der gegen jemanden klagt, und der Beklagte ist diejenige Partei, von der der Kläger etwas will.

Im Strafprozess stehen sich Staatsanwaltschaft und Beschuldigte gegenüber (siehe Kapitel 7).

Welche Fälle kommen vor welches Gericht?

Die Art der Rechtsstreitigkeit bestimmt, welches Verfahren zur Anwendung kommt und welche Gerichte dafür zuständig sind. Das Gleiche gilt für den gesamten Rechtsweg – also von der ersten Instanz hinauf bis zur letztmöglichen. Grundsätzlich ist zu unterscheiden zwischen

- Verfahren, die unter Privatleuten oder unter Unternehmen geführt werden (oder zwischen Privaten und Unternehmen), und

- Verfahren zwischen Privaten und Behörden.

In einzelnen Kantonen gibt es spezielle Arbeitsgerichte

Zu den Verfahren unter Privaten und Unternehmen gehören insbesondere Forderungsprozesse (jemand will zum Beispiel von jemandem Geld) und familienrechtliche Angelegenheiten (meistens Scheidungen).

Für solche zivilrechtlichen Verfahren sind in der Regel die erstinstanzlichen Bezirks-, Kreis- oder Amtsgerichte zuständig.

In den Kantonen Zürich, Freiburg und Waadt gibt es spezielle erstinstanzliche Mietgerichte.

In arbeitsrechtlichen Auseinandersetzungen bleibt es den Kantonen überlassen, ob sie Arbeitsgerichte einführen oder beibehalten wollen.

Spezielle Arbeitsgerichte gibt es zum Beispiel in den Städten Zürich, Winterthur und Luzern sowie im Kanton Aargau. Solche spezialisierten Arbeitsgerichte sind fachlich besser qualifiziert, weil sie ausschliesslich im betreffenden Rechtsgebiet tätig sind.

Die Kantone haben zudem die freie Wahl, ob sie für Streitigkeiten mit Unternehmen spezielle Handelsgerichte betreiben wollen (siehe Kasten auf Seite 88). Diese Möglichkeit nutzen zurzeit (Stand 2011) nur diejenigen Kantone, die schon früher ein Handelsgericht hatten: Aargau, Bern, St. Gallen und Zürich.

IN DIESEM KAPITEL

Private und Behörden streiten vor anderen Gerichten

Zivilgerichte sind wie gesagt zuständig für Streitigkeiten zwischen Privaten oder Firmen.

Für Verfahren zwischen Privaten und Behörden gibt es verschiedene Gerichte: Für die Durchführung eines Strafverfahrens ist die Staatsanwaltschaft zuständig, anschliessend geht der Fall an die Strafgerichte. Das können je nach Gerichtsorganisation in den Kantonen spezielle Abteilungen sein.

Es kann aber sein, dass Straffälle durch dieselben Richter beurteilt werden, die auch für Zivilfälle zuständig sind.

Anders bei Verfahren, in denen eine staatliche Verwaltungsbehörde zuständig ist: Geht es beispielsweise um den Entzug des Führerausweises, um Steuer- oder

Fortsetzung auf Seite 71

So werden die Richterinnen und Richter gewählt

Sie entscheiden, ob ein Angeschuldigter verurteilt oder freigesprochen wird, ob jemand eine Busse bezahlen oder ins Gefängnis muss, ob eine Kündigung des Mietvertrages missbräuchlich erfolgte oder wie lange man bei Krankheit den Lohn erhält.

Die meisten Leute haben deshalb vor Richterinnen und Richtern einen grossen Respekt. Doch auch Richter sind nur Menschen. Mit all ihren Stärken und Schwächen. Getreu dem Sprichwort «Irren ist menschlich» fällen sie manchmal Urteile, die falsch sind.

Richter sind auch keine Übermenschen. Im Gegenteil: Das Wahlsystem in der Schweiz bringt es mit sich, dass oft nicht die besten Leute in die Richterämter gewählt werden.

Insbesondere die erstinstanzlichen Richter werden in vielen Kantonen durch Volkswahl bestimmt. Die Bewerber für die Richterämter müssen hier keine juristische Ausbildung besitzen. Vor allem in kleineren Kantonen und in Landbezirken amtieren deshalb viele Laien als Richter. In grösseren Kantonen werden allerdings vornehmlich Juristen in das Richteramt gewählt.

Mehr Juristen in höheren Instanzen. Die Richterinnen und Richter der zweiten Instanz (z. B. Kantons- bzw. Obergericht) werden in einigen Kantonen vom Kantonsparlament gewählt, in anderen vom Volk.

Doch auch hier ist für das Amt häufig nur ein Mindestalter vorausgesetzt – und dass der Bewerber im Wahlkreis wohnt. Eine juristische Ausbildung ist nur in wenigen Kantonen nötig.

In der Praxis haben aber die allermeisten Richterinnen und Richter der zweiten Instanz einen Uni-Abschluss in Rechtswissenschaften.

Die Bundesrichter werden in der Schweiz vom Parlament gewählt. Eine juristische Vorbildung wird selbst auf dieser Ebene nicht explizit vorgeschrieben. Effektiv werden allerdings nur erfahrene Juristinnen und Juristen ins Bundesgericht gewählt.

Was theoretisch so schön nach einer demokratischen Mitbestimmung des Volkes oder zumindest durch gewählte Volksvertreter aussieht, ist in Tat und Wahrheit nichts anderes als eine Absprache unter Politikern.

Wirklich entscheidend ist nämlich auf allen Stufen und für alle Gremien die Zugehörigkeit der Kandidaten zu einer politischen Partei. Zwar ist nur etwa jeder achte Schweizer Mitglied einer Partei. Dennoch bestimmen nur die Parteien, wer zur Wahl vorgeschlagen wird.

Parteimitgliedschaft oder zumindest Parteinähe ist somit notwendig, um zu einem Richteramt zu kommen. Die Stimmzettel für die Richterwahlen sind oft vorgedruckt. Die Zahl der Kandidaten entspricht jeweils der Anzahl der zu vergebenden Sitze.

Somit werden immer die vorgeschlagenen Personen gewählt.

Ämterverteilung nach Proporz. In den meisten Gerichtsbezirken haben die politischen Parteien die Richtersitze ihrer jeweiligen Stärke entsprechend proportional unter sich aufgeteilt. Das heisst: Wenn eine Partei im Kantonsparlament 20 Prozent der Sitze erreicht hat, hat sie auch «Anspruch» auf 20 Prozent der Richtersitze. Frei werdende Sitze an den Gerichten werden jener Partei zugesprochen, die laut Parteienproporz im Parlament am ehesten darauf «Anspruch» hat.

Kommt noch dazu: Richterämter sind sehr gut bezahlt. Wer auf die Liste kommt und gewählt wird, zahlt jährlich einen schönen Obolus an die Parteikasse.

Die Schweiz ist fast der einzige Staat in Westeuropa mit einer begrenzten Amtsdauer für Richter. Für Mitglieder des Bundesgerichts beträgt sie beispielsweise sechs Jahre, und auch die Mitglieder des Bundesverwaltungsgerichts sind auf eine Amtsdauer von sechs Jahren gewählt.

In den Kantonen beträgt die Dauer meist vier oder sechs Jahre. Nach Ablauf der Amtsdauer werden in der Regel alle Amtsinhaber wiedergewählt, die nicht zurücktreten.

Fortsetzung von Seite 69

baurechtliche Angelegenheiten, so werden diese von kantonalen Verwaltungsgerichten beurteilt.

Ein spezieller Fall sind Prozesse um Versicherungsleistungen: Dabei ist zu unterscheiden, ob es sich um ein Verfahren gegen eine Privatversicherung oder gegen eine Sozialversicherung handelt.

Ansprüche gegen eine Privatversicherung (Lebensversicherung, Hausratversicherung, Haftpflicht-Versicherung, Rechtsschutz-Versicherung usw.) werden über die üblichen Zivilgerichte abgewickelt (siehe Kasten auf Seite 150).

Für Streitigkeiten gegen Sozialversicherungen hingegen sind kantonale Versicherungsgerichte zuständig.

Die Übergangsbestimmung für laufende Verfahren

Und was geschieht mit Verfahren, die am 1. Januar 2011 noch am Laufen waren? Solche Verfahren werden bei derjenigen Instanz, bei der sie zu diesem Zeitpunkt liegen, weiterhin nach bisherigem kantonalem Prozessrecht behandelt. Erst für die nächste Instanz gilt dann für diese Prozesse die neue ZPO – und damit auch die neuen Rechtsmittel gegen ein solches Urteil (Berufung oder Beschwerde, siehe Seite 113 ff.).

Die Instanzen für Zivilprozesse

Für Klagen von Privaten gegen Private oder von Privatleuten gegen Unternehmen (und umgekehrt) sowie für Klagen unter Firmen sind in der Regel zuerst die Schlichtungsstellen zuständig (siehe Kapitel 6).

Von dieser Regel ausgenommen sind spezielle Verfahren wie etwa Betreibungen, die via Betreibungsamt einzuleiten sind – also dann, wenn ein Gläubiger von einem Schuldner Geld eintreiben will (weitere Informationen dazu auf den Seiten 12, 112 und 120).

Solche speziellen Verfahren (sogenannt vereinfachte oder summarische Verfahren) gibt es teilweise auch für dringliche Eheschutzfälle (siehe Kasten auf Seite 103).

Im Prinzip müssen alle Fälle zuerst zur Schlichtungsstelle

Grundsätzlich sind für Klagen unter Privaten und Unternehmen zuerst die Schlichtungsbehörden des Bezirks- oder Gerichtskreises anzugehen. Dazu gibt es jedoch Ausnahmen; sie stehen im Kasten auf Seite 99).

Es gibt «normale» Schlichtungsstellen (siehe Anhang auf Seite 190 ff.) sowie zwei spezialisierte Schlichtungsbehörden:

- Bei Forderungen aus einem Mietvertrag ist die Schlichtungsbehörde für Mietsachen zuständig (siehe Kasten auf der nächsten Seite und Anhang auf S. 194 ff.).
- Für Streitigkeiten nach dem Gleichstellungsgesetz besteht in den Kantonen eine zusätzliche Schlichtungsbehörde aus einer vorsitzenden Person und je einem Vertreter der Arbeitgeber- und Arbeitnehmerseite sowie je einer

Vertretung des öffentlichen und privaten Bereichs (siehe Anhang auf Seite 198 ff.). In dieser Behörde müssen beide Geschlechter vertreten sein.

Keine Einigung erzielt? Dann geht es jetzt zur ersten Instanz

Erzielen die Parteien vor der Schlichtungsbehörde keine Einigung, kann jede die Klage an die erste kantonale Instanz weiterziehen. Das ist in der Regel das Bezirks- oder Kreisgericht.

Je nach kantonaler Organisation und nach der Höhe des Streitwerts ist dort ein Einzelrichter oder ein Kollegium von drei oder mehreren Richtern für die Behandlung des Falles zuständig.

Für höhere Forderungen von mindestens 100 000 Franken kann direkt (ohne Schlichtung) das obere kantonale Gericht angegangen werden – falls die beklagte Partei damit einverstanden ist.

In den vier Kantonen Bern, Aargau, Zürich und St. Gallen können

In Mietsachen müssen Sie zuerst zur Schlichtungsbehörde

Verfahren bei Mietstreitigkeiten beginnen in der Regel bei der Schlichtungsstelle des Bezirks. Ob ein Mieter vom Vermieter etwas fordert oder umgekehrt: Geht der Streit vor Gericht, trifft man sich stets zuerst zur Schlichtung.

Die Schlichtungsbehörde ist zu gleichen Teilen aus Vertretern der Mieter- und Hauseigentümerverbände zusammengesetzt.

Bei den meisten Mietstreitigkeiten machen die Schlichter den Parteien einen Vergleichsvorschlag. Können sich die Parteien nicht einigen, geht der Fall weiter ans Zivil- bzw. Mietgericht.

Bei Anfechtungen von Kündigungen fällt die Schlichtungsbehörde einen Entscheid. Ist eine Partei damit nicht einverstanden, kann sie den Entscheid an das Mietgericht oder ans Bezirksgericht weiterziehen.

Übrigens: Weist die zuständige Schlichtungsbehörde ein Anfechtungsbegehren des Mieters ab, so prüft sie seit Anfang 2011 von sich aus, ob das Mietverhältnis allenfalls erstreckt werden kann.

Das Verfahren vor der Schlichtungsstelle ist für Kläger wie Beklagte kostenlos.

Geht jedoch der Streit ans Gericht, muss die unterliegende Partei je nach Praxis des Kantons die Gerichtskosten sowie allenfalls eine finanzielle Entschädigung an die Gegenpartei zahlen.

Die Kantone müssen laut Gesetz in Mietsachen ein «vereinfachtes» Verfahren zur Verfügung stellen (siehe Kasten auf Seite 102). In der Praxis dauern die Prozesse trotzdem häufig monatelang – möglicherweise auch über ein Jahr.

Die Verfahrensdauer ist von Gericht zu Gericht unterschiedlich.

Häufigste Streitfälle in Mietsachen sind Anfechtungen von Kündigungen und Erstreckungen der Mietdauer, Verfahren um Mietzinserhöhungen und -senkungen sowie Schadenersatzforderungen von Vermietern nach dem Auszug der Mieter. Die Zahl der Verfahren war in den letzten Jahren konstant.

In der Regel hat jeder Bezirk oder Amtskreis eine Schlichtungsstelle. Die Adressen sind im Anhang (Kapitel 10) auf Seite 194 ff. aufgeführt.

Die zuständige Schlichtungsstelle zu finden, ist für Mieterinnen und Mieter kein Problem, falls sie Zugang zum Internet haben. Gehen Sie einfach auf www.mietrecht.ch und geben Sie dort beim Menüpunkt «Schlichtungsbehörde» Ihre Postleitzahl ein – und schon haben Sie die für Sie zuständige Stelle gefunden.

Klagen unter bestimmten Umständen auch beim Handelsgericht eingereicht werden – also ohne vorheriges Schlichtungsverfahren. Die Voraussetzungen dafür stehen im Kasten auf Seite 88.

Im Prinzip gibt es in jedem Kanton zwei Instanzen

Jeder Kanton muss für zivilrechtliche Streitigkeiten zwei Instanzen zur Verfügung stellen. Nebst dem Bezirksgericht ist das jeweils das Ober- bzw. Kantonsgericht.

Wer mit einem Entscheid von Ober- bzw. Kantonsgericht nicht einverstanden ist, kann diesen (mit Ausnahmen) noch an das Bundesgericht in Lausanne weiterziehen – und allenfalls an den Europäischen Gerichtshof für Menschenrechte, siehe nächste Seite.

Nur bei Streitigkeiten, die vor Handelsgericht landen, ist dieses Spezialgericht die einzige kantonale Instanz. Rechtsmittelinstanz gegen Entscheide des Handelsgerichts ist das Bundesgericht.

Auch Entscheide von Schiedsgerichten sind rechtsgültig

Für Streitigkeiten unter Privaten oder Unternehmen gibt es im Übrigen nicht nur staatliche Gerichte. Die Parteien können sich auch für ein privates Schiedsgericht entscheiden.

Solche Schiedsgerichte sind in der Regel aus drei Richtern zusammengesetzt. Jede Partei ernennt einen Richter, und die beiden ernannten Richter einigen sich dann auf einen dritten, der den Vorsitz übernimmt.

Entscheide dieser privaten Gerichte sind genauso rechtsgültig wie Entscheide von staatlichen Gerichten. Auch Entscheide von Schiedsgerichten können also mit dem Betreibungsverfahren vollstreckt werden, das heisst: Falls der Verlierer nicht zahlt, kann ihn der «Sieger» betreiben (siehe Kapitel 6).

Mehr zum Schiedsgericht steht auf Seite 115.

Die Instanzen für Strafverfahren

Für Strafverfahren ist in allen Kantonen zuerst die Staatsanwaltschaft zuständig. Strafanzeigen und Strafanträge sind also an die Staatsanwaltschaft einzureichen. Was Betroffene beim Einreichen einer Strafanzeige beachten müssen, steht in Kapitel 7.

Die Staatsanwaltschaft untersucht dann, ob ihrer Ansicht nach eine Straftat vorliegt. Je nach Ergebnis der Untersuchung stellt sie das Strafverfahren ein, verhängt direkt eine Strafe oder erhebt beim Gericht Anklage gegen die Täter.

Die erste Instanz für Strafverfahren sind die Bezirks- und Kreisgerichte. Sowohl der Angeklagte wie die Staatsanwaltschaft können den Entscheid der ersten Instanz an das kantonale Obergericht weiterziehen.

Als dritte Instanz steht im Normalfall das Bundesgericht in Lausanne zur Verfügung (und nicht das Bundesstrafgericht, siehe Kasten auf der nächsten Seite).

Bundesgericht: Es gibt nicht nur «Lausanne»

Nebst dem Bundesgericht in Lausanne und Luzern gibt es in der Schweiz noch zwei weitere Bundesgerichte:

- Das **Bundesstrafgericht** in Bellinzona TI urteilt nur in Strafsachen und ist als erste Instanz zuständig für Angelegenheiten, die der Gerichtsbarkeit des Bundes (also nicht der Kantone) unterstellt sind.

  Konkret geht es um Verbrechen und Vergehen gegen Bundesinteressen, beispielsweise gewisse Straftaten gegen Bundesbeamte, gegen eidgenössische Institutionen, Sprengstoffdelikte, Terrorismus, organisierte Verbrechen, Geldwäscherei und bestimmte Fälle von Wirtschaftskriminalität.

  Das Bundesstrafgericht urteilt nicht als letzte Instanz. Entscheide des Bundesstrafgerichts können an das Bundesgericht in Lausanne weitergezogen werden.
- Zudem gibt es das **Bundesverwaltungsgericht** mit Sitz in Bern, ab 2012 in St. Gallen (siehe Ausführungen zum Verwaltungsverfahren auf dieser Seite).

Verletzt ein Urteil des Bundesgerichts die europäische Menschenrechtskonvention, kann man es noch an den Europäischen Menschenrechtsgerichtshof in Strassburg (Frankreich) weiterziehen. Jedes Jahr stellt dieser Gerichtshof bei mehreren Schweizer Fällen Verletzungen der Menschenrechtskonvention fest.

Anschliessend muss das Bundesgericht nochmals über die Bücher und einen menschenrechtskonformen Entscheid fällen.

Das beschriebene strafgerichtliche Verfahren gilt immer dann, wenn Zivilpersonen gegen das Strafgesetzbuch und einige andere Gesetze verstossen.

Für Delikte, die während des Militärdienstes begangen werden, sind Militärgerichte zuständig. Das gilt auch für Verkehrsdelikte von Soldaten. Auch beim Militär gibt es für die anschliessenden Prozesse zwei Instanzen: die Divisionsgerichte und das Appellationsgericht.

Details zum Strafverfahren stehen in Kapitel 7.

Die Instanzen für Streitigkeiten mit Versicherungen

Für sozialversicherungsrechtliche Streitigkeiten sind in allen Kantonen spezielle Gerichte zuständig.

Zuerst gilt in der Regel auch hier, dass etwa bei Streitigkeiten mit der Krankenkasse, der Unfallversicherung, der Invalidenversicherung usw. eine Einsprache möglich ist. Bringt die Einsprache nicht den gewünschten Erfolg, steht ein kantonales Versicherungsgericht zur Verfügung.

In Kantonen, die kein spezielles Versicherungsgericht haben, ist das Verwaltungsgericht für solche Fälle zuständig.

Die Urteile dieser kantonalen Gerichte können anschliessend an die sozialversicherungsrechtliche Abteilung des Bundesgerichts in Luzern weitergezogen werden.

Details zum Versicherungsverfahren stehen in Kapitel 8.

Die Instanzen bei Verwaltungsverfahren

Gegen Entscheide der Verwaltungsbehörden von Gemeinden, Kantonen und des Bundes steht ebenfalls der Rechtsweg offen. In der Regel müssen Betroffene zuerst eine Einsprache bei derjenigen Amtsstelle machen, die den Entscheid gefällt hat – also beispielsweise beim Steueramt gegen Steuerentscheide oder beim Bauamt gegen baurechtliche Dekrete. Oder beim Amt für Administrativmassnahmen des Kantons bei Führerausweisentzügen.

Anschliessend steht der Rechtsweg an die Regierung oder an das kantonale Verwaltungsgericht offen.

Fällt auch dieser Entscheid noch nicht zufriedenstellend aus, kann die betroffene Partei in vielen Fällen ans Bundesverwaltungsgericht gelangen (zurzeit noch in Bern, ab 2012 in St. Gallen ansässig) und anschliessend ans Bundesgericht in Lausanne.

Einige Fälle können auch direkt vom kantonalen Verwaltungsgericht an das Bundesgericht in Lausanne weitergezogen werden. Die nächste Instanz ist jeweils im Entscheid der Vorinstanz angegeben – in der sogenannten Rechtsmittelbelehrung (siehe Kasten auf Seite 91). Klägerinnen und Kläger müssen also das für sie zuständige nächste Gericht nicht selber suchen.

Details zum Verwaltungsverfahren stehen in Kapitel 9.

Neues Prozessrecht: Das ändert in den Kantonen

Das Prozessrecht ist seit Anfang 2011 Jahr in der ganzen Schweiz gleich. Dies betrifft die Verfahrensabläufe bei Zivilprozessen nach der neuen Zivilprozessordnung (ZPO, Kap. 6) sowie die Strafverfahren gemäss neuer Strafprozessordnung (StPO, Kap. 7).

Die Gerichtsorganisation aber bleibt föderalistisch geregelt. Das hat zu Gesetzesrevisionen in allen Kantonen geführt. Die nachfolgende Übersicht nach Kantonen zeigt die wichtigsten Änderungen auf. Sie beschränkt sich auf die Deutschschweizer Kantone.

STICHWORT

Fürsorgerischer Freiheitsentzug

Eine Besonderheit stellt der sogenannte fürsorgerische Freiheitsentzug dar. Eine Behörde kann jemanden in eine Klinik einweisen, wenn er sich selbst oder andere gefährdet und eine ärztliche Behandlung unumgänglich ist.

Das Gesetz formuliert es so: «Eine mündige oder entmündigte Person darf wegen Geisteskrankheit, Geistesschwäche, Trunksucht, anderen Suchterkrankungen oder schwerer Verwahrlosung in einer geeigneten Anstalt untergebracht oder zurückbehalten werden, wenn ihr die nötige persönliche Fürsorge nicht anders erwiesen werden kann.»

Wer gegen seinen Willen in eine (meist psychiatrische) Anstalt eingewiesen wird, kann sich bei einem Gericht dagegen wehren. Das Begehren um gerichtliche Beurteilung einer fürsorgerischen Freiheitsentziehung ist in der Regel beim örtlichen Bezirksgericht einzureichen.

Dieser Entscheid kann an die zweite kantonale Instanz – in der Regel Kantons- bzw. Obergericht – weitergezogen werden.

In letzter Instanz ist das Bundesgericht oder im Extremfall der Europäische Menschenrechtsgerichtshof in Strassburg zuständig.

Die Beratungsstellen für Betroffene des fürsorgerischen Freiheitsentzuges stehen im Anhang (Kapitel 10).

■ Nach der neuen eidgenössischen **Strafprozessordnung** leitet die Staatsanwaltschaft das Vorverfahren, führt die Untersuchung, erhebt die Anklage und vertritt diese auch vor Gericht. Die Vereinheitlichung des Strafverfahrens ist ohne gewisse organisatorische Grundentscheide nicht möglich. Im Strafprozessrecht bleibt den Kantonen daher wenig Spielraum.

Aus Verhörrichtern werden Staatsanwälte

Das Staatsanwaltschaftsmodell und die Einrichtung von Zwangsmassnahmengerichten in jedem Kanton sind durch die Strafprozessordnung zwingend vorgeschrieben. Aus den bisherigen Untersuchungsrichtern oder Verhörrichtern werden neu Staatsanwälte.

Geschworenengerichte sind künftig nicht explizit ausgeschlossen, aber die Bestimmungen über das erstinstanzliche Verfahren schliessen den Einsatz von Geschworenen praktisch aus.

STICHWORT

Begnadigung

Ein rechtskräftiges Urteil (auch vom Europäischen Menschenrechtsgerichtshof in Strassburg) ist vollstreckbar.

Aber: Wer zu einer Strafe verurteilt worden ist, kann unter bestimmten Umständen trotzdem darum herumkommen. Denn alle Kantone kennen das Recht der Begnadigung.

Das heisst, die kantonale Regierung oder das kantonale Parlament kann verurteilte Straftäter begnadigen. Die vom Gericht verfügte Strafe wird in diesem Fall nicht vollzogen. Begnadigungen sind allerdings sehr selten.

Einheitliche Kriterien für Richterwahlen existieren nach wie vor nicht: Deshalb werden auch künftig Laien in Gerichten sitzen.

■ Auch die eidgenössische **Zivilprozessordnung** beschränkt sich auf die Regelung des Verfahrens, während die Gerichtsorganisation Sache des kantonalen Rechts bleibt.

Der Bundesgesetzgeber hat den Kantonen aber die freie Wahl gelassen, ob sie Fachgerichte wie Handels-, Miet- und Arbeitsgerichte beibehalten oder einführen wollen.

Gerichtsorganisation: Kantone haben einen grossen Spielraum

Die Kantone können ein Fachgericht bezeichnen, das als einzige kantonale Instanz für handelsrechtliche Streitigkeiten zuständig ist. Von dieser Kann-Vorschrift haben diejenigen Kantone, die bisher schon über ein Handelsgericht verfügten, Gebrauch gemacht: Aargau, Bern, St. Gallen und Zürich.

In arbeitsrechtlichen Streitigkeiten bleibt es den Kantonen überlassen, ob sie spezielle Schlichtungsstellen oder Arbeitsgerichte einführen oder beibehalten wollen.

Bereits das geltende Miet- und Pachtrecht verpflichtet die Kantone, paritätische Schlichtungsbehörden einzusetzen. Es sieht vor, dass es für Streitigkeiten aus Miete und Pacht von Wohn- und Geschäftsräumen eine Schlichtungsbehörde geben muss. Den Kantonen obliegt nur die organisatorische Ausgestaltung.

Aargau

Der Kanton Aargau hat je ein Einführungsgesetz zur ZPO und zur StPO erlassen sowie andere kantonale Bestimmungen an die neuen eidgenössischen Vorgaben angepasst.

Schlichtungsstelle für arbeitsrechtliche Streitigkeiten ist der Präsident des Arbeitsgerichts. Das Handelsgericht bleibt bestehen.

Auf die Schaffung eines Mietgerichts wurde verzichtet.

Mit dem Wechsel zum Staatsanwaltschaftsmodell sind neu sechs regionale Staatsanwaltschaften, eine kantonale sowie eine Oberstaatsanwaltschaft anstelle der elf traditionellen Bezirksämter mit der Strafverfolgung betraut.

Appenzell Ausserrhoden

Das neue Justizgesetz im Kanton Appenzell-Ausserrhoden sieht vor, dass es eine einzige Schlichtungsstelle für miet- und pachtrechtliche Angelegenheiten sowie für Geschlechter-Diskriminierung gibt.

Der Kanton hat kein Arbeits- oder Mietgericht. Auch auf die Einführung eines Handelsgerichts wurde verzichtet.

Die heute 20 Vermittlerkreise wurden nach dem neuen kantonalen Justizgesetz zu 3 Kreisen zusammengefasst.

Mit der Umstellung auf das Staatsanwaltschaftsmodell werden die Verhörrichter neu zu Staatsanwälten.

Appenzell Innerrhoden

Der Halbkanton hat auf die Schaffung eines Arbeitsgerichts verzichtet. Neu gibt es in Appenzell-Innerrhoden dank der Einführung des Zwangsmassnahmengerichts einen Haftrichter. Vor 2011 hatte jeweils der Bezirksgerichtspräsident über Haftfälle entschieden.

Die Vermittlerämter, die als Schlichtungsstelle funktionieren, bleiben in jedem Gerichtskreis bestehen. Die Innerrhoder werden auch in Zukunft weder ein Arbeits- noch ein Miet- oder ein Handelsgericht haben.

Basel-Landschaft

Die sechs Gerichtsbezirke im Kanton Basel-Landschaft bleiben unverändert. Um die bewährte Praxis (Vergleichsverhandlungen in arbeitsrechtlichen Streitigkeiten bei den Bezirksgerichten) beizubehalten, ist neu der Bezirksgerichtspräsident für arbeitsrechtliche Schlichtungsversuche zuständig.

Klagen für diese Streitigkeiten sind also weiterhin direkt bei den Bezirksgerichtspräsidien einzureichen.

Der Landrat begründet seinen Entscheid damit, dass es sich häufig um komplexe Fälle handelt, die juristische Kenntnisse erfordern.

Im Baselbiet gibt es auch in Zukunft weder ein Arbeitsgericht noch ein Mietgericht, noch ein Handelsgericht.

Auch in Basel-Landschaft erfolgt der Wechsel zum Staatsanwaltschaftsmodell.

Basel-Stadt

Die Einführungsgesetze im Kanton Basel-Stadt wurden an die neuen Prozessordnungen angepasst.

Das «gewerbliche Schiedsgericht» wurde beibehalten und in «Arbeitsgericht» umbenannt. Die Besetzung ist wie bisher paritätisch. Die besondere Schlichtungsstelle für Mietstreitigkeiten soll beibehalten werden. Basel-Stadt verzichtete auf die Einführung eines Handelsgerichts.

Bern

Der Kanton Bern hat eine Justizreform durchgeführt. Statt bisher 13 Gerichte gibt es nur noch 4 Regionalgerichte in Bern, Thun, Biel (mit einer Aussenstelle in Moutier) und Burgdorf.

Da in Burgdorf der Neubaukomplex noch nicht fertig ist, werden die Gerichte in Langnau und Aarwangen vorübergehend als Aussenstellen weiterbetrieben.

In jeder dieser vier Gerichtsregionen gibt es eine regionale Schlichtungsbehörde. Die Mietämter verschwinden, die Schlichtungsbehörde übernimmt deren Aufgabe in paritätischer Besetzung.

Bei arbeitsrechtlichen Streitigkeiten besteht die Schlichtungsbehörde aus einem Vorsitzenden sowie aus jeweils einem Vertreter der Arbeitnehmer- und der Arbeitgeberseite. Sie ist auch Rechtsberatungsstelle in arbeits- und mietrechtlichen Fragen sowie bei Fragen zur Gleichstellung.

Bei arbeitsrechtlichen Auseinandersetzungen mit einem Streitwert unter 15 000 Franken entscheidet eine paritätisch zusammengesetzte Institution.

Auf die Bezeichnung Arbeitsgericht wurde im Gesetz verzichtet, ebenso auf eine örtliche Trennung von den Regionalgerichten. Es wer den auch keine speziellen Mietgerichte geschaffen. Das Handelsgericht wird beibehalten.

Freiburg

Die «Gewerbegerichte» werden beibehalten, sie heissen allerdings zwecks Vereinheitlichung der Terminologie künftig «Arbeitsgerichte». In mietrechtlichen Streitigkeiten entscheidet in erster Instanz weiterhin das Mietgericht. Ein Handelsgericht gibt es auch in Zukunft nicht.

Alle kantonalen Bestimmungen über die Gerichtsorganisation sind in einem einzigen Gesetz, dem Justizgesetz, zusammengefasst.

Glarus

Glarus hat auf die Einführung von Spezialgerichten – Arbeits-, Miet- und Handelsgericht – verzichtet. Auch eine spezielle Schlichtungsstelle für arbeitsrechtliche Streitigkeiten wurde nicht eingeführt.

Im Kanton Glarus sind – entsprechend der neuen Gemeindestruktur – nur noch drei Vermittlerämter vorgesehen.

An die Stelle des Verhöramts tritt künftig die Staats- und Jugendanwaltschaft.

So setzen sich die Gerichte zusammen

- **Zivilgerichte**

Die Schlichtungsbehörde für Mietsachen ist paritätisch zusammengesetzt. Das heisst: Mitglieder sind Vertreter der Hauseigentümer und der Mieter.

Auch in der Schlichtungsbehörde für Fragen der Gleichstellung der Geschlechter bei der Arbeit sind Männer und Frauen sowie Arbeitgeber und Arbeitnehmer plus öffentlicher und privater Bereich vertreten.

In allen übrigen Schlichtungsverhandlungen ist in vielen Kantonen ein Friedensrichter oder Vermittler tätig. In andern Kantonen tagt die Schlichtungsbehörde zu dritt mit zwei Beisitzern. In einigen Kantonen schlichtet ein Jurist des erstinstanzlichen Gerichts.

Als erste Instanz in Zivilsachen entscheidet bei tiefen Streitwerten oder dringlichen Verfahren ein Einzelrichter, bei höheren Streitwerten eine Dreierkammer. Je nach Kanton können es auch mehr Richter sein.

Das Kantons- oder Obergericht als zweite Instanz entscheidet in der Regel in der Besetzung von mindestens drei Richtern.

- **Strafgerichte**

Polizeigerichte: Sie sind zuständig für Bagatellangelegenheiten wie beispielsweise Strassenverkehrsdelikte; meist entscheidet ein einzelner Richter.

Bei den Strafgerichten der ersten Instanz gibt es je nach Schwere der Straftaten Einzelrichter oder Strafkammern, die aus mindestens drei Richtern bestehen.

Strafgerichte der zweiten Instanz tagen in der Regel in Dreierbesetzung.

- **Verwaltungsgerichte**

Sie urteilen im Allgemeinen in einer Dreierbesetzung.

- **Bundesgerichte**

Auf Bundesebene werden die Urteile meistens von drei oder fünf Richtern gefällt, die alle Juristen sind.

Graubünden

Die weiterhin bestehenden 39 Kreise werden keine richterlichen Aufgaben mehr wahrnehmen. Dafür sind nunmehr die 11 Bezirksgerichte zuständig.

In jedem Bezirk gibt es daneben wie bisher eine Schlichtungsbehörde für Mietsachen und neu eine Schlichtungsstelle für andere Streitigkeiten.

Diese Schlichtungsstellen heissen wie bisher «Vermittlerämter».

Wegen der geografischen Weitläufigkeit wird Graubünden keine Arbeitsgerichte einführen. Auf eine besondere Schlichtungsstelle für arbeitsrechtliche Streitigkeiten, auf ein Mietgericht und auf ein Handelsgericht verzichtet der Kanton aus dem gleichen Grund. Hingegen besteht eine besondere kantonale Schlichtungsbehörde für Auseinandersetzungen nach dem Gleichstellungsgesetz.

Luzern

Aus bisher 6 Amtsgerichten werden im Kanton Luzern 4 Bezirksgerichte: Luzern, Kriens, Hochdorf und Willisau.

Laien gibt es künftig in der Gerichtsbarkeit nicht mehr.

Die bisherigen 77 Friedensrichter – die meisten Gemeinden im Kanton hatten einen eigenen Friedensrichter oder eine eigene Friedensrichterin – werden professionalisiert und auf 4 reduziert. Diese sind jetzt organisatorisch an die vier Bezirksgerichte angegliedert.

Aus den bisherigen Amtsstatthaltern und kantonalen Untersuchungsrichtern werden neu Staatsanwälte, die auf die 4 Abteilungen der Staatsanwaltschaft im Kanton (Luzern, Emmen, Sursee und Kriens) verteilt werden.

Unabhängig vom Streitwert entscheidet das Arbeitsgericht alle arbeitsrechtlichen Streitigkeiten. Vorab ist ein Schlichtungsverfahren vor der neuen Schlichtungsbehörde Arbeit durchzuführen.

Auf die Einführung eines Handelsgerichts und eines besonderen Mietgerichts hat der Kanton Luzern verzichtet. Das Kriminalgericht gibt es weiterhin; es ist für den ganzen Kanton das erstinstanzliche Gericht für schwere Straffälle.

Nidwalden

Für zivilrechtliche Streitigkeiten hat Nidwalden eine einzige zentrale Schlichtungsbehörde eingerichtet. Sie ersetzt die bisherigen Friedensrichter der Gemeinden und ist zugleich Schlichtungsbehörde für Miet- und Pachtrecht sowie Schlichtungsstelle für Gleichstellungsfragen – und sie schlichtet auch im Arbeitsrecht.

Auf die Schaffung eines Mietgerichts oder eines Handelsgerichts hat der Kanton verzichtet.

Obwalden

Für arbeitsrechtliche Streitigkeiten gibt es keine besondere Schlichtungsstelle. Auch in Zukunft wird es im Kanton weder ein Miet- noch ein Arbeitsgericht oder ein Handelsgericht geben.

Neu ersetzt eine kantonale, professionalisierte Schlichtungsstelle die Friedensrichterämter in den Gemeinden.

Administrativmassnahmen im Strassenverkehrsgesetz werden neu durch das Verkehrssicherheitszentrum ausgesprochen. Bisher lag die Verhängung von Administrativmassnahmen in der Kompetenz der Verhörrichter, die durch Staatsanwälte ersetzt werden.

Schaffhausen

Die gemeindeeigenen Friedensrichter werden zu 4 Friedensrichterämtern zusammengefasst, die als Schlichtungsbehörden tätig sind.

Bedingt durch den Wechsel vom Untersuchungsrichtermodell zum Staatsanwaltschaftsmodell gehen das Untersuchungsrichteramt, die Jugendanwaltschaft und das Verkehrsstrafamt in der Staatsanwaltschaft auf.

Arbeitsgerichte, ein Handelsgericht oder spezielle Mietgerichte sind im Kanton Schaffhausen nicht vorgesehen, auch eine besondere Schlichtungsstelle für arbeitsrechtliche Streitigkeiten wird nicht geschaffen.

Schwyz

Die neue Justizverordnung im Kanton Schwyz sieht weder ein Arbeits- noch ein Miet- oder ein Handelsgericht vor. Die Untersuchungsrichterinnen und -richter werden durch Staatsanwälte ersetzt.

Für arbeitsrechtliche Streitigkeiten ist keine besondere Schlichtungsstelle vorgesehen.

Vorderhand sind auch die Bezirke wie bisher organisiert. Eine Reform der Bezirke ist noch nicht geplant, deswegen werden die 37 Schlichtungsbehörden – jede Gemeinde verfügt über eine eigene – vorderhand nicht reduziert.

Solothurn

Der Kanton verzichtet auf die Einführung eines Handelsgerichts oder eines Mietgerichts.

Die Friedensrichter bleiben in den Gemeinden, haben aber die Möglichkeit, sich regional zusammenzuschliessen. Sie sind zuständig, wenn Kläger und Beklagter in der gleichen Gemeinde wohnhaft sind.

In den übrigen Fällen übernehmen die Gerichtspräsidenten die Schlichtungsfunktion.

Im Kanton Solothurn galt das Staatsanwaltschaftsmodell schon früher. Allerdings sind die Friedensrichter als Strafverfolgungsbehörde neu nur noch mit der Ahndung im Bereich des Gemeinde-Übertretungsstrafrechts betraut.

St. Gallen

St. Gallen hatte im Rahmen einer Volksabstimmung im Jahr 2009 das Gerichtsgesetz geändert, weshalb auf Anfang 2011 bei der Organisation der Gerichte kein Änderungsbedarf bestand. Damals wurde entschieden, auf Arbeitsgerichte zu verzichten und im Gegenzug neu Schlichtungsstellen für arbeitsrechtliche Streitigkeiten zu schaffen.

Entsprechende Schlichtungsstellen für Miet- und Pachtverhältnisse und eine kantonale Schlichtungsstelle für Klagen nach dem Gleichstellungsgesetz bestanden bereits. Weitere (allgemeine) Schlichtungsbehörden sind die Vermittlungsämter.

Das Handelsgericht wurde beibehalten.

Thurgau

Neu gibt es statt bisher 8 Gerichtsbezirke nur noch 5. Nach dem Gesetz über die Zivil- und Strafrechtspflege bezeichnen die politischen Gemeinden die Schlichtungsbehörden für Mietsachen, wobei sich mehrere Gemeinden innerhalb eines Bezirks zur Führung einer gemeinsamen Schlichtungsbehörde zusammenschliessen können.

Eine besondere Schlichtungsstelle für arbeitsrechtliche Streitigkeiten ist nicht vorgesehen. Auch auf ein Miet- oder ein Arbeitsgericht hat der Kanton Thurgau verzichtet. Ein Handelsgericht wird es auch in Zukunft nicht geben.

Uri

Für das Schlichtungsverfahren im Zivilprozess gibt es eine zentrale

Schlichtungsbehörde. Die bisherigen kommunalen Vermittler wurden gestrichen.

Spezialgerichte sind keine vorgesehen.

Die Schlichtungsstelle für miet- und arbeitsrechtliche Angelegenheiten soll zugleich auch Rechtsberatungsstelle für mietrechtliche Angelegenheiten sein.

Statt des Verhöramtes wird nun der Staatsanwalt das Vorverfahren und die Untersuchung leiten, Anklage erheben und diese vor Gericht vertreten.

Wallis

Das Arbeitsgericht mit paritätischer Besetzung bleibt bestehen. Eine besondere Schlichtungsstelle für arbeitsrechtliche Streitigkeiten ist vorgesehen, allerdings ohne paritätische Besetzung. Ein Handelsgericht ist nicht geplant.

Auch der Kanton Wallis musste sich vom Untersuchungsrichtermodell verabschieden. Im ganzen Kanton gibt es neu ein einziges Zwangsmassnahmengericht mit Sitz in Sitten.

Zug

Der Kanton Zug hat das Staatsanwaltschaftsmodell schon 2008 eingeführt; die Umstellung erfolgte nach den Vorgaben des damaligen Entwurfs der Strafprozessordnung.

Anfang 2011 trat das neue Gerichtsorganisationsgesetz in Kraft. Der Kanton Zug will auch weiterhin auf ein Miet- und ein Arbeitsgericht verzichten. Ebenso wenig ist die Einführung eines Handelsgerichts geplant.

Für arbeitsrechtliche Streitigkeiten gibt es weiterhin eine einzige kantonale Schlichtungsstelle, die allerdings nicht paritätisch besetzt ist. Sie ist auch zuständig für Streitigkeiten nach dem Gleichstellungsgesetz und in Miet- und Pachtsachen; in diesen Fällen wird sie paritätisch besetzt – nur bei Streitigkeiten der landwirtschaftlichen Pacht amtet ein Einzelschlichter.

Zürich

Neu sind die Friedensrichter im ganzen Kanton auch für arbeitsrechtliche Streitigkeiten als Schlichtungsbehörde zuständig. Bisher war dies nur in den Landbezirken ohne eigentliche Arbeitsgerichte der Fall.

Eigentliche Arbeitsgerichte gab es bis anhin nur in den Städten Zürich und Winterthur. Für die übrigen zehn Bezirke sowie die Landgemeinden des Bezirks Winterthur waren bis anhin die ordentlichen Bezirksgerichte für arbeitsrechtliche Streitigkeiten zuständig.

Neu gibt es in allen Bezirken paritätische Arbeitsgerichte. Diese Arbeitsgerichte sind Teil der Bezirksgerichte. Das Kollegialgericht ist zuständig bei einem Streitwert ab 30 000 Franken und besteht dann aus einem Präsidenten (ein Bezirksrichter) und je einem Arbeitnehmer- und Arbeitgebervertreter als Beisitzer. Bis zum Streitwert von 30 000 Franken entscheidet ein Einzelrichter.

Die Mietgerichte werden beibehalten.

Im Kanton Zürich gibt es weiterhin ein Handelsgericht.

Die vereinheitlichten Prozessrechte haben jedoch zur Folge, dass das Kassationsgericht und das Geschworenengericht abgeschafft werden.

Bereits heute leitet die Staatsanwaltschaft die Strafuntersuchung, Handlungsbedarf in diesem Punkt gibt es also nicht.

Welches Gericht für welche Fälle?

So werden Fristen berechnet

Wer klagen will, muss zuerst wissen, welches Gericht für sein Anliegen zuständig ist. Dann kommen Fristen ins Spiel, die einzuhalten sind. Wer diese versäumt, kann seinen Rechtsanspruch verlieren.

Ein Gericht tritt nicht auf jede Klage ein. Es klärt zunächst ab, ob einige minimale Bedingungen erfüllt sind. Dazu gehören die folgenden Punkte.

Die Voraussetzungen für einen Prozess: Was das Gericht prüft

■ 1. Gibt es ein anderes rechtskräftiges Urteil?
Falls ein anderes Gericht in der gleichen Sache bereits ein rechtskräftiges Urteil gefällt hat, so tritt das Gericht auf diesen Fall nicht ein. Das gilt auch im internationalen Verhältnis.

Hat zum Beispiel eine vom Ehemann in der Schweiz getrennt lebende Portugiesin in Lissabon Scheidungsklage eingereicht und ist die Ehe vom portugiesischen Gericht rechtskräftig geschieden worden, so ist eine Klage des Ehemannes in der Schweiz nicht mehr möglich.

Dies gilt auch dann, wenn der klagende Ehemann in der Schweiz dieses portugiesische Urteil gar nicht kennt.

Für Beklagte bedeutet das: Wird jemand eingeklagt in einer Sache, in der schon ein anderes Gericht rechtskräftig entschieden hat, so muss diese beklagte Person zwar trotzdem auf Vorladung des Schweizer Gerichtes zur Verhandlung erscheinen; sie kann aber geltend machen, die Sache sei schon entschieden.

Als Beweismittel hilft eine Ausfertigung des vorliegenden Urteils. Das Gericht, das geurteilt hat, sollte darauf vermerkt haben, dass das Urteil rechtskräftig und vollstreckbar ist.

Solche Bestätigungen erhält man auf Antrag von demjenigen Gericht, das den Fall erledigt hat. Das gilt auch in der Schweiz.

■ 2. Ist schon ein anderes Gericht mit der Sache befasst?
Das Gericht tritt auf eine Klage ebenfalls nicht ein, wenn schon ein anderes Gericht mit dem gleichen geltend gemachten Rechtsanspruch befasst ist. Auch das gilt im internationalen Verhältnis ebenso.

Hat zum Beispiel ein Mann in Deutschland gegen seine Schweizer Frau Scheidungsklage eingereicht, tritt das Schweizer Gericht auf ein Scheidungsbegehren der Frau gegen ihren Mann nicht ein. Der Mann muss nur vor dem Schweizer Gericht belegen, dass das Verfahren in Deutschland bereits hängig ist.

STICHWORT

Rechtskräftig

Ein Entscheid oder ein Urteil ist dann rechtskräftig, wenn es kein ordentliches Rechtsmittel mehr gibt, mit dem der Richterspruch an eine höhere Instanz weitergezogen werden kann.

Achtung: Nicht selten wird versucht, einen Prozess in der Schweiz zu verunmöglichen, indem im Ausland Klage angehoben wird.

Deshalb der **Tipp:** Wer Wert darauf legt, dass seine Klage in der Schweiz behandelt wird, sollte schnell handeln und die Klage möglichst bald «rechtshängig» machen, also ans Gericht abschicken. Als Datum der «Rechtshängigkeit» gilt jener Tag, an dem die Klage per Post ans Gericht abgeschickt oder dem Gericht übergeben wird.

Beim Versand auf dem Postweg gilt die Sendung als eingereicht, sobald sie bei einer Poststelle in der Schweiz aufgegeben oder in den Briefkasten geworfen wird.

Aus Beweisgründen drängt es sich auf, diese Sendung eingeschrieben (Lettre signature) aufzugeben.

Ist der Postschalter geschlossen, können Sie die Sendung auch am Briefkasten einwerfen. Zu Beweiszwecken ist es dabei empfehlenswert, einen Zeugen oder eine Zeugin mitzunehmen, der/die das Datum und die Uhrzeit des Einwurfs bezeugen kann.

3. Ist der Kläger partei- und prozessfähig?

Das Gericht prüft vor dem Eintreten auf eine Klage auch, ob die klagende Partei **parteifähig** und **prozessfähig** ist.

Parteifähig ist, wer rechtsfähig ist oder von Bundesrechts wegen als Partei auftreten kann. Rechtsfähig sind sogenannte natürliche

IN DIESEM KAPITEL

und juristische Personen. Eine natürliche Person ist ein Mensch, eine juristische Person ist ein Unternehmen wie zum Beispiel die Aktiengesellschaft oder die GmbH. Auch Vereine und Stiftungen sind juristische Personen.

Das schweizerische Recht erlaubt es aber auch, dass bestimmte Gemeinschaften prozessieren. Das bekannteste Beispiel dafür ist die Stockwerkeigentümergemeinschaft oder die Erbengemeinschaft.

Prozessfähig ist jemand, wenn er handlungsfähig ist. Handlungs*un*fähige Personen wie zum Beispiel Kinder können durch ihre gesetzlichen Vertreter, in der Regel die Eltern, handeln. Das Gleiche gilt für bevormundete Personen.

Das bedeutet, dass unter 18-Jährige im Prinzip nicht prozessieren können. In Ausnahmefällen kann eine handlungs*un*fähige Person klagen, falls sie urteilsfähig ist. Ein Minderjähriger kann also beispielsweise mit dem Einverständnis der Eltern seinen Lehrlingslohn einklagen.

4. Ist das Gericht zuständig?
Geht eine Klage ein, so prüft das Gericht zuerst, ob es überhaupt zuständig ist.

Die Juristen unterscheiden zwischen örtlicher und sachlicher Zuständigkeit.

Örtlich zuständig heisst, dass die Klage am geografisch richtigen Ort eingereicht wurde (siehe Seite 88 ff.).

Als **sachlich zuständig** erachtet sich ein Gericht, wenn es für die entsprechende Klage organisatorisch zuständig ist.

Beispiel: Eine Schlichtungsbehörde ist für Scheidungsklagen nicht zuständig; diese gehören an das erstinstanzliche Gericht. Deshalb wird die Schlichtungsstelle auf eine Scheidungsklage nicht eintreten.

Umgekehrt ist das erstinstanzliche Gericht nicht zuständig für eine Forderungsklage über beispielsweise 50 000 Franken, wenn diese Klage nicht vorher bei der Schlichtungsbehörde eingereicht wurde.

Oder: Die Schlichtungsstelle für Mietsachen tritt nicht auf eine Klage ein, wenn sie im Zusammenhang mit einer Automiete steht. Denn die Schlichtungsbehörden für Mietsachen sind nur zuständig für Miet- und Pachtverträge an Immobilien.

Nebst diesen erwähnten vier Punkten prüft das Gericht jeweils auch, ob der Kostenvorschuss eingetroffen ist (falls einer verlangt war).

Einen Anwalt beiziehen? Das müssen Sie beachten

Zum Thema Prozessvoraussetzungen sind auch die folgenden Punkte zu beachten:

Wenn mehrere Personen klagen möchten ...
Eine Partei, die vor Gericht eine Forderung einklagt, kann aus mehreren Personen bestehen. Dies ist beispielsweise bei einer Erbengemeinschaft der Fall oder bei einer Kollektivgesellschaft.

Eigentliche Sammelklagen hingegen, wie sie aus dem Ausland bekannt sind, sind in der Schweiz nicht zugelassen (siehe Kasten links).

Sammelklagen? Nicht in der Schweiz!

Es kommt immer wieder vor, dass mehrere Leute vom gleichen Sachverhalt betroffen sind. Und dass alle diese Betroffenen gegen die gleiche Firma klagen möchten. Doch das Instrument der Sammelklage steht solchen Schicksalsgemeinschaften in der Schweiz nicht zur Verfügung.

Aus diesem Grunde konnten Kundinnen und Kunden nicht gemeinsam gegen die Credit Suisse klagen, nachdem ihnen die Grossbank unter dubiosen Umständen fragwürdige Wertschriften der amerikanischen Bank Lehmann Brothers verkauft hatte.

Nach Schweizer Recht muss jede Person einzeln gegen die Bank klagen.

Immerhin: Wenn alle Kläger den gleichen Anwalt nehmen, fahren sie wenigstens bei den Anwaltskosten günstiger.

Die Vertretung durch einen Anwalt

Wer selber prozessieren darf, kann sich im Prozess auch vertreten lassen. Prozessvertreter kann theoretisch jede beliebige Person sein – aber nur, wenn diese *nicht* gewerbsmässig handelt (ausser sie ist Anwalt, siehe unten).

Das bedeutet: Sie können ohne weiteres eine Vertrauensperson als Vertreter oder Vertreterin in einem Gerichtsverfahren bestimmen. Diese beliebige Person darf aber nicht gewerbsmässig handeln, das heisst, sie darf mit dieser Vertretung nichts verdienen.

Denn zu einer professionellen Vertretung, die gleichzeitig ihr Erwerbseinkommen sichert, sind in der Regel nur Anwälte befugt, die aufgrund des Anwaltsgesetzes Parteien vor schweizerischen Gerichten vertreten dürfen.

Diese Anwältinnen und Anwälte sind in kantonalen Registern einzeln aufgeführt (siehe Seite 26f.).

Wer also unsicher ist, ob sein Anwalt überhaupt Prozesse vor ordentlichen Gerichten führen darf, sollte zur Sicherheit bei der kantonalen Aufsichtsbehörde das Anwaltsregister konsultieren. In der Regel ist die Aufsichtskommission über die Anwälte am kantonalen Obergericht bzw. Kantonsgericht zu erreichen.

In Ausnahmefällen dürfen Klientinnen und Klienten für die gewerbsmässige Vertretung auch kantonal zugelassene Rechtsvertreter ohne Anwaltspatent engangieren. Je nach Kanton tragen diese die Bezeichnung Rechtsagent oder patentierte Sachwalter. Dieses spezielle Vertretungsrecht gilt dann z. B. vor der Schlichtungsbehörde oder in einzelnen summarischen Verfahren.

Auch vor Miet- und Arbeitsgerichten können beruflich qualifizierte Vertreterinnen zugelassen werden, sofern es das kantonale Recht vorsieht. Dabei kann es sich um Mitarbeiter von Mieterschutzorganisationen oder Gewerkschaften handeln, die ihre Mitglieder vor Gericht vertreten können.

Die sachliche Zuständigkeit des Gerichts

Wie auf Seite 86 bereits erwähnt, unterscheiden die Gerichte zwischen örtlicher und sachlicher Zuständigkeit.

Die **sachliche Zuständigkeit** ist nach dem neuen Recht (seit Anfang 2011) relativ einfach: Normale zivilrechtliche Verfahren müssen im Prinzip immer vor der Schlichtungsbehörde beginnen.

Damit müssen Kläger in der Regel zuerst zum Friedensrichter bzw. zum Vermittler.

Die Ausnahmen von dieser Regel sind in Kapitel 6 ausführlich geschildert.

Bei Streitigkeiten aus einer Wohnungs- oder Geschäftsmiete sowie bei Pachtverträgen ist die eigens eingerichtete Schlichtungsstelle in Mietsachen zuständig.

Und für Verletzungen der Gleichbehandlung von Männern und Frauen am Arbeitsplatz gibt es ebenfalls eine separate Schlichtungsbehörde.

Handelsgericht oder erste Instanz?

In vier Kantonen gibt es ein Handelsgericht: Aargau, Bern, St. Gallen und Zürich. In diesen Kantonen gehen etliche Fälle nicht an die erste kantonale Instanz, sondern direkt ans Handelsgericht. Und zwar ohne vorhergehendes Schlichtungsverfahren. Die Klagen sind also beim Handelsgericht einzureichen.

Die Mindestvoraussetzungen für eine Klage am Handelsgericht sind:

- Die beklagte Partei muss im Handelsregister eingetragen sein.
- Es muss sich beim Gegenstand des Verfahrens um die geschäftliche Tätigkeit einer der Parteien handeln.

Diese beiden Voraussetzungen sind zum Beispiel erfüllt, wenn ein Versicherter gegen eine Versicherung klagt oder ein Bankkunde gegen eine Bank.

Weiter gilt: Ist nur die beklagte Partei ein Unternehmen und die klägerische Partei nicht, so kann die klagende Partei wählen zwischen dem Gericht der ersten Instanz und dem Handelsgericht.

Bezogen auf die erwähnten Beispiele heisst das: Der Bank- oder Versicherungskunde kann wählen.

Sind jedoch beide Parteien Unternehmen, kann je nach Kanton das Handelsgericht zwingend für den Fall zuständig sein, sofern ein Streitwert von mindestens 30 000 Franken erreicht wird.

Nur in Ausnahmefällen ist die Erstinstanz direkt für eine Klage zuständig (also ohne Umweg über die Schlichtungsstelle): Das betrifft beispielsweise Scheidungsklagen und generell Klagen im summarischen Verfahren (siehe Kapitel 6, Kasten auf Seite 103).

Bei vermögensrechtlichen Streitigkeiten kann die klagende Partei zudem direkt an die obere kantonale Instanz gelangen. Voraussetzung dafür ist, dass der Streitwert mindestens 100 000 Franken beträgt – und dass die beklagte Partei damit einverstanden ist.

Ist die Erledigung eines Verfahrens vor der Schlichtungsbehörde nicht möglich (können sich die Parteien also nicht auf einen Kompromiss einigen), so geht die Sache auf Antrag des Klägers an die erste kantonale Instanz.

Der Gerichtsstand: Die örtliche Zuständigkeit des Gerichts

Die wichtigste Frage, die sich eine klagende Partei vor dem Einreichen des Rechtsbegehrens stellen muss, lautet dann: Welche Schlichtungsstelle bzw. welches Gericht ist örtlich zuständig?

In diesem Punkt gelten strikte Regeln. Man kann also nicht einfach das Gericht am eigenen Wohnsitz beliebig mit Klagen gegen andere Personen oder Firmen eindecken.

Im Gegenteil: In den meisten Fällen ist das Gericht bzw. die Schlichtungsstelle am Wohnort des Klägers oder der Klägerin für den Fall nicht zuständig.

Es gilt also, die folgenden Punkte zu beachten:

■ Zwingende gesetzliche Vorschriften

Je nach dem Inhalt der Klage schreibt das Gesetz zwingend vor, welches Gericht örtlich zuständig ist.

Beispiel: Für arbeitsgerichtliche Prozesse ist der Arbeitsort oder das Gericht am Sitz des Beklagten zuständig. Diese Vorschrift ist zwingend. Wer also beispielsweise in Luzern wohnt und in Zürich bei einem Unternehmen, das den Sitz in Basel hat, arbeitet, muss seine Ansprüche aus dem Arbeitsvertrag zwingend in Zürich oder Basel einklagen.

In solchen Fällen ist eine allenfalls anderslautende sogenannte Gerichtsstandsvereinbarung nicht möglich bzw. nicht rechtswirksam.

Eine Gerichtsstandsvereinbarung ist eine häufig in Verträgen anzutreffende Klausel; sie besagt jeweils, dass die Parteien für Klagen aus dem Vertrag das Gericht im Ort X festlegen. Doch eben: Ist der Gerichtsstand im Gesetz zwingend vorgeschrieben, so sind anderslautende Gerichtsstandsklauseln ungültig.

■ Details zu Wohnort und Sitz

Unter dem Wohnsitz versteht man jenen Ort, an dem jemand seinen Lebensmittelpunkt hat, also die längste Zeit des Jahres wohnt.

Der Sitz eines Unternehmens ergibt sich aus dem Handelsregister. Dieser Sitz muss nicht dort sein, wo beispielsweise eine Filiale steht.

Ein Unternehmen kann also ohne weiteres Büros in Bern unterhalten, den Sitz aber im Fürstentum Liechtenstein haben.

■ Persönlichkeits-Klagen

Für Klagen aus Persönlichkeitsschutz sind die Gerichte am Wohnsitz oder Sitz einer der Parteien zuständig.

Wer also einen Anspruch aufgrund einer Persönlichkeitsverletzung stellt (zum Beispiel ein Gegendarstellungsbegehren gegen eine Zeitung), kann wählen, ob er das Medienunternehmen an

Verhandlung «geschwänzt», Frist verpasst? Die Konsequenzen

In zivilen Rechtsstreitigkeiten um Geldforderungen ist die Teilnahme am Prozess freiwillig. Doch die Folgen können gravierend sein, wenn man Vorladungen nicht befolgt oder Fristen für gerichtliche Eingaben nicht wahrnimmt. Im Einzelnen gilt Folgendes:

■ Erscheint die klagende Partei nicht vor der Schlichtungsbehörde, so gilt die Klage als zurückgezogen. Bleibt die beklagte Partei der Schlichtungsverhandlung fern, geht der Prozess weiter, wie wenn keine Einigung zustande gekommen wäre. Der Kläger kann sich also an die nächste gerichtliche Instanz wenden.

■ Vor Gericht gilt dann: Taucht die beklagte Partei unentschuldigt nicht auf, werden Verhandlungen in der Regel trotzdem durchgeführt, und der Prozess geht normal weiter, kann also auch mit einem Urteil gegen die beklagte Partei enden.

■ Hat eine Partei eine wichtige Frist versäumt und könnte dieses Versäumnis dazu führen, dass diese Partei den Prozess deswegen verliert, so setzt das Gericht eine Nachfrist an.

Erst wenn auch diese Nachfrist nicht eingehalten wird, treten die erwähnten negativen Folgen ein.

Eine Nachfrist gewähren die Gerichte, wenn der Kostenvorschuss nicht rechtzeitig eintrifft oder wenn auf eine Klage keine Stellungnahme kam.

Achtung: Das Gesagte gilt nicht für Zeuginnen und Zeugen. Wer eine Vorladung als Zeuge nicht beachtet, kann mit bis zu 1000 Franken gebüsst oder sogar zwangsweise vorgeführt werden (siehe Details zum Beweisverfahren im Kapitel 6, dort steht auch mehr über die Rechte der Zeugen).

dessen Sitz oder am eigenen Wohnort einklagen will.

Das Gleiche gilt für Klagen und Begehren aufgrund des Datenschutzgesetzes – wenn es also beispielsweise darum geht, Einsicht in die Daten einer Wirtschaftsauskunftei zu verlangen.

Eherechtliche Klagen

Für eherechtliche Gesuche und Klagen (etwa Scheidungen, Trennungen oder Abänderung eines Scheidungsrurteils) ist das Gericht am Wohnsitz einer der beiden Parteien zuständig.

Jede Partei kann also am eigenen Wohnsitz klagen. Dasselbe gilt bei Klagen aus eingetragener Partnerschaft und bei Unterhalts- und Unterstützungsklagen zwischen den Eltern und den Kindern – also dann, wenn beispielsweise eine Studentin von ihrem Vater einen Unterhaltsbeitrag verlangt.

Auch wenn ein Kind klagt (verteten durch einen Erwachsenen), kann es das am eigenen Wohnsitz tun – und beispielsweise dort Alimente vom Vater einklagen.

Streit ums Erbe

Für erbrechtliche Klagen ist das Gericht am letzten Wohnsitz des Verstorbenen zuständig.

Klagen um Grundstücke

Für Klagen im Zusammenhang mit Grundstücken ist häufig das Gericht am Ort zuständig, wo sich das Grundstück befindet. Je nach Inhalt der Klage kann aber auch das Gericht am Wohnsitz der beklagten Partei zuständig sein.

Konsumenten-Streitigkeiten

Bei Streitigkeiten aus Konsumentenverträgen (zum Beispiel Kaufverträge) gilt: Konsumentinnen und Konsumenten können wählen, ob sie am eigenen Wohnort oder am Sitz der beklagten Partei klagen wollen.

Anbieter hingegen haben keine Wahl: Sie müssen am Wohnsitz des Konsumenten klagen (wenn ein Käufer beispielsweise die Rechnung nicht zahlt).

Zu diesen Regeln gibt es nur eine einzige Ausnahme – dann nämlich, wenn die beiden Parteien erst nach Ausbruch des Streits eine Vereinbarung zum Gerichtsstand abgeschlossen haben.

Das bedeutet: Ist in einem Vertrag mit einem Konsumenten ein Gerichtsstand festgelegt, der nicht dem Wohnsitz des Konsumenten entspricht, so ist diese Klausel unwirksam.

Rechtswirksam sind hingegen Vereinbarungen eines Gerichtsstandes, die nach Entstehung einer Streitigkeit abgeschlossen wurden.

Miete und Pacht

Für Ansprüche aus Miete und Pacht von Immobilien ist immer das Gericht am Ort der gemieteten oder gepachteten Liegenschaft zuständig.

Auch hier gilt: Davon abweichende Gerichtsstandsvereinbarungen in Mietverträgen sind nicht rechtswirksam. Sie sind nur gültig, wenn sie nach Entstehung des Streitfalles abgeschlossen wurden.

■ **Probleme am Arbeitsplatz**
Klagen aus Arbeitsverhältnissen sind am Gericht am Arbeitsort oder am Sitz des Arbeitgebers einzureichen (siehe Seite 88).

Wer einen Anspruch gegen einen Arbeitsvermittler (z. B. eine Temporärfirma) geltend macht, kann dies auch am Gericht der Geschäftsniederlassung dieses Vermittlers tun. Abweichende Gerichtsstandsvereinbarungen sind hier ebenfalls ungültig.

■ **Was gilt bei Unfällen?**
Für Klagen, die nicht aufgrund eines Vertrages oder eines sonstigen Rechtsverhältnisses entstehen, sondern aus einer unerlaubten Handlung (Unfall, deliktische Handlung), ist das Gericht am Wohnsitz des Opfers zuständig – oder das Gericht am Ort, an dem das Delikt geschah. Die klagende Partei hat also die Wahl.

Das Gleiche gilt für Klagen aus Auto- und Fahrradunfällen: Wahlweise können die Opfer am eigenen Wohnsitz oder am Unfallort klagen.

■ **Schadenersatz nach Delikten**
Wird ein Schadenersatzanspruch aufgrund eines Delikts eingeklagt, kann der Anspruch auch im Strafverfahren geltend gemacht werden (siehe Kapitel 7).

Die Frist einhalten: So müssen Sie rechnen

In allen rechtlichen Verfahren sind Fristen sehr wichtig; wer eine durch das Gesetz oder vom Gericht eingeräumte Frist nicht wahrnimmt und verpasst, verliert in der Regel den entsprechenden Rechtsanspruch. Wer zum Beispiel eine Beschwerde oder eine Berufung gegen das Urteil eines Bezirksgerichts nicht innert der gesetzlichen Frist einreicht, verliert den Anspruch darauf, dass das Obergericht den Fall noch einmal beurteilt (siehe Kapitel 6).

Das Urteil der unteren Instanz wird dann rechtskräftig und damit endgültig. Das gilt selbst dann, wenn das Urteil der Vorinstanz inhaltlich falsch oder gar rechtswidrig war.

Die Frist, die ein Gericht oder das Gesetz festlegt, wird in der Regel in Tagen angegeben. Sie steht jeweils in der Rechtsmittelbelehrung (siehe Stichwort unten).

Beispiel: Eine Beschwerde oder eine Berufung ist laut Gesetz innert 30 Tagen seit Zustellung des begründeten Entscheides einzureichen. Wie berechnet sich nun diese 30-tägige Frist?

■ Der erste Tag dieser 30-tägigen Frist ist der Tag nach Empfang des

STICHWORT

Rechtsmittelbelehrung

In jedem Gerichtsentscheid (oder in jeder Verfügung einer Behörde) steht in der Regel am Schluss die Rechtsmittelbelehrung.

Sie gibt an, innert welcher Frist und an welche Instanz Sie die Sache weiterziehen können.

Fehlt eine solche Rechtsmittelbelehrung, sollten Sie umgehend schriftlich bei der Instanz bzw. Behörde nachfragen, die den Entscheid oder die Verfügung erlassen hat.

Urteils. Wer den Entscheid also an einem Mittwoch auf der Post abholt oder vom Briefträger in Empfang nimmt, muss ab Donnerstag zählen.

- Der Donnerstag ist dann der erste dieser 30 Tage.
- Die Frist läuft am 30. Tag um 23.59 Uhr ab.
- Fällt dieser letzte Tag auf einen Samstag, einen Sonntag oder einen kantonalen oder schweizerischen Feiertag, so läuft die Frist erst am darauffolgenden Werktag ab. Aus diesem Grund laufen fast die Hälfte aller Fristen an einem Montag ab.
- Als eingereicht gelten Schriftsätze (etwa Beschwerden oder Rekurse), wenn sie bei der betreffenden Amtsstelle angekommen sind – dies für den Fall, dass man sie persönlich vorbeibringt.
- Eine Frist ist aber auch eingehalten, wenn die Rechtsschrift am letzten Tag der Frist am Postschalter abgegeben oder in einen Briefkasten der Post eingeworfen wurde; dies ist jeweils auf dem Poststempel ersichtlich.

Die Überlegung dahinter: Die Post ist ein Teil des Staats, und weil auch das Gericht eine Staatsinstanz ist, so ist die Frist eingehalten, wenn das Schreiben einer anderen Staatsinstanz – eben der Post – übergeben wird.

Dies gilt aber nicht für eine ausländische Post.

Um 23.00 Uhr in den Briefkasten: Das ist möglich

Aus Sicherheitsgründen sollte die Rechtsschrift eingeschrieben verschickt werden (Lettre signature). Ist dies nicht mehr möglich, weil die Post am letzten Tag der Frist schon geschlossen hat, kann die Rechtsschrift in einen Briefkasten eingeworfen werden.

Aus Beweisgründen ist es aber notwendig, einen Zeugen oder eine Zeugin mitzunehmen, der/die den Ort und den Zeitpunkt des Einwurfes schriftlich bestätigen kann.

Neu ist es möglich, Rechtsschriften auch elektronisch per E-Mail einzureichen. Dann gilt sie als beim Gericht eingetroffen, wenn das betreffende Informatiksystem den Versand bestätigt.

Eingaben per Fax akzeptieren die Gerichte nicht.

Auch Vorschüsse müssen rechtzeitig eintreffen

Für Vorschüsse auf ein Konto der Gerichte gilt Folgendes: Der Vorschuss ist rechtzeitig eingezahlt, wenn er am letzten Tag der Frist zugunsten des Gerichts der

Wann ist ein Vorschuss rechtzeitig eingezahlt?

Auch für das Einzahlen von Vorschüssen setzen die Gerichte Fristen – teils sehr kurze. Ein Vorschuss gilt als rechtzeitig eingezahlt:

- wenn er entweder am letzten Tag der Frist zugunsten des Gerichts der Schweizerischen Post übergeben, also am Postschalter eingezahlt wird
- oder wenn er am letzten Tag der Frist einem Post- oder Bankkonto in der Schweiz belastet wurde. Wenn Sie Ihre Einzahlungen per Internet machen, müssen Sie die Zahlung also schon am Vortag auslösen, weil die Belastung jeweils erst am anderen Tag erfolgt – und genau dieses Belastungsdatum ist für das Gericht entscheidend.

Schweizerischen Post übergeben oder am letzten Tag der Frist von einem Post-/Bankkonto in der Schweiz belastet worden ist (siehe Kasten unten links).

Gerichtsferien verlängern die vorgegebenen Fristen

Bei der Berechnung der Fristen sind oft noch die sogenannten Gerichtsferien zu berücksichtigen.

Das heisst: Fristen, die vom Gesetz oder einem Gericht angesetzt wurden, stehen in den folgenden Perioden still:

- vom 7. Tag vor Ostern bis und mit dem 7. Tag nach Ostern,
- vom 15. Juli bis und mit dem 15. August,
- vom 18. Dezember bis und mit dem 2. Januar.

Folge: Die gesetzlichen und gerichtlichen Fristen, deren Ablauf in eine solche Periode fällt, verlängern sich um die entsprechenden Anzahl Tage der jeweiligen Periode: also um 14 Tage an Ostern, um 32 Tage im Sommer und um 16 Tage an Weihnachten.

Anders ausgedrückt: Die Gerichtsferien werden bei der Berechnung zur Fristeinhaltung nicht mitgezählt, der Fristenlauf steht während der Gerichtsferien still, die Gerichtsferien schieben sich quasi dazwischen.

Wird eine Frist während der Gerichtsferien zugestellt, beginnt sie erst am ersten Tag nach Ablauf der Gerichtsferien zu laufen: An Ostern also erst ab dem 8. Tag nach Ostern, im Sommer am 16. August und im Winter am 3. Januar.

Achtung: Diese Gerichtsferien sind (noch) nicht mit den Betreibungsferien identisch: Im Betreibungsverfahren (siehe Kapitel 6) stehen die Fristen an Ostern ebenfalls 7 Tage vorher und bis 7 Tage nachher still, im Sommer aber nur vom 15. Juli bis zum 31. Juli. Im Winter dauern die Betreibungsferien ebenfalls vom 18. Dezember bis und mit dem 2. Januar (Stand 2011).

Die Fristen stehen nicht in allen Verfahren still

Der Fristenstillstand gilt aber in Zivilprozessen nicht in allen Verfahren: In Schlichtungsverfahren gibt es keinen Fristenstillstand und auch nicht in summarischen Verfahren (siehe Kapitel 6) und Strafverfahren.

Während der Gerichtsferien finden übrigens auch keine Gerichtsverhandlungen statt, ausser die Parteien erklären sich freiwillig mit einem Termin in diesem Zeitraum einverstanden.

Einige Fristen sind erstreckbar, andere nicht

Fristen, die das Gesetz vorschreibt, können nicht erstreckt werden.

Anders ist die Praxis bei Fristen, die ein Gericht ansetzt: In solchen Fällen sind Erstreckungen in der Regel ohne weiteres möglich.

Begehren um Erstreckung müssen aber unbedingt vor Ablauf der gesetzten Frist eingereicht werden – sonst gilt die Frist als verpasst.

Erstreckungen sind selbst dann noch möglich, wenn eine Frist bereits einmal erstreckt worden ist.

Häufig gewähren Gerichte in Zivilverfahren bis zu zwei Fristerstreckungen.

Wer eine Frist verpasst hat, kann unter bestimmten Umständen eine Wiederherstellung verlangen. Dies ist aber nur sehr eingeschränkt möglich – dann nämlich, wenn eine Partei glaubhaft macht, dass sie am Verpassen der Frist kein oder nur ein leichtes Verschulden trifft.

Wer beispielsweise eine Frist verpasst, weil er kurz vor Ablauf verunfallte und im Spital lag, dürfte mit einem solchen Wiederherstellungsbegehren Erfolg haben. Dazu muss man aber das Gesuch innert zehn Tagen seit dem Wegfall des Grundes einreichen (hier also innert zehn Tagen seit dem Austritt aus dem Spital).

Wer eine Frist oder einen Termin ohne besonderen Grund verpasst (also aus reiner Vergesslichkeit), handelt grobfahrlässig. Dann wird ihm die Frist nicht erstreckt.

Das Gleiche gilt für Leute, die die gerichtliche Post einfach liegen lassen, ohne sie zu öffnen und zu lesen. Auch mangelnde Sprachkenntnisse sind kein Grund für eine Wiederherstellung der Frist, wenn jemand die Sprache am Ort des Gerichts zu wenig versteht und es unterlässt, sich bei einer sprachkundigen Person über den Inhalt der Sendung zu erkundigen.

Übrigens: Wer eine Beschwerde gegen ein Urteil bei der höheren Instanz zu spät einreicht, muss deswegen der oberen Instanz trotzdem Gerichtskosten zahlen. Das Bundesgericht verlangt selbst dann 500 Franken vom Beschwerdeführer, wenn die Eingabe um einen einzigen Tag zu spät kam.

Gerichtsinstanzen können also immer Gebühren verlangen – egal ob sie auf den Fall eintreten oder nicht, egal ob sie ihn gutheissen oder nicht und eben auch, wenn ein Rechtsmittel zu spät kommt.

6 Verfahren und Tücken des Zivilprozesses

Private und Unternehmen vor Gericht

In den meisten Fällen beginnen Verfahren vor der Schlichtungsbehörde. Kommt dort keine Einigung zustande, gehts zum ordentlichen Gericht. Dort gibt es unterschiedliche Verfahren, teils strenge Regeln, es braucht Beweise – und gegen Entscheide der unteren Instanzen stehen Rechtsmittel zur Verfügung.

Im Zivilprozess stehen sich Privatpersonen gegenüber. Oder Unternehmen. Oder Private und Unternehmen. Dies etwa im Unterschied zum Strafverfahren, wo der Staat selber Partei ist (siehe Kapitel 7). Auch bei Verwaltungsverfahren ist der Staat direkt oder über eines seiner Unternehmen oder via eine Behörde beteiligt (Kapitel 8 und 9).

Im Zivilprozess ist man also Kläger oder Beklagter (siehe Stichwort auf Seite 68).

Angeklagte gab es früher im Strafprozess; sie werden im neuen Prozessrecht konsequent «Beschuldigte» genannt.

Viele Zivilprozesse lassen sich vermeiden – durch aussergerichtliches Verhandeln (siehe Kasten auf Seite 98).

Klagen um Geld nur in Schweizer Franken

Geldbeträge müssen immer in Schweizer Franken eingeklagt werden. Andere Währungen sind umzurechnen.

Das Gleiche gilt für Klagen auf Ansprüche in der WIR-Währung; das ist künstliches Papiergeld, das vor allem unter Handwerkern weit verbreitet ist.

Will ein Kläger Geld, muss er die Summe genau beziffern

Klagen bedeutet nicht in jedem Fall, dass man von der Gegenseite einen bestimmten Betrag verlangt. Geht es allerdings um einen konkreten Geldbetrag, so ist dieser im Rechtsbegehren ans Gericht genau zu beziffern – inklusive Höhe des Zinses und des Datums, ab dem der Zins geschuldet ist.

Kann ein Kläger zu Beginn seine Forderung nicht genau beziffern, etwa weil die Höhe seines Schadens noch nicht im Detail bekannt ist, kann er vorerst einen Mindestbetrag einklagen. Spätestens nach Abschluss des Beweisverfahrens muss er jedoch den geforderten Betrag präzise beziffern.

Zulässig sind auch Teilklagen. Ist z. B. strittig, ob die beklagte Partei überhaupt schadenersatzpflichtig ist, kann der Kläger nur einen Teil des Schadens einklagen, damit das Gericht schon mal die Grundsatzfrage beantwortet – nämlich die Frage nach der Haftung.

Eine Klage kann auch darauf zielen, dass die Gegenpartei etwas Bestimmtes tun oder unterlassen soll.

Ein Medienunternehmen kann beispielsweise verpflichtet werden, eine Gegendarstellung zu einer publizierten Behauptung zu veröffentlichen. Oder Private können gerichtlich gezwungen werden, bestimmte Aussagen gegenüber Dritten zu unterlassen.

In die gleiche Kategorie gehören Angestellte, die sich gegen negative Aussagen wehren möchten: Sie können zum Beispiel einem ehemaligen Arbeitgeber verbieten lassen, schlechte Referenzen über sie abzugeben, weil so ihre weitere berufliche Karriere behindert würde.

In Ausnahmefällen sind auch sogenannte Feststellungsklagen möglich. In einem Vaterschaftsverfahren zum Beispiel muss das Gericht feststellen, ob jemand der Vater eines bestimmten Kindes ist.

Erst schlichten, dann richten: So werden Klagen eingeleitet

Seit Anfang 2011, also seit dem Inkrafttreten der neuen ZPO (siehe Kasten auf Seite 46) sind Klagen in der Regel bei einer Schlichtungsbehörde einzureichen.

Das heisst: Bevor ein Gericht erstinstanzlich über eine Klage entscheidet, müssen sich die Parteien vor dem Schiedsrichter bzw. der Schlichtungsbehörde treffen. Das gilt selbst dann, wenn die Parteien bereits aussergerichtlich erfolglos einen Schlichtungsversuch unternommen haben.

In einigen wenigen Fällen ist kein Schlichtungsverfahren vorgeschrieben; diese Ausnahmen stehen im Kasten auf Seite 99.

Die speziellen Schlichtungsbehörden

In fast allen Fällen muss aber zuerst das Schlichtungsverfahren

IN DIESEM KAPITEL

TIPP

Aussergerichtliches Verhandeln kann teure Prozesse verhindern

Wer einmal erfahren hat, wie zeitaufreibend und teuer ein Zivilprozess sein kann, wird beim nächsten Mal mit Sicherheit anders vorgehen: Er wird versuchen, vor dem Gang zum Gericht mit der Gegenpartei über die Meinungsverschiedenheiten zu verhandeln.

Das Einreichen einer Klage ist so gesehen das letztmögliche Mittel, falls alle Verhandlungsbemühungen scheitern.

In diesem Sinne arbeiten auch Anwältinnen und Anwälte. Wer in einem Streitfall einen Anwalt kontaktiert, wird in der Regel feststellen, dass dieser vor dem Gang zum Gericht immer zuerst mit der Gegenpartei oder mit dem Gegenanwalt das Gespräch sucht.

Jeder vernünftige Anwalt, der dem Wohl seines Klienten verpflichtet ist, versucht also, aussergerichtlich zu einem bestmöglichen Ergebnis zu kommen. Anschliessend legt er seinem Klienten das Resultat der Verhandlungen mit der Gegenpartei vor. Der Klient kann dann entscheiden, ob er damit zufrieden ist – oder sich andernfalls doch für den Gerichtsweg entscheiden.

Anwalt und Klient sollten das Für und Wider ausführlich besprechen. Wesentlich ist dabei nicht nur die Rechtslage, sondern auch die Beweislage (siehe Seite 108 ff.). Genau abzuwägen sind auch die finanziellen Risiken (siehe Kapitel 3) und die Tatsache, dass ein Prozess eine teils grosse zeitliche Beanspruchung mit sich bringen kann.

eingeleitet werden. In allen Kantonen gibt es neu drei verschiedene Schlichtungsbehörden:

- Für Streitigkeiten aus Miet- und Pachtverträgen für Wohn- und Geschäftsräume besteht eine spezielle dreiköpfige Schlichtungsbehörde, in der je ein Vertreter der Mieter- und der Hauseigentümerseite vertreten ist.
- Auch bei Streitigkeiten über die Gleichstellung von Mann und Frau besteht eine spezielle Schlichtungsbehörde; sie ist ebenfalls aus mindestens drei Personen zusammengesetzt. Darin müssen Arbeitgeber und Angestellte und Männer und Frauen amten sowie je eine Vertretung aus dem öffentlichen und privaten Bereich.
- In allen übrigen Fällen sind die bisherigen Friedensrichter, Vermittler usw. mit der Schlichtung beauftragt (siehe Adressen im Anhang).

Jeder Kanton kann diese Schlichtungsbehörden nach Gutdünken organisieren. Zum Teil bestehen die Schlichtungsbehörden aus einer Person, zum Teil aus drei.

Viele Schlichter sind juristisch nicht sachkundig

In den meisten Kantonen sind die Schlichter juristisch nicht ausgebildet.

Schlichtungsvorschläge haben deshalb mit dem Recht oft wenig zu tun. Vor allem kann ein Laien-Schlichter die Aussichten eines allfälligen Prozesses nicht beurteilen. Die Parteien können höchstens auf den «gesunden Menschenverstand» des Schlichters abstellen.

Das Parlament hat den Gang zur Schlichtungsbehörde vorgeschrieben, um möglichst viele unnötige Prozesse zu vermeiden. Dieses Ziel ist aber nur zu erreichen, wenn zu Beginn des Verfahrens ausgebildete, sachkundige und erfahrene Schlichter am Werk sind – und nicht juristische Laien.

Dass die meisten Schlichtungsbehörden bei juristischen Fragen überfordert sind, ist umso stossender, als sie Klagen auf Geldzahlungen bei Streitwerten bis zu 2000 Franken selber entscheiden können, falls der Kläger das beantragt. Das bedeutet, dass zum Beispiel kleinere Konsumentenstreitigkeiten oft von nicht juristisch kompetenten Richtern entschieden werden.

Bis zu einem Streitwert von 5000 Franken (in Miet- und Gleichstellungsangelegenheiten auch darüber hinaus) können die Schlichtungsbehörden den Parteien einen Urteilsvorschlag unterbreiten. Dieser gilt als angenommen, wenn ihn keine Partei innert 20 Tagen ablehnt.

Wird der Vorschlag abgelehnt, ist die Schlichtung misslungen – und die Schlichtungsbehörde muss der klagenden Partei die sogenannte Klagebewilligung ausstellen. Diese Klagebewilligung ist sozusagen das Eintrittsticket zum erstinstanzlichen Gericht.

Schlichtungsgesuche kann man auch mündlich stellen

Ein Gesuch um Schlichtung kann schriftlich, elektronisch oder mündlich gestellt werden:

- Ein schriftliches Gesuch muss unterzeichnet sein und in mehreren Exemplaren eingereicht werden: eines für das Gericht und je eines für jede Gegenpartei.
- Die Eingabe per E-Mail muss eine anerkannte elektronische Signatur des Absenders enthalten. Bei elektronischer Übermittlung kann die Schlichtungsbehörde verlangen, dass die Eingabe in Papierform nachgereicht wird.
- Ein Schlichtungsgesuch kann mündlich direkt bei der Schlichtungsbehörde zu Protokoll gegeben werden.

Nach Eingang des Gesuchs lädt die Schlichtungsbehörde die Par-

Die Ausnahmen: Solche Fälle müssen nicht vor den Schlichter

In einigen Fällen ist ein Schlichtungsverfahren nicht notwendig, und der Fall kann direkt bei der ersten Gerichtsinstanz eingereicht werden. Dies betrifft z. B. folgende Rechtsfälle:

- Alle summarischen Verfahren (Seite 103).
- Aberkennungs- und weitere Klagen im sogenannten Zwangsvollstreckungsverfahren gemäss dem Schuldbetreibungs- und Konkursgesetz (SchKG).
- Scheidungsverfahren.
- Verfahren zur Auflösung der eingetragenen Partnerschaft.
- Verfahren nach Gleichstellungsgesetz.
- Verfahren beim Handelsgericht.

Noch zwei weitere Ausnahmeregelungen zum Schlichtungszwang:

- Eine klagende Partei kann auf ein Schlichtungsverfahren verzichten, wenn die beklagte Partei Wohnsitz im Ausland hat oder ihr Aufenthaltsort unbekannt ist.
- Bei Klagen auf Bezahlung von hohen Streitsummen können die Parteien gemeinsam auf die Durchführung des Schlichtungsverfahrens verzichten. Die Klage ist dann ebenfalls direkt beim Gericht einzureichen. Diese Regelung gilt aber nur bei vermögensrechtlichen Streitigkeiten mit einem Streitwert von mindestens 100 000 Franken.

teien vor. Die Verhandlung muss innert zwei Monaten seit dem Eingang des Gesuchs stattfinden.

Die Verhandlung ist in der Regel nicht öffentlich. Die Schlichtungsbehörde kann mehrere Verhandlungen durchführen – dies aber nur mit Zustimmung der Parteien. Das Verfahren muss laut Gesetz spätestens nach zwölf Monaten abgeschlossen sein.

Zur Schlichtungsverhandlung müssen die Parteien persönlich erscheinen. Sie können sich aber von einer Anwältin, einem Anwalt oder von einer beliebigen anderen Person begleiten lassen.

Welche Schlichtungsstelle ist örtlich zuständig? In diesem Punkt gelten die gleichen Grundsätze, die auf Seite 88ff. zum Gerichtsstand (örtliche Zuständigkeit) erläutert sind.

Wer in einem anderen Kanton wohnt (also nicht dort, wo die Schlichtungsstelle für diese Angelegenheit zuständig ist), muss nicht persönlich an der Schlichtungsverhandlung erscheinen, sondern kann sich vertreten lassen. Ein Schwyzer zum Beispiel muss also nicht in den Kanton Bern reisen, sondern kann sich von einem dort wohnhaften Freund oder Anwalt vertreten lassen.

Das Gleiche gilt, wenn Kläger oder Beklagte ihren Wohnsitz im Ausland haben.

Personen, die wegen Krankheit oder anderen wichtigen Gründen verhindert sind, sind von der Teilnahmepflicht entbunden.

Arbeitgeber, Versicherungen oder Liegenschaftsverwaltungen können eine angestellte Person an die Schlichtungsverhandlung delegieren, sofern diese zum Abschluss eines Vergleichs schriftlich ermächtigt wurde.

Kündigt eine Partei an, dass sie nicht persönlich vor der Schlichtungsbehörde erscheinen wird, muss die Schlichtungsbehörde die Gegenseite darüber orientieren.

TIPP

Über die Aussagen vor dem Schlichter gibts kein Protokoll

Das Schlichtungsverfahren ist vertraulich. Das heisst: Die Aussagen der Parteien dürfen nicht protokolliert werden.

Deshalb kann all das, was vor der Schlichtungsbehörde gesagt wurde, in einem späteren ordentlichen Gerichtsverfahren nicht verwertet werden.

Es muss also niemand Angst haben, dass er vor dem Schlichter etwas Falsches sagt, das dann später vor Gericht gegen ihn verwendet werden könnte.

Taucht der Kläger nicht auf, gilt seine Klage als zurückgezogen

Was passiert, wenn eine der Parteien unentschuldigt fehlt?

Falls die klagende Partei nicht auftaucht, so gilt ihre Klage als zurückgezogen.

Fehlt die beklagte Partei, kann die Schlichtungsbehörde bis zu einem Streitwert von 2000 Franken einen definitiven Entscheid fällen, sofern die klagende Partei einen solchen Antrag stellt.

Andernfalls kann die Schlichtungsbehörde bis zu einem Streitwert von 5000 Franken (in Miet- und Gleichstellungsangelegenheiten auch darüber hinaus) einen Urteilsvorschlag vorlegen oder dem Kläger die Klagebewilligung ausstellen.

Anwaltskosten muss man meistens selber tragen

Die Kosten des Schlichtungsverfahrens von mehreren hundert Franken muss in der Regel die klagende Partei zahlen.

Ausnahme: Die Parteien einigen sich freiwillig auf einen Kompromiss und teilen sich die Kosten, oder sie akzeptieren einen Entscheid der Schlichtungsbehörde mit entsprechender Kostenverteilung.

Klagen aus einem Arbeitsverhältnis bis zum Streitwert von 30 000 Franken sind vor der Schlichtungsbehörde kostenlos. Auch bei Mietstreitigkeiten darf sie keine Kosten verlangen.

Ein Kläger, der die Kosten des Schlichtungsverfahrens übernehmen muss und die Sache an das Gericht weiterzieht, kann dort verlangen, dass ihm die Auslagen für das Schlichtungsverfahren erstattet werden.

Die Folge: Hat der Kläger beim Gericht Erfolg, muss die beklagte Seite nicht nur die Kosten für das eigentliche Gerichtsverfahren, sondern auch jene für das Schlichtungsverfahren tragen.

Achtung: Das Honorar für den eigenen Anwalt oder Vertreter muss im Schlichtungsverfahren jede Partei selber zahlen – es sei denn, die Parteien treffen eine andere Vereinbarung.

Ausnahme: Fällt die Behörde in einer Angelegenheit bis 2000 Franken einen Entscheid (siehe Seite 99), so kann sie die unterlegene Partei dazu verpflichten, der «siegreichen» Partei eine Parteientschädigung zu überweisen.

Tipp: Beauftragen sie dann einen Anwalt für die Schlichtungsverhandlung, wenn auch die Gegenseite durch einen Anwalt vertreten ist.

In den anderen Fällen können Sie sich das Geld für den Anwalt in der Regel sparen: Endet nämlich die Schlichtung für Sie selber erfolgreich, so haben Sie unnötige Kosten gespart. Misslingt sie, sind Ihnen für den Anwalt dadurch keine weiteren Kosten entstanden.

Klagebewilligung: Eintrittskarte zur ersten Gerichtsinstanz

Kommt es im Schlichtungsverfahren zu einer Einigung, nimmt die Schlichtungsbehörde das zu Protokoll und lässt es durch beide Parteien unterzeichnen. Jede Partei erhält ein Exemplar des Protokolls.

Eine Einigung kann aus einem sogenannten Vergleich bestehen – also einem Kompromiss zwischen den Anträgen der beiden Parteien. Denkbar ist auch, dass die klagende Partei ihre Klage zurückzieht oder dass die beklagte Partei das Begehren des Klägers vollumfänglich anerkennt.

Kommt es zu keiner Einigung, erteilt die Schlichtungsbehörde der klagenden Partei die Klagebewilligung.

Bei der Anfechtung von Miet- und Pachtzinserhöhungen gibt sie diese ausnahmsweise dem Vermieter oder Verpächter – obwohl er im Schlichtungsverfahren der Beklagte war.

Ein Beispiel dazu: Ist eine Mieterin mit einer Mietzinserhöhung nicht einverstanden, geht sie damit als Klägerin zum Schlichter. Findet keine Einigung statt, erhält der Vermieter die Klagebewilligung, weil er ja die Mietzinserhöhung bei der Mieterin durchsetzen will.

Eine ausgestellte Klagebewilligung gibt dem Kläger das Recht, innert drei Monaten seit Erhalt beim erstinstanzlichen Gericht eine Klage einzureichen. In Streitigkeiten über die Miete oder Pacht von Wohn- oder Geschäftsräumen beträgt diese Frist in der Regel 30 Tage.

In jedem Kanton gibt es zwei gerichtliche Instanzen

Nach den Regeln der neuen Zivilprozessordnung (ZPO) gibt es in jedem Kanton grundsätzlich zwei gerichtliche Instanzen. War das Schlichtungsverfahren erfolglos, so muss der Kläger die Klagebewilligung in der Regel bei der ersten (unteren) kantonalen Instanz einreichen.

Ausnahmen: In vermögensrechtlichen Streitigkeiten mit einem Streitwert von mindestens 100 000 Franken kann die klagende Partei direkt an die obere kantonale Instanz (Obergericht oder Kantonsgericht) gelangen – aber nur, falls die Gegenpartei damit einverstanden ist. Dieses Gericht entscheidet dann als einzige kantonale Instanz.

STICHWORT

Vereinfachtes Verfahren

Das vereinfachte Verfahren kommt grundsätzlich zum Beispiel in den folgenden zivilrechtlichen Fällen zur Anwendung:

- Vermögensrechtliche Streitigkeiten bis zu einem Streitwert von 30 000 Franken; darunter fallen die meisten Konsumentenstreitigkeiten.

Und ohne Rücksicht auf den Streitwert in diesen Fällen:

- Streitigkeiten nach dem Gleichstellungsgesetz.
- Bei «Gewalt, Drohung oder Nachstellungen nach Artikel 28b ZGB». Gemeint sind zum Beispiel Massnahmen für Leute, die von sogenannten Stalkern bedroht werden.

Opfer von Stalkern können demnach vor Gericht im vereinfachten Verfahren durchsetzen, dass sich ihnen der Stalker nicht mehr nähern oder sich nicht mehr in einem bestimmten Umkreis ihrer Wohnung aufhalten darf.

- Streitigkeiten aus Miete und Pacht von Wohn- und Geschäftsräumen, falls es um die Hinterlegung von Miet- und Pachtzinsen, um den Schutz vor missbräuchlichen Mietzinsen, um den Kündigungsschutz oder um die Erstreckung des Mietverhältnisses geht.
- Bei der Durchsetzung des Auskunftsrechts nach dem Datenschutz- oder dem Mitwirkungsgesetz.
- Streitigkeiten um Zusatzversicherungen der Krankenkassen.

Tipp: Auch im vereinfachten Verfahren lohnt es sich in vielen Fällen, einen Anwalt oder eine Anwältin beizuziehen.

STICHWORT

Summarisches Verfahren

Ein summarisches Verfahren ist ein «oberflächliches» Verfahren mit Beweisbeschränkung. Der Richter führt kein ausgedehntes Beweisverfahren durch (z. B. durch einen zusätzlichen Augenschein vor Ort, Zeugenaussagen oder angeordnete Expertisen).

Im summarischen Verfahren braucht es also keine absoluten, unumstösslichen Beweise.

Bekannt ist das summarische Verfahren bei der sogenannten Rechtsöffnung. Wenn ein Schuldner betrieben wird, kann er Rechtsvorschlag erheben. Nun muss der Gläubiger diesen Rechtsvorschlag vom Gericht beseitigen lassen – eben mit einer Rechtsöffnung.

Der Gläubiger muss bei dieser Rechtsöffnung mit einem schriftlichen Vertrag oder einer amtlichen Urkunde beweisen, welchen Betrag der Schuldner angeblich anerkannt hat.

Der Schuldner kann im Gegenzug mit seinen Ausführungen glaubhaft machen, dass die Forderung nicht besteht, damit der Richter die Rechtsöffnung ablehnt.

Anders ausgedrückt: Der Schuldner muss Anhaltspunkte vorbringen, die den Eindruck einer gewissen Wahrscheinlichkeit vermitteln.

Ein weiterer Anwendungsfall des summarischen Verfahrens sind Eheschutzmassnahmen und vorsorgliche Massnahmen während des Scheidungsverfahrens (siehe Seite 121 ff.) oder Gegendarstellungsverfahren.

Bei summarischen Verfahren braucht es vorgängig keine Schlichtung.

Tipp: Auch im summarischen Verfahren lohnt es sich in vielen Fällen, einen Anwalt oder eine Anwältin beizuziehen.

Klagen ans Handelsgericht können direkt bei dieser Instanz eingereicht werden (sofern vorhanden, siehe Seite 88).

Das vereinfachte und das summarische Verfahren

In fast allen Fällen ist somit die untere kantonale Instanz als erste zuständig. Diese kennt grundsätzlich drei verschiedene Verfahren:

- das ordentliche Verfahren,
- das vereinfachte Verfahren (siehe Kasten links) sowie
- das summarische Verfahren (siehe Kasten oben).

Das vereinfachte und das summarische Verfahren kommen nur bei bestimmten Streitigkeiten zur Anwendung. Dafür sind sie bedeutend rascher als das ordentliche Verfahren und in der Regel für die Parteien deutlich einfacher. Am raschesten ist das summarische Verfahren; daher ist für solche Klagen kein vorgängiges Schlichtungsverfahren vorgeschrieben.

Für Klagen im vereinfachten und ordentlichen Verfahren ist hingegen ein vorhergehendes Schlichtungsverfahren vorausgesetzt.

Das vereinfachte Verfahren wird beschleunigt durchgeführt. Es ist eher laientauglich als etwa das ordentliche Verfahren. Das vereinfachte Verfahren gilt in der Regel für vermögensrechtliche Streitigkeiten bis zu einem Streitwert von 30 000 Franken (siehe Kasten auf der Seite links).

Der Vorteil des vereinfachten Verfahrens: Die Klage muss nicht im Einzelnen schriftlich begründet werden. Es genügt, dass darin die Parteien und das Rechtsbegehren enthalten sind.

Das sind ein paar wichtige Details zur Klageeinreichung im vereinfachten Verfahren:

- Der Kläger muss die eingereichte Klage unterschreiben.
- Der Kläger muss die Klagebewilligung der Schlichtungsbehörde beilegen.
- Für Fälle, in denen auf das Schlichtungsverfahren verzichtet werden konnte (Kasten auf S. 99), ist eine entsprechende Verzichtserklärung abzugeben. Dabei handelt es sich praktisch nur um Fälle, bei denen die beklagte Partei im Ausland wohnt oder unbekannten Aufenthalts ist. Auch bei Streitigkeiten nach dem Gleichstellungsgesetz kann ein vorgängiger Schlichtungsversuch freiwillig sein.
- Wer sich vor Gericht durch einen Anwalt oder eine Anwältin vertreten lässt, sollte der Klage eine Vollmacht beilegen.
- Der Kläger sollte alle verfügbaren Urkunden mitgeben.
- Die Klage ist aus Beweisgründen per Einschreiben einzureichen. Man sollte aber für sich selbst eine Kopie behalten.
- Um Kosten zu vermeiden, sollten Klagen mehrfach eingereicht werden: je ein Exemplar für das Gericht sowie die Gegenparteien.
- Die Klage kann elektronisch – also per E-Mail – eingereicht werden. Voraussetzung ist dann, dass sie mit einer elektronischen Signatur versehen ist. Bei elektronischer Übermittlung kann das Gericht verlangen, dass die Eingabe noch in Papierform nachgereicht wird.
- Die vereinfachte Klage kann auch mündlich eingereicht werden: Das ist am Sitz des Gerichts möglich, wo dazu ein Protokoll verfasst wird, das die Unterschrift der klagenden Partei tragen muss.

TIPP

Falsche Behauptungen der Gegenpartei sofort bestreiten!

Vor Gericht ist es stets wichtig, alle Ausführungen der Gegenpartei, die nicht zutreffen, sofort ausdrücklich zu bestreiten. Sonst gelten sie als akzeptiert bzw. als richtig.

Im schriftlichen Verfahren ist dies einfacher, weil man alle Behauptungen der Gegenpartei vor sich hat.

Im mündlichen Verfahren sollte jede Partei die unrichtigen Behauptungen der Gegenseite während der Verhandlung notieren und anschliessend bestreiten bzw. kommentieren.

Gericht muss den Sachverhalt von Amtes wegen klären

Im vereinfachten Verfahren hat das Gericht zwei Möglichkeiten: Es kann die Parteien gleich zur Verhandlung vorladen – oder der beklagten Partei zuerst eine Frist zur schriftlichen Stellungnahme einräumen.

Liegt schon die Klage schriftlich begründet vor, fordert das Gericht in der Regel auch die beklagte Partei auf, schriftlich innert einer gesetzten Frist Stellung zu nehmen.

Fehlt eine schriftliche Begründung der Klage, werden die Parteien zur Verhandlung vorgeladen. Im Rahmen dieses vereinfachten

Klageverfahrens muss das Gericht den Sachverhalt in der Regel von Amtes wegen feststellen. Das heisst: Es stellt den Parteien die entsprechenden Fragen, um allenfalls ungenügende Angaben zum Sachverhalt zu ergänzen.

Zudem fordert das Gericht die Parteien auf, ihre Beweismittel genau zu bezeichnen. Mit Beweisen können die Parteien das untermauern, war sie vor Gericht behaupten. Was nicht bestritten ist, wird als richtig betrachtet (siehe Tipp unten links).

Wichtig: Kläger wie Beklagte sollten sich auf die Verhandlung gut vorbereiten. Der Kläger sollte sich genau notieren, worauf sich seine Forderung stützt (z. B. Vertrag, ausgeführte Arbeiten usw.) und zu den einzelnen Behauptungen jeweils die Beweismittel (siehe Seite 108 ff.) nennen bzw. vorlegen.

In der Regel kommt jede Partei in einer Verhandlung zweimal zu Wort: Zuerst begründet der Kläger sein Rechtsbegehren. Dann antwortet die beklagte Seite. Im Anschluss kann die klagende Partei zu den Gegenargumenten der Beklagten Stellung nehmen. Die beklagte Partei hat dann dazu noch das letzte Wort.

Stark formalisiert: So läuft das ordentliche Verfahren ab

Die meisten Gerichtsverfahren finden im ordentlichen Verfahren statt. Es ist stark formalisiert. Für Laien ist das ordentliche Verfahren eine grosse Herausforderung, anwaltlicher Beistand ist deshalb zu empfehlen.

Das sind die wichtigsten Punkte zum ordentlichen Verfahren:

- Das Gericht stellt hier den Sachverhalt nicht von Amtes wegen fest; es überlässt es völlig den Parteien, die Tatsachenbehauptung vollständig einzubringen und die Beweismittel für die behaupteten Tatsachen zu nennen.
- Eine Partei, die Behauptungen, Bestreitungen oder Beweisanträge vergisst, kann diese in der Regel im späteren Verfahren bzw. vor der nächsten Instanz nicht mehr ins Feld führen.
- Im Unterschied zum summarischen und zum vereinfachten Verfahren muss der Kläger im ordent-

TIPP

So sieht eine Rechtsschrift aus

Je sorgfältiger eine Rechtsschrift aufgebaut ist, desto leichter wird sie verstanden. Grundsätzlich empfiehlt sich der folgende Aufbau:

- Adresse des Gerichts
- Prozessnummer
- Name und Adresse der klagenden Partei
- Name und Adresse der beklagten Partei
- Gegenstand des Verfahrens (z. B. «Betreffend Forderung», «Betreffend Scheidung» usw.)
- Bezeichnung der Eingabe (beispielsweise Klagebegründung, Klageantwort, Replik, Duplik)
- Rechtsbegehren (z. B. «Die Beklagte sei zu verpflichten, dem Kläger Fr. 20 000.– zuzüglich 5 % Zins seit 8. August 2010 zu zahlen, unter Kosten- und Entschädigungsfolgen zulasten der Beklagten.»)
- Begründung: Im Rahmen der Begründung wird zuerst der Sachverhalt geschildert. Zu jedem einzelnen Punkt des Sachverhaltes sind die möglichen Beweismittel zu nennen. Anschliessend erfolgen die Ausführungen zu den Rechtsfragen (fakultativ).

lichen Verfahren das Rechtsbegehren schriftlich begründen.

- Die Klageschrift muss also die genaue Bezeichnung der Parteien enthalten, das Rechtsbegehren, die Angabe des Streitwerts, den gesamten Sachverhalt, auf den sich die Klage stützt, sowie die Beweismittel zu den einzelnen behaupteten Tatsachen.
- Der Kläger muss die Klage unterzeichnet und mit dem Datum versehen einreichen.
- Die Klagebewilligung der Schlichtungsbehörde sowie sämtliche verfügbaren Urkunden, die als Beweismittel dienen sollen, sind beizulegen.

Wer einen Anwalt hat, kann die Formalitäten ihm überlassen

- Dazu braucht es – falls möglich – eine Aufstellung der weiteren Beweismittel wie Zeugen, Augenschein, Vorschläge, Expertisen usw.
- Wer durch eine Anwältin oder einen Anwalt vertreten ist, muss sich um diese Formalitäten nicht kümmern, das ist dann Sache des Anwalts. Er wird der Klage auch eine rechtliche Begründung mitliefern.
- Die Klage kann schriftlich oder elektronisch per E-Mail eingereicht werden. Wird sie schriftlich eingereicht, müssen genügend Exemplare für das Gericht und die Gegenparteien mitgegeben werden (also mindestens zwei Exemplare).
- Beim elektronischen Weg braucht es die elektronische Signatur. Zudem kann das Gericht anschliessend eine schriftliche Klage nachfordern.

Die Klage ist eingereicht: So geht es jetzt weiter

Nach Eingang der Klage setzt das Gericht der Gegenpartei eine Frist zur schriftlichen Klageantwort.

Verpasst die beklagte Partei die Frist zur Klageantwort, setzt das Gericht eine letzte kurze Nachfrist. Bleibt auch diese unbenutzt, fällt das Gericht ein Urteil, falls es die Angelegenheit als klar genug erachtet. Andernfalls lädt es die beiden Parteien zur Hauptverhandlung vor.

Die Klageantwort sollte auch wieder den gesamten Sachverhalt aus der Sicht des Beklagten sowie die einzelnen Beweisanträge und Beweismittel zu den Tatsachenbehauptungen enthalten. Ausführungen in der Klageschrift, die nicht zutreffen, muss man ausdrücklich bestreiten (siehe Tipp auf Seite 104). Nicht unbedingt nötig – jedoch von Vorteil – sind Äusserungen zur rechtlichen Begründung in der Klage.

Nach Eingang der Klageantwort entscheidet das Gericht, ob es der klagenden Partei Gelegenheit geben will, zur Klageantwort Stellung zu nehmen. Tut es das, hat auch die beklagte Partei dann gestützt auf die neuen Ausführungen der klagenden Partei Gelegenheit, nochmals dazu Stellung zu nehmen.

Wenn sämtliche schriftlichen Ausführungen vorliegen, lädt das

Fortsetzung auf Seite 108

Die Mediation als Alternative zur staatlichen Schlichtung

Beim Einreichen eines Rechtsbegehrens an eine Schlichtungsstelle können die Parteien das ordentliche Verfahren einstweilen sistieren lassen und gemeinsam eine Mediation beantragen, sozusagen eine private Vermittlung (siehe auch Kasten auf Seite 22).

Denselben Vorschlag können die Parteien auch noch während des Schlichtungsverfahrens machen – und theoretisch selbst noch im späteren Gerichtsverfahren.

Das Verfahren bleibt dann vorläufig sistiert. Es steht also still – bis die Parteien entweder den Erfolg der Mediation melden oder den Antrag auf Sistierung widerrufen, weil die private Vermittlung gescheitert ist.

Legen sich die Parteien auf eine private Mediation fest, müssen sie über die genauen Modalitäten sowie über die Person des Mediators oder der Mediatorin einig werden. Sie müssen auch die entsprechenden Kosten selber zahlen und sich über deren Verteilung einigen.

In Ausnahmefällen ist die Mediation gratis. Einige Kantone sehen für die Mediation Kostenerleichterungen vor. Unentgeltlich ist die Mediation in der ganzen Schweiz nur in kindesrechtlichen Angelegenheiten (wenn es z. B. um das elterliche Sorgerecht oder um das Besuchsrecht geht), sofern es dabei *nicht* um vermögensrechtliche Leistungen (Alimente usw.) geht. Und auch das nur, wenn die Parteien kein Geld für eine Mediation haben und das Gericht die Durchführung einer Mediation empfiehlt.

Stellt eine Partei den Antrag auf unentgeltliche Prozessführung (siehe Seite 53ff.) und kommt sie damit durch, so ist auch die Mediation gratis.

Der Inhalt der Mediationsgespräche ist vertraulich. Die hier gemachten Aussagen dürfen in einem gerichtlichen Verfahren nicht verwendet werden. Mit anderen Worten: Die Mediation ist eine Möglichkeit, sich mit der Gegenpartei im privaten Rahmen zu einigen.

Unverzichtbare Voraussetzung dafür ist aber, dass beide Parteien bereit sind, alle Karten auf den Tisch zu legen und gemeinsam einen Kompromiss zu suchen.

Eine solche Mediation können die Parteien natürlich schon vor dem Einreichen einer Klage versuchen. Wird sie aber im Rahmen eines gerichtlichen Schlichtungs- oder Entscheidverfahrens durchgeführt, können die Parteien anschliessend vom Gericht die Genehmigung der in der Mediation erzielten Vereinbarung beantragen.

Die genehmigte Vereinbarung hat dann die gleiche Wirkung wie ein rechtskräftiger Gerichtsentscheid.

Wird ein Mediationsverfahren erfolglos abgebrochen, so nimmt das Gericht das Verfahren an dem Punkt wieder auf, an dem es sistiert wurde.

Die notarielle Beglaubigung. Wird eine Mediation wie oben erwähnt ausserhalb des Rahmen eines gerichtlichen Schlichtungs- oder Entscheidverfahrens durchgeführt und kommt dabei ein Vergleich zustande, kann dieser im Einverständnis der Parteien öffentlich beurkundet werden.

Diese notarielle Beglaubigung des Vertrags zwischen den Parteien hat dann ungefähr die gleiche Funktion wie ein gerichtliches Urteil: Eine Verpflichtung auf Geldzahlung etwa kann dann gleich schnell wie ein Gerichtsurteil vollstreckt werden (siehe Kasten auf Seite 112).

Tipp: In einem solchen privaten Mediationsvergleich muss die geschuldete Leistung so konkret wie möglich umschrieben sein. Explizit erwähnt muss auch sein, dass diese Summe zur Zahlung fällig ist. Und es muss darin stehen, auf welchem Rechtsgrund die Zahlungspflicht beruht.

Und noch etwas: Die Partei, die gemäss Mediationsvergleich eine Verpflichtung eingeht, muss darin erklären, dass sie die umschriebene Leistung und die direkte Vollstreckung dieser Leistung anerkennt.

Einseitige Beweislast

In Zivilprozessen sind die Chancen im Verfahren schon zu Beginn sehr ungleich verteilt.

Die klagende Partei hat fast in allen Fällen die deutlich schlechteren Karten. Denn sie muss ihre Forderung nicht nur rechtlich begründen – was meist noch der einfachere Teil ist. Sie muss die umstrittenen Tatsachen, auf die sich ihre Forderung stützt, auch beweisen. Sie muss also das, was sie behauptet, auch belegen können.

Doch Beweise vorzulegen, ist häufig sehr schwierig – etwa dann, wenn es weder Dokumente noch Zeugen gibt. Und oft fehlt auch die Möglichkeit, mit einem Gutachten über eine Sachfrage Licht ins Dunkel zu bringen.

Misslingt die Beweisführung, wird die Klage abgewiesen. Es spielt dann keine Rolle, ob die beklagte Seite ihre Gegenbehauptungen hätte beweisen können. Denn sie trägt keine Beweislast.

Fortsetzung von Seite 106

Gericht zur Hauptverhandlung vor. Dort haben wieder beide Parteien nochmals Gelegenheit, ihre Anträge zu stellen und zu begründen.

Genauer: Der Kläger begründet seine Forderung, der Beklagte begründet, weshalb sie abzulehnen sei. Anschliessend hat der Kläger nochmals das Recht zu einer Äusserung (Replik), und die beklagte Partei hat das letzte Wort (Duplik).

Wichtig: In dieser Hauptverhandlung berücksichtigt das Gericht neue Tatsachen und neue Beweismittel nur noch, falls sie neu sind. Gemeint sind Fakten, die nach der letzten schriftlichen Äusserung entstanden sind oder damals trotz zumutbarer Sorgfalt nicht vorgebracht werden konnten.

Ausnahme: Hat jede Partei vor der Hauptverhandlung nur einmal schriftlich zum Streitgegenstand Stellung genommen, können die Parteien neue Tatsachen und Beweismittel ohne weiteres noch zu Beginn der Hauptverhandlung unbeschränkt vorbringen.

Im Anschluss an die Ausführungen der Parteien befasst sich das Gericht mit den Beweisen: Es befragt Zeugen, hört Experten an und nimmt eventuell einen Augenschein vor Ort.

Nach dieser sogenannten Beweisabnahme kann jede Partei nochmals abschliessend das Ergebnis des Beweisverfahrens kommentieren und zur Sache Stellung nehmen. Die klagende Partei plädiert wieder zuerst.

Bei diesem Schlussvortrag können die Parteien aus ihrer Sicht kommentieren, inwieweit ihre Behauptungen nun durch die Beweise bestätigt wurden.

Besondere Verfahrensregeln gelten bei eherechtlichen Verfahren. Sie sind am Schluss dieses Kapitels auf Seite 121 ff. beschrieben.

Zulässige Beweismittel im Zivilverfahren

Das ist die Liste der Beweismittel, die in einem Gerichtsverfahren zulässig sind:

- **Zeugen**

Zeugnis ablegen kann nur, wer nicht selber Partei ist.

Zeugen werden vom Gericht und von den Parteien befragt, und zwar nur über Tatsachen, die ein Zeuge unmittelbar – das heisst selber –

gesehen oder gehört hat. Zeugen müssen die Wahrheit sagen. Sonst machen sie sich strafbar.

Zeugen werden in der Regel vom Gericht vorgeladen. Das Gericht kann aber den Parteien auf Anfrage auch gestatten, Zeuginnen oder Zeugen ohne Vorladung an die Verhandlung mitzubringen.

Die Aussage verweigern darf, wer mit einer Partei verheiratet ist oder mit dieser Person eine faktische Lebensgemeinschaft (Konkubinat) führt, wer mit einer Person gemeinsame Kinder hat und wer mit einer Person verwandt oder verschwägert ist.

Das Gleiche gilt für Pflegeeltern, Pflegekinder oder Pflegegeschwister einer Partei sowie für den Vormund, Beirat oder Beistand einer Person.

Die eingetragene Partnerschaft ist der Ehe gleichgestellt. Die Stiefgeschwister sind den Geschwistern gleichgestellt.

Mit anderen Worten: All diese Personen können nicht gezwungen werden, auszusagen. Sie dürfen aber aussagen, falls sie dies möchten.

Geheimnisträger müssen nicht aussagen

Ausserdem dürfen alle Zeugen eine Aussage dann verweigern, wenn sie sich dadurch selber (oder eine ihnen nahestehende Person, siehe oben) der Gefahr strafrechtlicher Verfolgung oder zivilrechtlicher Verantwortlichkeit aussetzen würden.

Dies gilt also dann, wenn die Aussage Nachteile für sich selber oder für die nahestehende Person nach sich ziehen würde.

Zeugen müssen auch nicht aussagen, wenn sie dem Berufsgeheimnis unterstehen (z. B. Anwälte, Geistliche, Ärzte, teilweise auch Beamte, Ombudspersonen oder Mediatoren sowie Redaktorinnen und Redaktoren von Medien, sofern es um die Quellen ihrer Informationen geht).

Weigert sich ein Zeuge oder eine Zeugin ohne Berechtigung, vor Gericht auszusagen, kann das Gericht eine Busse bis 1000 Franken verhängen oder sogar eine Freiheitsstrafe androhen.

Die gleiche Konsequenz hat die unentschuldigte Abwesenheit eines Zeugen, falls er ordnungsgemäss vorgeladen war.

TIPP

Schriftliche Belege sind Geld wert

Wer vor Gericht von jemandem Geld fordert, muss seinen Anspruch beweisen können. Als Beweismittel kommen vor allem schriftliche Unterlagen, Zeugenaussagen und in einigen Fällen sogar die Aussage einer Partei in Frage.

Parteiaussagen gibt es beispielsweise dann, wenn bei einer Scheidung keine Zeugen vorhanden sind, also bei einem Sachverhalt, der sich unter vier Augen abgespielt hat.

Am zuverlässigsten sind schriftliche Aufzeichnungen. Die Erfahrung zeigt: Zeuginnen und Zeugen können sich bis zur Gerichtsverhandlung häufig nicht mehr präzise an länger zurückliegende Beobachtungen erinnern. Sagen mehrere Zeugen zum selben Sachverhalt aus, gibt es fast immer Widersprüche. Das reduziert deren Glaubwürdigkeit.

Vor dem Einreichen einer Forderung am Gericht sollten sich Klägerinnen und Kläger deshalb nicht nur fragen, ob sie im Recht sind. Ebenso wichtig ist, dass sie ihre Forderung beweisen können.

Die Aussagen von Zeugen werden vom Gericht zu Protokoll genommen und müssen anschliessend vom Zeugen unterzeichnet werden, damit sie gültig sind.

Das heisst: Jede Zeugin und jeder Zeuge sollte das Protokoll vor der Unterzeichnung unbedingt ganz genau durchlesen, Unklarheiten beseitigen und fehlerhafte Aussagen berichtigen. Lässt ein Zeuge unwahre Aussagen im Protokoll stehen, riskiert er ein Strafverfahren.

TIPP

Richter können abgelehnt werden

Gerichte sollten möglichst unbefangen urteilen können. Aus diesem Grund müssen Richterinnen und Richter in den Ausstand treten, wenn sie an einer Sache ein persönliches Interesse haben, also befangen sind. Oder wenn sie in der gleichen Sache schon einmal als Mitglied einer Behörde, als Rechtsanwalt oder Mediatorin mit der Angelegenheit befasst waren.

In den Ausstand treten heisst: Sie dürfen in diesem Prozess nicht als Richter amten.

Ausserdem müssen Richter dann in den Ausstand treten, wenn sie mit einer Partei, ihrem Rechtsvertreter oder einer Person, die im gleichen Prozess als Mitglied des Gerichts in der Vorinstanz tätig war, verheiratet sind oder im Konkubinat leben.

Verwandtschaft und Verschwägerung haben ebenfalls den Ausstand zur Folge, aber auch besondere private Freundschaft oder Feindschaft mit einer Partei oder ihrer Vertretung.

Hält eine Partei einen Richter für befangen, kann sie ihn ablehnen. Die Partei muss dazu dem Gericht umgehend ein Gesuch stellen, sobald sie vom Ausstandsgrund – etwa der Verwandtschaft oder dem persönlichen Interesse am Ausgang der Sache – Kenntnis hat.

Die betroffene Gerichtsperson kann dann dazu Stellung nehmen. Bestreitet sie, dass ein Ausstandsgrund vorliegt, entscheidet das Gericht. Dieser Entscheid ist mit einer Beschwerde vor der nächsten Instanz anfechtbar.

■ **Urkunden**

Häufigstes Beweismittel sind Urkunden. Urkunden können beliebige Schriftstücke sein, aber auch Zeichnungen, Pläne, Fotos, Filme, Tonaufzeichnungen, elektronische Dateien usw. Von besonders hoher Beweisqualität sind öffentliche Register und öffentliche Urkunden (etwa das Grundbuch, notariell beurkundete Verträge usw.).

Urkunden können dem Gericht in Kopie eingereicht werden. Hat aber das Gericht oder eine Partei Zweifel an der Echtheit, können sie das Einreichen des Originals verlangen oder eine amtlich beglaubigte Kopie.

■ **Gutachten**

Auf Antrag einer Partei oder von Amtes wegen kann das Gericht bei sachverständigen Personen Gutachten einholen. Auch diese Gutachter sind wie Zeugen zur Wahrheit verpflichtet. Wer ein falsches Gutachten abgibt, macht sich strafbar.

■ **Augenschein**

Das Gericht kann zur unmittelbaren Wahrnehmung von Tatsachen auf Antrag einer Partei von Amtes wegen einen Augenschein durchführen.

Das heisst: Es besichtigt etwa bei der Diskussion um ein Wegrecht die örtlichen Verhältnisse und macht sich so selber sachkundig.

Über den Augenschein ist Protokoll zu führen. Es wird gegebenenfalls mit Plänen, Zeichnungen, Fotos und anderen technischen Mitteln ergänzt.

■ **Schriftliche Auskunft**

Gerichte können Amtsstellen um schriftliche Auskunft ersuchen oder auch von Privatpersonen schriftliche Auskünfte einholen, wenn eine Zeugenbefragung nicht erforderlich erscheint.

Im Unterschied zum Zeugnis besteht bei der schriftlichen Auskunft keine Mitwirkungs- bzw. Aussagepflicht. Dies gilt auch für Amtsstellen: Sie dürfen selber entscheiden, ob sie eine schriftliche Auskunft geben oder nicht. Entsprechend ist die schriftliche Auskunft ein schwaches Beweismittel.

■ **Parteibefragung und Beweisaussage**

Das Gericht kann im Rahmen eines Beweisverfahrens die Parteien befragen. Es kann sie ermahnen, wahrheitsgemäss auszusagen – ansonsten eine Ordnungsbusse von bis zu 2000 Franken droht. Im Wiederholungsfall könnte die Busse sogar auf 5000 Franken steigen.

Zudem kann ein Gericht eine oder beide Parteien zur Beweisaussage unter Strafandrohung verpflichten. Das heisst: In diesem Fall würde eine Falschaussage sogar zu einem Strafverfahren führen.

Solche Beweisaussagen sind allerdings selten. Sie sind höchstens dann nötig, wenn ein Beweis durch andere Beweismittel praktisch unmöglich ist, wenn also Aussage gegen Aussage steht. Dies ist oft bei ehelichen Streitigkeiten der Fall, weil es da an Urkunden, Zeugen usw. fehlt.

Nicht jedes Verfahren endet mit einem Urteil

In zivilrechtlichen Prozessen sind vier verschiedene Ergebnisse möglich:

■ Ein Kläger kann seine Anträge zurückziehen.

■ Der Beklagte kann die geltend gemachte Forderung anerkennen.

■ Oder die beiden Parteien treffen sich irgendwo zwischen einem Rückzug und einer Anerkennung. In solchen Fällen sprechen die Juristen von einem Vergleich.

■ Die vierte Variante – das Urteil – ist am seltensten. Das liegt unter anderem an der langen Prozessdauer bis zum Entscheid. Und daran, dass die Gerichtskosten für die Parteien bei einem Urteil deutlich höher ausfallen.

Auch Richter und Gerichtsschreiber haben oft wenig Interesse an einem Urteil. Denn sie müssen ihren Entscheid begründen – und das ist mit viel Arbeit verbunden.

Vier von fünf Prozessen enden deshalb mit einem Vergleich. Die Parteien einigen sich früher oder später. Ein starkes Motiv für eine vorzeitige Einigung sind die hohen Gerichtskosten, die man ihnen jeweils für den Fall eines begründeten Urteils in Aussicht stellt.

Gerichte drängen die Parteien, einen Vergleich zu schliessen

Im Durchschnitt endet nur noch etwa jedes fünfte Verfahren, in dem es um Geld geht, mit einem Urteil (siehe Kasten oben). Dies hat zum Teil mit der Dauer und den Kosten des Verfahrens zu tun.

Eine Rolle spielt aber auch der Umstand, dass die Gerichte häufig Druck auf die Parteien ausüben, damit diese einen Vergleich abschliessen.

Grundsätzlich kann ein Verfahren mit einem Urteil enden oder mit einem Vergleich. Möglich ist auch, dass der Beklagte die Klage ohne Urteil anerkennt oder dass der Kläger seine Klage wieder zurückzieht.

Weitaus am häufigsten enden Verfahren mit einem Vergleich. Von Richterinnen und Richtern ist immer wieder zu hören: «Ein schlechter Vergleich ist besser als ein langer Prozess.»

Damit wollen sie sagen, dass ein Vergleich fast immer im Interesse beider Parteien liege.

Das ist aber nur dann richtig, wenn der Inhalt des Vergleichs von beiden Parteien mit Überzeugung akzeptiert wird, weil sie die Gründe dafür eingesehen haben.

Und: Als definitive Streiterledigung taugt ein Vergleich am ehesten dann, wenn absehbar ist, dass die Parteien in Zukunft kaum mehr miteinander zu tun haben.

TIPP

Urteil und Vollstreckung sind nicht das Gleiche

Wer ein Urteil zu seinen Gunsten erstritten hat, muss selber dafür schauen, dass der Entscheid vollstreckt wird. Wenn also beispielsweise in einem rechtskräftigen Gerichtsurteil steht, der Beklagte müsse dem Kläger 20 000 Franken bezahlen, so ist es Sache des Klägers, zu seinem Geld zu kommen.

Zahlt der Beklagte nicht freiwillig, so ist der Gläubiger mit seinem erstrittenen Urteil in der Hand zumindest in einer guten Ausgangsposition.

Der Kläger muss dazu ins Betreibungsverfahren. Mit einem rechtskräftigen Gerichtsurteil ist es relativ rasch möglich, gegen einen Privaten ein Betreibungsverfahren oder gegen ein Unternehmen ein Konkursverfahren anzustrengen.

Dazu muss der Gläubiger beim zuständigen Betreibungsamt einen Zahlungsbefehl gegen den Schuldner verlangen. Bestreitet dieser die Schuld, indem er Rechtsvorschlag erhebt, kann der Gläubiger mit dem Urteil im summarischen Verfahren (siehe Kasten auf Seite 103) den Rechtsvorschlag leicht beseitigen lassen und anschliessend das Fortsetzungsbegehren in der Betreibung auf Pfändung oder Konkurs zustellen. So kommt er schliesslich zu seinem Geld – falls der Beklagte überhaupt Geld hat.

Wie genau vorzugehen ist, ist im Bundesgesetz über Schuldbetreibung und Konkurs (SchKG) geregelt. Alle wichtigen Details dazu stehen im Saldo-Ratgeber «Betreibung, Pfändung, Privatkonkurs». Sie können das 211-seitige Buch im Internet auf www.saldo.ch bestellen oder über Telefon 044 253 90 70.

Das Gericht deutet an, wie es die Prozesschancen sieht

Vergleichsverhandlungen in einem Verfahren beginnen in der Regel damit, dass das Gericht – nach Durchsicht der ersten Rechtsschriften oder nach Anhörung der Parteien ausserhalb des Protokolls – den Beteiligten mitteilt, wie es die Prozesschancen der Parteien einschätzt.

Das Gericht macht dies ohne Präjudiz für das spätere Urteil, also ohne dass es sich jetzt schon in die eine oder andere Richtung festlegt.

Bei diesem informellen Gespräch erörtert das Gericht die Behauptungen der beiden Parteien und macht eine Einschätzung, wie die Beweislage für diese Behauptungen aussieht.

Gestützt darauf schlägt das Gericht in der Regel einen Kompromiss vor. Er entspricht häufig dem, was der entsprechende Richter als fair und angemessen betrachtet.

Anschliessend können die Parteien zum Vorschlag Stellung nehmen – häufig nach einer Pause, in der die Anwälte den gerichtlichen Vergleichsvorschlag mit ihren Klienten besprechen. Erfahrene Anwältinnen und Anwälte hören aus den Ausführungen des Gerichts sehr oft recht präzis heraus, in welche Richtung das Gericht urteilen könnte, falls der Vergleichsvorschlag von den Parteien abgelehnt wird.

Bei solchen Vergleichsverhandlungen ist ein Punkt entscheidend: Geben Sie nie zu schnell nach (siehe Kasten rechts)!

TIPP

Nachgeben ja – aber nicht zu früh!

Falls ein Gericht auf einen Vergleich drängt, sollten Sie aufpassen. Die Praxiserfahrung von Anwältinnen und Anwälten zeigt nämlich: Gibt eine Partei schon in einem frühen Stadium der Vergleichsverhandlungen nach, so interpretiert das Gericht das als Schwäche.

Dies führt dann dazu, dass das Gericht im Verlauf der Vergleichsgespräche mehr Druck auf diese «schwächere» Partei ausübt – weil es annimmt, dass diese eher «umfällt».

Tipp für Laien: Falls Sie den Vergleichsvorschlag des Gerichts als fair erachten und denken, dass Sie damit leben können, so erklären Sie dem Gericht klipp und klar: «Ich bin bereit, den Vorschlag anzunehmen – aber nur, wenn die Gegenpartei damit ebenfalls einverstanden ist.»

Machen Sie dem Gericht auch klar, dass Sie sich auf keine weiteren Verhandlungen einlassen, falls die Gegenpartei den gerichtlichen Vergleichsvorschlag ablehnen sollte.

Eine Partei, die einen Vergleichsvorschlag als unfair und inakzeptabel erachtet, sollte ihn nicht akzeptieren. Jede Partei kann auf einem gerichtlichen Entscheid beharren.

Ein Urteil hat den Vorteil, dass das Verfahren an die nächste Instanz weitergezogen werden kann, wo andere Richter amten. Vergleiche hingegen kann man praktisch nicht weiterziehen.

Die Rechtsmittel gegen erstinstanzliche Urteile in Zivilverfahren

In Zivilverfahren gibt es gegen einen erstinstanzlichen kantonalen Entscheid vier Rechtsmittel:

- **Berufung**

Bei vermögensrechtlichen Streitigkeiten ist eine Berufung gegen einen Entscheid der unteren kantonalen Instanz nur möglich, falls der Streitwert mindestens 10 000 Franken beträgt.

Ausnahmen von dieser Regel gibt es bei Entscheiden im Rahmen der sogenannten Zwangsvollstreckung, wenn es also um Betreibung, Pfändung usw. geht. Gegen eine sogenannte Rechtsöffnung ist beispielsweise keine Berufung möglich.

Mit einer Berufung kann der Berufungskläger zwei Rügen vorbringen: Er kann argumentieren, die Vorinstanz habe den Sachverhalt unrichtig festgestellt. Dies ist etwa der Fall, wenn das Gericht eine Tatsache als erwiesen betrachtet, die gar nicht erwiesen ist.

Oder der Berufungskläger kann die Meinung vertreten, die Vorinstanz habe das Recht falsch angewendet. Falsche Rechtsanwendung bedeutet: Das Gericht hat einen Gesetzesartikel falsch interpretiert und angewendet oder einen wichtigen anderen Artikel zum Thema ausser Acht gelassen.

Die Berufung ist innert 30 Tagen seit Zustellung des begründeten Entscheides schriftlich und begründet beim oberen kantonalen Gericht einzureichen.

Dieses schickt dann die Eingabe an die Gegenpartei zur schriftlichen Beantwortung. Auch die Gegenpartei hat dafür nur 30 Tage Zeit.

Die Gegenpartei kann dann entscheiden, ob sie eine sogenannte Anschlussberufung einreicht (siehe Kasten unten).

STICHWORT

Anschlussberufung

Angenommen, ein Kläger verlangt von der beklagten Partei 10 000 Franken. Das Gericht spricht dem Kläger aber nur 7000 Franken zu.

Nun legt der Kläger Berufung gegen das Urteil ein, weil er weiterhin die 10 000 Franken will.

Jetzt kann die obere Instanz die Berufung gutheissen (10 000 Franken zusprechen) oder ablehnen, dann bleibt es bei den 7000 Franken.

Anders läuft es nur, wenn die beklagte Partei Anschlussberufung eingereicht hat und beispielsweise gut begründet fordert, sie müsse nur 4000 Franken zahlen.

Nun muss das Gericht auch dieses neue 4000-Franken-Angebot prüfen – und der Kläger riskiert, dass er weniger erhält als die 7000 Franken, die er quasi schon im Trockenen hat. Also zieht er vielleicht seine Berufung zurück. Damit wird auch die Anschlussberufung sofort hinfällig.

Der Kläger muss dann für den Rückzug trotzdem Gerichtsgebühren zahlen, für die beklagte Partei hingegen war die Anschlussberufung gratis.

Eine Berufung ist auch gegen einen Entscheid im summarischen Verfahren (siehe Kasten auf Seite 103) möglich, sofern die Streitwertgrenze von 10 000 Franken erreicht ist (mit der Ausnahme, die auf der vorhergehenden Seite erwähnt ist).

Dann beträgt die Frist zur Berufung und zur Berufungsantwort allerdings nur 10 Tage seit Erhalt der Begründung des vorinstanzlichen Entscheides.

Geht die Berufung rechtzeitig ein, wird das Urteil der kantonalen Instanz nicht rechtskräftig – dies aber nur in denjenigen Punkten, die angefochten wurden.

Nicht jede Berufung wird mündlich verhandelt

Wie das Berufungsverfahren im Detail abläuft – das legt das obere kantonale Gericht als Rechtsmittelinstanz weitgehend in Eigenregie fest.

Es entscheidet also selber, ob das Verfahren vollumfänglich schriftlich durchgeführt wird und aufgrund der Akten entschieden wird oder ob eine Verhandlung stattfindet und allenfalls weitere Beweise abgenommen werden.

Am Ende hat das Ober- bzw. Kantonsgericht etliche Entscheidvarianten. Es kann das Urteil der unteren Instanz bestätigen, oder es kann einen neuen Entscheid fällen. Und es kann den Prozess wieder an die erste Instanz zurückweisen – etwa mit der Begründung, der Sachverhalt sei in we-

Fortsetzung auf Seite 116

STICHWORT

Schiedsgericht

Für Streitigkeiten unter Privatleuten oder unter Unternehmen (oder zwischen Privaten und Unternehmen) stellt der Staat seine Gerichte zur Verfügung.

Streitigkeiten können aber auch durch private Gerichte erledigt werden – durch sogenannte Schiedsgerichte. Die Urteile dieser Schiedsgerichte sind genauso verbindlich wie diejenigen der staatlichen Gerichte. Solche Prozesse folgen in der Schweiz ähnlichen Verfahrensregeln wie die Prozesse vor den staatlichen Gerichten.

Private Schiedsgerichte werden aktiv, wenn sich die Parteien darüber einig sind, ihren Streit von einem privaten Schiedsgericht beurteilen zu lassen.

Diese Einigung, Schiedsvereinbarung genannt, wird in der Regel schriftlich abgeschlossen. In dieser Erklärung regeln die Parteien meist genau, wie das Gericht zusammengesetzt sein soll und welches Recht zur Anwendung kommt. Handelt es sich um zwei schweizerische Parteien, wird in der Regel die Anwendung des schweizerischen Rechts festgelegt.

Üblich ist die Dreierbesetzung. Am häufigsten tagen Schiedsgerichte in Dreierbesetzung. Jede Partei hat gemäss Schiedsvertrag die Befugnis, einen der drei Schiedsrichter zu benennen. Die beiden von den Parteien bestimmten Richter wählen dann einen dritten als Vorsitzenden.

Als Schiedsrichter gewählt werden von den Parteien häufig Rechtsprofessoren oder Anwälte. Der Vorteil von Schiedsgerichten liegt vor allem darin, dass die Verfahren weniger lange dauern als bei der staatlichen Justiz.

Die Parteien können selber regeln, nach welchen Verfahrensregeln das Schiedsgericht amtieren soll. Es kann somit die genau gleiche schweizerische Zivilprozessordnung vereinbart werden, wie sie von den staatlichen Gerichten angewandt wird.

Fehlt eine diesbezügliche Vereinbarung der Parteien, legt das Schiedsgericht die geltende Prozessordnung selber fest.

Das Urteil des Schiedsgerichts, der sogenannte Schiedsspruch, hat die gleiche Wirkung wie ein rechtskräftiges und vollstreckbares Urteil einer staatlichen Instanz.

Gegen einen solchen Schiedsspruch kann Beschwerde direkt ans Bundesgericht eingereicht werden.

Die Parteien können aber vereinbaren, dass der Schiedsspruch mit einer Beschwerde bei einem kantonalen Gericht angefochten werden kann. In diesem Fall entscheidet das kantonale Gericht endgültig.

Beschwerde gegen den Schiedsspruch. Mit einer Beschwerde können aber nur bestimmte Punkte angefochten werden. So etwa,

- dass sich das Schiedsgericht vorschriftswidrig zusammengesetzt habe,
- dass sich das Schiedsgericht zu Unrecht für zuständig oder für unzuständig erklärt habe,
- dass das Schiedsgericht Streitpunkte entschieden habe, die ihm nicht unterbreitet wurden,
- dass die Parteien nicht gleich behandelt oder ihr rechtliches Gehör verletzt wurde,
- dass der Entscheid willkürlich sei, weil er auf offensichtlich aktenwidrigen tatsächlichen Feststellungen oder einer offensichtlichen Verletzung von Recht und Billigkeit beruhe, oder
- dass die vom Schiedsgericht festgesetzten Kosten und Entschädigungen offensichtlich zu hoch seien.

Schiedsgerichte werden häufig bei Meinungsverschiedenheiten zwischen Verbänden (zum Beispiel Gewerkschaft und Arbeitgeberverband) oder zwischen Unternehmen eingesetzt. Sie können aber auch für Private sinnvoll sein, weil man so rascher zu einem Ende kommt.

Fortsetzung von Seite 114

sentlichen Teilen nicht vollständig ermittelt worden.

■ **Beschwerde**

Die Beschwerde an die kantonale Oberinstanz ist ein schwächeres Rechtsmittel als die Berufung. Dafür ist die Beschwerde gegen sämtliche Entscheide zulässig, also auch bei jenen, gegen die eine Berufung nicht möglich ist, weil der Streitwert unter 10 000 Franken liegt.

In seiner Beschwerde kann der Beschwerdeführer – wie bei der Berufung – geltend machen, das Recht sei falsch angewendet worden; das Gesetz nennt das die «unrichtige Rechtsanwendung».

Oder er kann behaupten, die untere Instanz habe den Sachverhalt «offensichtlich unrichtig» festgestellt. Ein einfacher Fehler der unteren Instanz reicht also nicht für eine erfolgreiche Beschwerde.

Ein Sachverhalt ist dann «offensichtlich unrichtig» festgestellt worden, wenn ihn das Gericht willkürlich angenommen hat.

Das kann zum Beispiel sein, wenn das Gericht ohne nähere Begründung vom Ergebnis einer gerichtlichen Expertise abweicht oder eine von der Gegenpartei bestrittene Tatsache trotz Fehlens jeglicher Beweise als bewiesen erachtet.

Das Obergericht akzeptiert keine neuen Anträge

Eine Beschwerde ist – wie die Berufung – innert 30 Tagen seit Zustellung des begründeten Entscheides bei der Oberinstanz schriftlich und begründet einzureichen.

Beschwerden gegen Entscheide im summarischen Verfahren oder gegen eine «prozessleitende Verfügung» sind innert 10 Tagen einzureichen.

Eine «prozessleitende Verfügung» liegt zum Beispiel vor, wenn das Gericht beschliesst, nur 3 statt der geforderten 20 Zeugen zu befragen.

Ist eine Beschwerde eingegangen, so stellt sie das kantonale Obergericht der Gegenpartei zu,

Die grundlegenden Rechte der Parteien

Die Gerichte müssen nach Treu und Glauben handeln. Das bedeutet unter anderem, dass die Parteien Anspruch auf rechtliches Gehör haben.

Rechtliches Gehör bedeutet unter anderem: Die Parteien dürfen jederzeit alle Akten einsehen (auch die der Gegenpartei), die sich beim Gericht befinden, und sie können Kopien anfertigen lassen. Den registrierten Anwältinnen und Anwälten schicken die Gerichte die Akten auf Gesuch hin zu.

Verhandlungen und mündliche Urteilsverlesungen sind grundsätzlich öffentlich. Entscheide müssen öffentlich zugänglich gemacht werden.

Ob auch die Urteilsberatung in den Richtergremien öffentlich ist, ist von Kanton zu Kanton unterschiedlich. Im Kanton Zürich zum Beispiel war bis Ende 2010 die öffentliche Urteilsberatung am Obergericht vorgeschrieben. Die Bestimmung wurde jedoch auf Anfang 2011 aufgehoben.

Die Öffentlichkeit kann von einem Prozess ausgeschlossen werden, wenn es das öffentliche Interesse oder das schutzwürdige Interesse einer beteiligten Person erfordert.

Generell nicht öffentlich sind familienrechtliche Verfahren wie zum Beispiel Scheidungen.

die sie innert der gleichen Frist beantworten kann.

Sowohl für die Beschwerde als auch für die Beschwerdeantwort gilt: Beide Parteien dürfen bei der oberen Instanz keine neuen Anträge, keine neuen Tatsachenbehauptungen und keine neuen Beweismittelanträge vorbringen.

Das obere Gericht fällt also seinen Entscheid aufgrund der Argumente und Beweismittel, die schon vor der ersten Instanz auf dem Tisch lagen.

Achtung: Eine Beschwerde gegen einen Entscheid hemmt – anders als die Berufung – die Rechtskraft und somit die Vollstreckbarkeit des angefochtenen Entscheides nicht automatisch.

Deshalb der **Tipp:** Verlangen Sie mit der eingereichten Beschwerde vom Obergericht gleichzeitig auch, dass die Rechtskraft und somit die Vollstreckung bis zu einem rechtskräftigen Beschwerdeurteil aufgeschoben werde.

■ Revision

In ganz wenigen Fällen können Betroffene vom Gericht verlangen, dass es einen rechtskräftigen und endgültigen Entscheid aufhebt. Zuständig dafür ist jeweils das Gericht, das den Entscheid gefällt hat.

Voraussetzung für eine Revision: Eine Partei muss nachträglich von erheblichen Tatsachen Kenntnis erhalten oder entscheidende Beweismittel gefunden haben, von denen sie während des früheren Verfahrens noch nichts wusste.

STICHWORT

Wann ist eine Gerichtsurkunde rechtskräftig «zugestellt»?

Die Gerichte versenden sowohl Vorladungen für Verhandlungen als auch gefällte Entscheide in der Regel mit eingeschriebener Post gegen Empfangsbestätigung.

Lässt sich eine Partei im Gerichtsverfahren vertreten, geht die Post mit der betreffenden Gerichtsurkunde in der Regel direkt an deren Vertreter – meistens also an den beauftragten Anwalt oder die beigezogene Anwältin.

Die Zustellung gilt als rechtskräftig erfolgt, wenn die Sendung direkt vom Adressaten entgegengenommen wurde – oder von einer im gleichen Haushalt lebenden Person, die aber mindestens 16 Jahre alt sein muss.

Kann man also eine Vorladung oder ein Urteil quasi aus der Welt schaffen, indem man die eingeschriebene Post einfach nicht entgegennimmt? Oder indem man eine Abholeinladung im Briefkasten ignoriert und das Einschreiben nicht bei der Post abholt?

Nein! In solchen Fällen gilt die Sendung in der Regel trotzdem als empfangen.

Für die anschliessende Berechnung von allfälligen Fristen gilt dann Folgendes:

- Verweigert jemand bei persönlicher Zustellung die Annahme der Gerichtsurkunde, so gilt sie als am Tag der Verweigerung zugestellt.
- Ignoriert jemand eine Abholeinladung der Post im Briefkasten, so gilt sie als am 7. Tag zugestellt, nachdem die Abholeinladung im Briefkasten war.

Doch Achtung: Diese Regel gilt nur, wenn jemand mit der Zustellung einer Gerichtsurkunde rechnen musste. Mit der Zustellung rechnen muss jemand, der Kenntnis hat von einem laufenden Gerichtsverfahren.

- Fristen beginnen am Tag nach der ersten erfolglosen Zustellung zu laufen bzw. am Tag, nachdem man die Abholeinladung im Briefkasten hatte.

Noch ein Detail: Elektronische Zustellungen per E-Mail können nur mit Einverständnis der betroffenen Partei erfolgen.

Lesen Sie zum gleichen Thema auch den Kasten auf Seite 132.

Diese Tatsachen und Beweismittel müssen aber schon damals während des laufenden Verfahrens vorhanden gewesen sein. Anders ausgedrückt: Tatsachen und Beweismittel, die erst nach dem Entscheid entstanden sind, kommen als Revisionsgrund nicht in Frage.

Eine Revision ist auch möglich, wenn ein Strafverfahren inzwischen ergeben hat, dass jemand mittels einer Straftat auf einen Entscheid eingewirkt hatte – also beispielsweise eine gefälschte Urkunde eingereicht hatte.

Und noch eine Möglichkeit: Hat der Europäische Gerichtshof für Menschenrechte in einem endgültigen Urteil festgestellt, dass im konkreten Fall die Menschenrechtskonvention oder die Protokolle dazu verletzt worden sind, kann eine betroffene Person unter bestimmten Umständen ebenfalls eine Revision eines rechtskräftigen schweizerischen Entscheides verlangen.

Ein Revisionsgesuch ist innert 90 Tagen seit Entdeckung des Revisionsgrundes schriftlich und begründet bei demjenigen Gericht einzureichen, das den rechtskräftigen Entscheid gefällt hat.

Nach Ablauf von zehn Jahren seit Eintritt der Rechtskraft des Entscheides können Betroffene in der Regel keine Revision mehr verlangen.

So denken und handeln Richter

«Es darf wohl davon ausgegangen werden, dass die überwiegende Mehrzahl der Richter bestrebt ist, richtige Urteile zu fällen. Zyniker, die sich weder dem Recht noch der Gerechtigkeit verpflichtet fühlen, sind unter den Richtern glücklicherweise selten.»

Dies schreibt der langjährige Zürcher Anwalt Peter Hafter in seinem Grundlagenwerk zur «Strategie und Technik des Zivilprozesses».

So wünschbar ein rechtlich vertretbares Urteil auch sei – bei der Organisation seiner Arbeit müsse der Richter aber auch danach trachten, «übermässigen Arbeitsaufwand zu vermeiden», schreibt Hafter.

Das erklärt unter anderem den starken «Drang» zu Vergleichen. Richterinnen und Richter versuchen sehr oft, den Parteien einen Vergleich schmackhaft zu machen. Das hat für das Gericht den Vorteil, dass das Verfahren sofort beendet ist und es kein Urteil begründen muss (siehe Details auf Seite 111 ff.).

Zudem gibt es gegen Vergleiche praktisch keine Rechtsmittel zum Weiterzug. Richter möchten möglichst vermeiden, dass eine höhere Instanz ihr Urteil aufhebt und damit ihre Arbeit kritisiert.

Richter sind auch nur Menschen. Und daher haben auch Richterinnen und Richter Sympathien oder Antipathien gegenüber bestimmten Personen. Wer an einem Gerichtsverfahren beteiligt ist, sollte deshalb bestrebt sein, wenigstens keine Antipathien gegen sich aufkommen zu lassen.

Und noch etwas: Viele Prozesse sind recht umfangreich. Für die Vorbereitung und Durchführung von Verhandlungen oder Beweisverfahren muss sich ein Richter eine vorläufige Meinung über die Streitsache bilden.

Wie viele andere Menschen auch haben Richterinnen und Richter dann die Tendenz, eine einmal gefasste Meinung nicht zu ändern. Das sollten die Parteien in einem Verfahren ebenfalls beachten.

■ Erläuterung und Berichtigung

Ein Gerichtsentscheid kann unklar oder unvollständig sein oder beispielsweise Rechnungsfehler enthalten. Oder es fehlt die Rechtsmittelbelehrung.

In einem solchen Fall ist weder eine Berufung noch eine Beschwerde nötig, weil das Gericht den Entscheid selber berichtigen oder erläutern kann. Vielmehr kann man eine Erläuterung oder eine Berichtigung verlangen.

Lehnt ein Gericht ein Erläuterungs- oder Berichtigungsbegehren ab, ist dagegen eine Beschwerde bei der oberen Instanz möglich.

Die Beschwerde an das Bundesgericht

Zivilrechtliche Urteile der oberen kantonalen Instanz kann man unter bestimmten Umständen weiterziehen:

- In vermögensrechtlichen Angelegenheiten ist eine Beschwerde in Zivilsachen an das Bundesgericht in Lausanne zulässig, falls der Streitwert mindestens 30 000 Franken beträgt. Ausnahme: Bei arbeits- und mietrechtlichen Fällen genügt schon ein Streitwert von 15 000 Franken, damit eine Beschwerde nach Lausanne möglich ist.
- Erreicht der Streitwert diese Beträge nicht, ist unter Umständen trotzdem eine Beschwerde zulässig – etwa dann, wenn sich eine Rechtsfrage von grundsätzlicher Bedeutung stellt. Das Bundesgericht entscheidet dann selber darüber, ob es der Rechtsfrage eine grundsätzliche Bedeutung zumessen will.

Mit einer Beschwerde kann der Beschwerdeführer rügen, es sei kantonales verfassungsmässiges Recht, Bundesrecht oder Völkerrecht verletzt worden. Eine unrichtige Feststellung des Sachverhalts kann nur erfolgreich gerügt werden, falls die Vorinstanz von offensichtlich falschen Tatsachen ausging.

Zivilrechtliche Beschwerden an das Bundesgericht sind innert 30 Tagen einzureichen, nachdem man die vollständige begründete Urteilsausfertigung der kantonalen Oberinstanz erhalten hat. In dringlichen Fällen kann die Beschwerdefrist 10 oder gar nur 5 Tage betragen.

Sachverhalt und Rechtsfrage sind nicht das Gleiche

Bevor Gerichte rechtliche Überlegungen anstellen können, müssen sie den Sachverhalt klären, der dem Streit zugrunde liegt.

Grundsätzlich ist es im Zivilverfahren Sache der beiden Parteien, dem Gericht die massgeblichen Tatsachen zu schildern. Für unerfahrene Prozessbeteiligte ist dies eine echte Herausforderung. Deshalb sind die Gerichte verpflichtet, den Sachverhalt durch ergänzende Fragen an die Parteien zu klären.

Zu einem Beweisverfahren kommt es dann, wenn für das Urteil wichtige Tatsachen umstritten sind. In der Regel liegt die Beweislast bei der klagenden Partei.

Ist der Sachverhalt durch das Beweisverfahren geklärt, analysiert das Gericht das Rechtsverhältnis und urteilt gestützt auf die für den konkreten Fall massgeblichen Gesetzesbestimmungen.

Fordern Sie, die Rechtskraft solle aufgeschoben werden!

Wichtig: Auch hier müssen Beschwerdeführerinnen und -führer mit der Beschwerde unbedingt verlangen, dass die Rechtskraft bzw. Vollstreckung des vorinstanzlichen Entscheides aufgeschoben werde. Sonst wird der untere Entscheid trotz Beschwerde an das Bundesgericht vollstreckbar.

Das Bundesgericht beurteilt die Angelegenheit grundsätzlich nach dem Sachverhalt, von dem die Vorinstanz ausgegangen war. Es berichtigt die Tatsachen nur dann, wenn sie offensichtlich unrichtig sind.

Ohne Anwalt sollten Sie nicht ans Bundesgericht gelangen

Hat der Entscheid einer kantonalen Oberinstanz verfassungsmässige Rechte verletzt, kann man dies beim Bundesgericht zudem mit einer subsidiären Verfassungsbeschwerde anfechten.

Vor Bundesgericht ein Rechtsmittel vorzubringen, ist sehr kompliziert; deshalb sollte man sich wenn immer möglich durch eine Rechtsanwältin oder einen Rechtsanwalt vertreten lassen.

Welches Rechtsmittel gegen ein Urteil möglich ist, muss zwar grundsätzlich aus jedem Gerichtsentscheid hervorgehen – in der sogenannten Rechtsmittelbelehrung (siehe Kasten auf Seite 91).

Die Tücken des Betreibungsverfahrens

Wer betrieben wird, also einen Zahlungsbefehl erhält und innert zehn Tagen keinen Rechtsvorschlag erklärt, bringt sich in grosse Schwierigkeiten. Dann gilt nämlich die geltend gemachte Forderung als berechtigt. Kein Richter wird sie mehr prüfen. Nächste Station ist dann die Pfändung.

Das Betreibungsamt stellt den Zahlungsbefehl zu, ohne zu prüfen, ob die Geldforderung berechtigt ist. Wer Rechtsvorschlag erhebt, bestreitet damit die Forderung; dann ist die Betreibung einstweilen gestoppt.

Ein Rechtsvorschlag kostet die betriebene Person nichts. Die Spesen für den Zahlungsbefehl zahlt derjenige, der die Forderung erhoben hat.

Erst wenn jemand Rechtsvorschlag erhebt und die andere Partei die Sache weiterzieht, sieht sich ein Gericht den geltend gemachten Anspruch einmal genauer an. Die Verfahrenskosten zahlt die unterliegende Partei.

Notwehr gegen Betreibungseinträge. In der Schweiz kann jeder jeden betreiben – auch ohne den geringsten Grund. Die Betreibungsämter prüfen nicht, ob eine Forderung gerechtfertigt ist.

Jede Betreibung – ob zu Recht oder nicht – wird im Betreibungsregister festgehalten. Dies kann verhängnisvoll sein, etwa für Mieter auf Wohnungssuche. Denn häufig verlangen Vermieter von Wohnungsinteressenten einen Auszug aus dem Betreibungsregister. Und jeder Eintrag mindert die Chancen auf die ersehnte Wohnung.

Wer eine unberechtigte Betreibung aus dem Register löschen lassen will, kann dies nur mit einer gerichtlichen Klage tun. Er muss auf Feststellung klagen, dass die angebliche Forderung nicht berechtigt ist. Das kostet Zeit und Geld. Die Mehrheit der Parlamentarier hat es immer wieder abgelehnt, diese Regelung zu ändern.

Alle wichtigen Details dazu stehen im Saldo-Ratgeber «Betreibung, Pfändung, Privatkonkurs». Sie können das 211-seitige Buch im Internet auf www.saldo.ch bestellen oder über Telefon 044 253 90 70.

Ausserdem muss in der Rechtsmittelbelehrung stehen, welche Frist für das mögliche Rechtsmittel gilt und an welche Instanz sich die unzufriedene Partei wenden muss.

Trotzdem sollte bei Rechtsmitteln – auch schon vor der kantonalen Oberinstanz – ein Rechtsanwalt mindestens zur Beratung, wenn nicht gar zur Vertretung beigezogen werden.

Tipp: Schreiben Sie bei allen Begehren ans Gericht den Satz: «Unter Kosten- und Entschädigungsfolgen zulasten der Gegenpartei» (oder «des Klägers» beziehungsweise «des Beklagten»). Mit dieser Bemerkung vergeben Sie sich überhaupt nichts – aber falls Sie sie weglassen, riskieren Sie allenfalls in einigen Kantonen, dass Ihnen kein Kostenersatz zugesprochen wird.

Die Besonderheiten der eherechtlichen Verfahren

Die Vorschriften über die drei möglichen Verfahren im Zivilprozess (ordentliches, vereinfachtes und summarisches Verfahren, siehe Seite 102 ff.) gelten bei Eheschutzmassnahmen und in den Scheidungsprozessen nur beschränkt.

Eheschutzmassnahmen kann das Gericht beispielsweise anordnen, wenn sich ein Ehepaar über die Aufhebung des gemeinsamen Haushaltes nicht einig ist, es aber noch nicht um die konkrete Scheidung geht. Im Folgenden stehen die wichtigsten Details zu den Eheschutzmassnahmen:

Bei Streitigkeiten unter Ehegatten finden Eheschutzmassnahmen in der Regel im summarischen Verfahren statt.

Es soll also schnell gehen, und es gibt Beweisbeschränkungen, und das heisst konkret: Das Gericht macht keine aufwendige Beweiserhebung, befragt keine Zeugen und bestellt keine Gutachten. Glaubhaftmachen genügt (siehe auch Erläuterung im Kasten auf Seite 103).

Dass hier ein summarisches Verfahren läuft, bedeutet auch: Es braucht vorgängig kein Schlichtungsverfahren. Jeder Ehegatte kann also direkt an das erstinstanzliche Gericht gelangen.

Vor Gericht kann es dann im summarischen Eheschutzverfahren zum Beispiel darum gehen, dass das Gericht das Haushaltsgeld festlegt oder die geschuldeten Alimente während der Phase des Getrenntlebens.

Das Gericht regelt die Obhut über die Kinder

Eine Eheschutzmassnahme ist auch die Aufhebung des gemeinsamen Haushaltes. Dann muss das Gericht zum Beispiel die weitere Benützung der Wohnung regeln (wer darf bleiben, wer muss ausziehen?) und allenfalls die Gütertrennung anordnen, falls es die Umstände rechtfertigen.

Haben die Eheleute unmündige Kinder, dann befindet das Gericht im summarischen Verfahren darüber, welchem Ehegatten die Obhut über die Sprösslinge zukommen soll.

In allen diesen und ähnlichen Eheschutzverfahren stellt das Gericht den Sachverhalt von Amtes wegen fest. Die Verhandlung ist mündlich. Die Parteien müssen persönlich erscheinen und können sich nicht einfach durch einen Anwalt vertreten lassen.

Im Übrigen versuchen die Gerichte bei solchen eherechtlichen Verfahren in der Regel immer, zwischen den Parteien eine Einigung herbeizuführen.

Scheidungswillige müssen nicht vorher zum Schlichter

Auch für die eigentlichen Scheidungsverfahren ist kein vorgängiges Schlichtungsverfahren nötig.

Ein Scheidungsverfahren kommt in Gang, wenn die Ehepartner ein von beiden unterschriebenes gemeinsames Scheidungsbegehren stellen. Oder wenn nur ein Ehegatte die Scheidungsklage einreicht.

Zu den Verhandlungen müssen die Parteien auch hier persönlich erscheinen – selbst wenn sie von einem Anwalt vertreten sind.

Reichen die Ehegatten gemeinsam und einvernehmlich eine unterzeichnete Vereinbarung über die Nebenfolgen der Scheidung ein (die alle Geldangelegenheiten, Besuchsrechte usw. regelt, bis hin zur Frage, wer den Hund behalten darf), so prüft das Gericht, ob diese Vereinbarung – Scheidungskonvention genannt – dem freien Willen der Ehegatten entspricht.

Und ob die Abmachung klar, vollständig und nicht offensichtlich unangemessen ist. Das Gericht schaut deshalb zum Beispiel die Teilung der Pensionskassenguthaben der beiden Ehegatten genauer an.

Dazu lässt es sich genau bestätigen, welche Ansprüche die beiden Ehegatten an die Pensionskassen und Freizügigkeitsstiftungen haben und ob die Aufteilung dieser Guthaben dem Gesetz entspricht.

Das Gesetz verlangt in der Regel die hälftige Aufteilung der beiden Guthaben: Jeder Partner soll die Hälfte des während der Ehe angesparten Anspruches des andern erhalten.

Verzichtet ein Gatte in der Scheidungskonvention ganz oder teilweise auf seinen Anspruch im Rahmen der 2. Säule (Pensionskasse), so prüft das Gericht, ob seine Alters- und Invalidenvorsorge auf andere Weise gesichert ist.

Fehlt es in der Scheidungskonvention der Parteien an einer Regelung über die Teilung der Pensionskassenguthaben, holt das Gericht das Versäumte nach und legt die einzelnen Ansprüche selber fest.

In ganz bestimmten Fällen kann das Zivilgericht die Sache zur genauen Bestimmung der Ansprüche an das Sozialversicherungsgericht überweisen.

Sind sich die Ehegatten einig, sind sie schnell geschieden

Sind sich die Ehegatten hinsichtlich der sogenannten Scheidungsfolgen einig, können sie mit einem schnellen Verfahren rechnen. Die Eingabe ans Gericht sollte folgende Punkte enthalten:

- Das gemeinsame Scheidungsbegehren, die vollständige Vereinbarung über die Scheidungsfolgen in finanzieller Hinsicht (Unterhaltsbeiträge, Vermögensteilung, Pensionskassenaufteilung usw.).
- Die gemeinsamen Anträge hinsichtlich der Kinder (Zuweisung der elterlichen Sorge an beide Ehegatten oder an einen einzigen, Besuchsrecht).

In dieser Eingabe können die Ehegatten auch beantragen, dass das Gericht über jene Scheidungsfolgen entscheidet, über die sie sich selber nicht einig sind. In diesem Fall kann jeder Ehegatte Anträge stellen.

Im Anschluss an die Eingabe werden die Parteien vom Gericht angehört. Sind die Voraussetzungen für eine Scheidung auf gemeinsames Begehren erfüllt, so spricht das Gericht die Scheidung aus und es genehmigt die Vereinbarung der Ehegatten.

Bestätigen die Ehegatten vor Gericht ihren Scheidungswillen, sind sich jedoch noch nicht über alle Scheidungsfolgen einig, wird das Verfahren dazu fortgesetzt.

Erbteilung: Bei Streit entscheidet das Gericht

Eine Erbteilung ist an sich eine einfache Sache: Sind sich die Erben über die Aufteilung einer Hinterlassenschaft einig, so genügt ein einfacher schriftlicher Vertrag unter den Mitgliedern der Erbengemeinschaft.

Anders bei Uneinigkeit: Dann bleibt der Nachlass so lange unverteilt, bis sich ein Mitglied der Erbengemeinschaft ans Gericht wendet und auf Erbteilung klagt. Dann gelten die folgenden Punkte:

- Zuständig für die Behandlung der Klage ist das Gericht am letzten Wohnsitz des Verstorbenen.
- Wer klagt, übernimmt die Rolle des Klägers. Alle andern Mitglieder der Erbengemeinschaft bilden zusammen die beklagte Partei.
- Basis des richterlichen Entscheids ist ein Testament oder ein Erbvertrag, falls solche Dokumente vorliegen. Andernfalls wird nach dem Zivilgesetzbuch (ZGB) geurteilt.
- Das ZGB lässt den Verfassern von Testamenten oder Erbverträgen einen grossen Spielraum. Das Gericht wird letztwillige Verfügungen nur korrigieren, wenn sie Pflichtteile von Ehepartnern, Eltern oder Nachkommen verletzen und rechtzeitig geklagt wurde. Pflichtteile sind gewisse Anteile am Erbe, die ein Verstorbener seinen Erben zwingend zuweisen muss – ob er will oder nicht.
- Ist ein Testament nicht von Anfang bis Schluss handschriftlich verfasst, können betroffene Erben auf Ungültigkeit des Testaments klagen. Diese Klage muss innerhalb eines Jahres ab Kenntnisnahme des Testaments erfolgen. Sonst ist die Sache verjährt. Das Gleiche gilt, falls ein Testament einen Pflichtteil verletzt.
- Die Erbteilungsklage hingegen ist immer möglich.

Alle wichtigen Details dazu stehen im Saldo-Ratgeber «Erben und Vererben». Sie können das Buch im Internet auf www.saldo.ch bestellen oder über Telefon 044 253 90 70.

Liegt kein gemeinsames Scheidungsbegehren vor, klagt also nur ein Ehegatte auf Scheidung, lädt das Gericht die Ehegatten zu einer Verhandlung vor und klärt ab, ob ein Scheidungsgrund vorliegt.

Steht ein Scheidungsgrund fest, versucht das Gericht eine Einigung über die Scheidungsfolgen zu erreichen. Kommt keine Einigung zustande, setzt das Gericht der klagenden Partei eine Frist, um eine schriftliche Klagebegründung nachzureichen.

Für Streitigkeiten von eingetragenen gleichgeschlechtlichen Partnern gelten grundsätzlich die gleichen Vorschriften.

Vaterschafts- und Unterhaltsklagen können ebenfalls direkt beim erstinstanzlichen Gericht eingereicht werden; ein Schlichtungsverfahren ist hier ebenfalls nicht notwendig.

Alle wichtigen Details zum Thema Scheidung stehen im Saldo-Ratgeber «Trennung und Scheidung». Sie können das Buch im Internet auf www.saldo.ch bestellen oder über Tel. 044 253 90 70.

6

Die Regeln im Zivilprozess

7 So läuft ein Strafverfahren ab

Infos für Beschuldigte und Geschädigte

In diesem Kapitel steht, wie ein Strafverfahren abläuft, was Polizei und Staatsanwalt dürfen, was Beschuldigte wissen müssen und wie die Gerichte urteilen. Bei Straftaten gibt es meist auch Geschädigte. Hier ist deshalb auch beschrieben, welche Ansprüche Opfer haben.

Im Strafgesetzbuch steht, welches Verhalten strafbar ist. Wenn jemand gegen das Gesetz verstossen hat, wird er nach den Regeln des Strafprozessrechts verurteilt. Dort sind die genauen Verfahrensregeln festgehalten – also der Weg von der Untersuchung über die Anklage bis hin zum definitiven Richterspruch.

Das schweizerische Strafgesetzbuch (StGB) gilt schon seit fast 70 Jahren für die ganze Schweiz. Der Strafprozess hingegen wurde erst auf den 1. Januar 2011 vereinheitlicht – und zwar in der schweizerischen Strafprozessordnung, abgekürzt StPO (siehe Stichwort unten).

Seither laufen die Strafverfahren in der ganzen Schweiz gleich ab; für Beschuldigte, Geschädigte und Behörden gelten dieselben Rechte und Pflichten.

Übrigens: Angeklagte gab es früher im Strafprozess; sie werden im neuen Prozessrecht konsequent «Beschuldigte» genannt.

STICHWORT

StGB und StPO

Das Kürzel StGB steht für das Schweizerische Strafgesetzbuch. Und StPO meint die seit Anfang 2011 geltende schweizerische Strafprozessordnung.

Sämtliche Bundesgesetze finden Sie in der jeweils aktuellen Fassung im Internet unter www.admin.ch bei den Menüpunkten «Dokumentation» und «Systematische Sammmlung».

Dort geben Sie zum Beispiel das Kürzel «stpo» ein – und schon haben Sie das Gesetz als PDF auf Ihrem Bildschirm.

Hier finden Sie auch das Strassenverkehrsgesetz (SVG); SVG-Übertretungen machen den grössten Teil der Strafverfahren aus.

Nur der Staat darf Strafen verhängen ...

Das Strafrecht unterscheidet sich vom Zivilrecht (siehe Kapitel 6) in einem wesentlichen Punkt: Bei Zivilprozessen geht es um Ansprüche von Privatpersonen oder Unternehmen – im Strafverfahren hingegen ist der Staat Partei, vertreten durch die Polizei, die Staatsanwaltschaft und die Gerichte.

Der Staat hat das sogenannte Strafmonopol. Das heisst: Nur der Staat darf jemanden bestrafen. Deshalb dürfen private Unternehmen keine Bussen verhängen (siehe Kasten auf Seite 138).

... doch bei Verdacht gilt die Unschuldsvermutung

Als Grundprinzip gilt im Strafprozess die Unschuldsvermutung der Bürger. Der Staat muss jemandem eine Schuld nachweisen; es ist nicht Sache des Bürgers, seine Unschuld zu belegen.

Für diesen Schuldnachweis stehen dem Staat allerdings Zwangsmassnahmen zur Verfügung: Polizisten können jemanden festnehmen, die Staatsanwaltschaft kann einen Beschuldigten inhaftieren, eine Hausdurchsuchung anordnen, eine Blutprobe abnehmen oder einen DNA-Test durchführen – alles auch gegen den Willen der beschuldigten Person.

In den Strafverfahren geht es häufig nicht nur darum, einen Täter zu bestrafen; oft sind auch die Ansprüche der Opfer von strafbaren Handlungen ein Thema:

- Nach einem Einbruch zum Beispiel haben die Eigentümer von gestohlenen Sachen gegen den Dieb einen Anspruch auf Rückgabe oder Schadenersatz.
- Opfer von Anlagebetrügern wollen ihr Geld wiedersehen, oder
- Opfer eines Verkehrsunfalles oder eines tätlichen Angriffs pochen auf Schadenersatz und Schmerzensgeld.

Opfer mit Ansprüchen werden zu Privatklägern

Diese Ansprüche können die Opfer ebenfalls im Strafverfahren einklagen – im sogenannten Adhäsionsverfahren. Sie werden dann zu Privatklägern.

Die Strafgerichte prüfen solche Geldforderungen aber nur summarisch (Erläuterung auf Seite 103).

Kommt es zu einem Freispruch des Beschuldigten, wird über allfällige zivilrechtliche Forderungen der angeblich Geschädigten in der Regel nicht geurteilt. Diese werden dann auf den Weg des Zivilverfahrens verwiesen (siehe Kapitel 6).

Schadenersatzansprüche sind selbst bei verurteilten Straftätern

Fortsetzung auf Seite 129

IN DIESEM KAPITEL

TIPP

Opfer-Ansprüche im Strafprozess: Das müssen Sie wissen

- Die geschädigte Person muss ausdrücklich erklären, dass sie sich am Strafverfahren als Privatklägerin beteiligen will. Das kann sie beispielsweise tun, indem sie einen Strafantrag gegen eine beschuldigte Person stellt oder einen Strafantrag gegen unbekannt.

Die Erklärung kann auch in anderer Form abgegeben werden, solange das Vorverfahren noch läuft (siehe Seite 130f.).

Hat eine geschädigte Person von sich aus keine entsprechende Erklärung abgegeben, muss die Staatsanwaltschaft sie auf diese Möglichkeit hinweisen.

- In dieser Erklärung kann der Geschädigte entweder nur die Verfolgung und Bestrafung der Täterschaft verlangen oder nur privatrechtliche Ansprüche aus der Straftat geltend machen – oder beides zusammen fordern.

Ein Verzicht ist endgültig.

- Verzichtet eine geschädigte Person auf ihre Möglichkeit, Privatkläger zu werden, so ist dieser Verzicht für das Strafverfahren endgültig. Allfällige Forderungen müssen dann in einem Zivilverfahren gegen den Beschuldigten durchgesetzt werden.
- Meistens fordern Geschädigte im Strafverfahren Schadenersatz und Genugtuung. Der Schaden muss durch die Straftat verursacht worden sein. Und die Forderungen können sich nur gegen den Beschuldigten richten – nicht etwa gegen seine Versicherung.
- Die Forderungen sind so rasch und so genau wie möglich zu beziffern. Der genaue Umfang und die rechtliche Begründung der Ansprüche müssen spätestens während der Hauptverhandlung erfolgen.
- Das Gericht entscheidet im Rahmen des Strafverfahrens auch über die Zivilklage. Dies kann selbst bei einem Freispruch der Fall sein, wenn der Sachverhalt grundsätzlich klar ist. Es kann also sein, dass ein Beschuldigter freigesprochen wird, aber trotzdem Schadenersatz zahlen muss.
- Oft wird aber im Rahmen des Strafprozesses nicht über die Zivilklage entschieden. Das geschieht, wenn das Verfahren eingestellt wird oder wenn es «nur» mit dem Erlass eines Strafbefehls gegen den Beschuldigten endet (siehe Seite 130f.).

Trifft dies ein, müssen Geschädigte ihre Ansprüche im Zivilverfahren durchzusetzen versuchen.

Das Gleiche gilt, wenn eine Privatklage nicht hinreichend begründet oder beziffert ist.

Privatkläger haben ein Kostenrisiko.

- Es kann vorkommen, dass Privatkläger im Rahmen eines Strafverfahrens Verfahrenskosten zahlen müssen. Dies aber nur, wenn sie diese Kosten mit ihren Anträgen im Zivilpunkt (Schadenersatz usw.) verursacht haben.

Zahlen müssen Privatkläger auch nur unter bestimmten Umständen – dann nämlich, wenn das Verfahren eingestellt wird, bei einem Freispruch des Beschuldigten oder wenn die Privatkläger die Klage vor Abschluss der erstinstanzlichen Hauptverhandlung zurückziehen.

- Ausserdem müssen Privatkläger Verfahrenskosten übernehmen, falls die Klage auf Schadenersatz vom Gericht ganz abgewiesen wird.
- Achtung: Werden Forderungen von Privatklägern in einem Strafverfahren abgewiesen, kann das Gericht unter Umständen sogar entscheiden, dass Privatkläger nebst den Prozesskosten noch eine Entschädigung an die beschuldigte Person zahlen müssen.
- Das Kostenrisiko für geschädigte Privatkläger im Strafverfahren fällt dann praktisch weg, wenn sie nebst dem Strafpunkt keine eigenen Forderungen stellen. Fordern Privatkläger nur die Bestrafung des Täters, müssen sie nur dann Kosten zahlen, wenn sie das Verfahren mutwillig oder grobfahrlässig veranlasst haben.

Fortsetzung von Seite 127

schwer durchzubringen, falls der Täter die Höhe des Schadens bestreitet oder die Geschädigten den Schaden nicht belegen können.

Immerhin: Wenn Opfer und Geschädigte ihre rechtlichen Ansprüchen als Privatkläger innerhalb des Strafverfahrens geltend machen, so hat das einen grossen Vorteil: Das Risiko, hohe Prozesskosten zahlen zu müssen, ist so sehr viel kleiner als im Zivilverfahren. Denn im Zivilverfahren müssen Geschädigte die Beweise für ihre Forderung selber beschaffen.

So scheitern viele berechtigte rechtliche Ansprüche an den hohen Hürden des Beweisverfahrens.

Im Strafverfahren hingegen ist es die Staatsanwaltschaft, die im Strafpunkt für die Geschädigten kostenlos die Beweise zusammensucht; sie kann dafür sogar zu Zwangsmassnahmen greifen, was Private natürlich nicht dürfen.

Schadenersatz: Mit komplexen Fällen zum Zivilgericht!

An Strafverfahren sind also drei Parteien beteiligt: die Strafbehörde, vertreten durch die Staatsanwaltschaft, die beschuldigte Person sowie die Geschädigten einer strafbaren Handlung.

Wer in einem Strafverfahren als Geschädigter einer Straftat eigene Ansprüche geltend machen will (im schon genannten Adhäsionsverfahren), muss ein paar wichtige Punkte beachten: Sie stehen im Kasten auf der Seite links.

TIPP

Tierquälerei ist strafbar

Tierquälerei ist ein Offizialdelikt, das von Amtes wegen verfolgt werden muss. Wer etwas beobachtet, sollte die Angelegenheit zum Beispiel mit Fotos dokumentieren und auf dem Polizeiposten der Gemeinde Anzeige erstatten.

Die Stiftung für das Tier im Recht gibt schriftlich und telefonisch Auskunft. Die Datenbank ist auf dem Internet abrufbar. Adresse der Geschäftsstelle: Rigistrasse 9, Postfach 2371, 8033 Zürich, Telefon 043 443 06 43, www.tierimrecht.org.

Zusammenfassend lässt sich dazu sagen: Private Geldforderungen im Rahmen eines Strafverfahrens einzureichen empfiehlt sich in relativ einfachen Fällen, die vom Sachverhalt her klar sind. Für komplexere finanzielle Forderungen im Rahmen eines Schadenersatzes eignen sich eher die Zivilgerichte.

So läuft ein Strafverfahren ab

Grundsätzlich gibt es zwei verschiedene Arten von strafbaren Handlungen:

- Straftaten, die von Amtes wegen untersucht und verfolgt werden – die sogenannten Offizialdelikte (wie zum Beispiel Tierquälerei, siehe Kasten oben). Und
- Taten, die nur auf Strafantrag der geschädigten Person in Angriff genommen werden. Solche sogenannten Antragsdelikte sind etwa Tätlichkeit oder einfache Körperverletzung.

Geschädigte Personen (oder Firmen) müssen einen Strafantrag

innert drei Monaten bei der Polizei oder bei der Staatsanwaltschaft einreichen – sonst erlischt der Anspruch auf ein Strafverfahren. Die Dreimonatsfrist beginnt, sobald man die Person des Täters kennt.

Ein Strafantrag kann auch gegen eine unbekannte Täterschaft erhoben werden. Dann gibt es keine Frist zum Einhalten, weil man ja die Person nicht kennt.

Die meisten Delikte des Strafgesetzbuches sind keine Antragsdelikte, sie müssen von Amtes wegen verfolgt werden. In solchen Fällen müssen Betroffene keinen formellen Strafantrag einreichen, es genügt eine Anzeige bei einem Polizeiposten oder bei der Staatsanwaltschaft.

Am besten reicht man eine Strafanzeige schriftlich und zur Beweissicherung eingeschrieben ein. Dafür sind keine Rechtskenntnisse erforderlich: Es genügt, den Sachverhalt so genau wie möglich aufzuschreiben und allfällige Hinweise auf mögliche Täter anzugeben.

Theoretisch wären auch mündliche Anzeigen auf einem Polizeiposten ohne weiteres möglich. Die Praxis zeigt aber, dass Betroffene von Straftaten auf den Polizeiposten immer wieder abgewimmelt werden.

Zuständig für das Verfahren ist grundsätzlich die Behörde am Tatort. Geht eine Strafanzeige am falschen Ort ein, leitet diese Behörde sie an die zuständige Stelle weiter.

Im Verfahren wird die Amtssprache gesprochen

Die Strafbehörden führen alle Verhandlungen in der jeweiligen Amtssprache durch.

Fremdsprachige Beschuldigte, die die Verfahrenssprache nicht oder nicht genügend verstehen, haben Anspruch auf einen Übersetzer. Wer also die Verfahrenssprache weder mündlich noch schriftlich beherrscht, sollte diese Hilfe unbedingt beanspruchen.

Die Einvernahmen werden schriftlich protokolliert. Anschliessend müssen Beschuldigte das Protokoll unterzeichnen.

Unterschriebene Protokolle gelten als inhaltlich korrekt abgefasst. Aus diesem Grund ist es von grosser Bedeutung, dass jeder Beschuldigte das Protokoll genau kennt und versteht.

Bis zur Unterzeichnung können Beschuldigte alle Angaben korrigieren – je nachdem auch handschriftlich.

Beschuldigte Personen müssen zudem bei mündlichen Gerichtsverhandlungen in einer ihnen verständlichen Sprache über den wesentlichen Inhalt orientiert werden.

Das gilt selbst dann, wenn sie einen Verteidiger oder eine Verteidigerin haben.

Der Staatsanwalt kann selber bestrafen – mit Strafbefehl

Nun kommt es zum sogenannten Vorverfahren: Die Polizei ermittelt, und die Staatsanwaltschaft prüft, ob eine Straftat begangen worden ist, und sammelt die nötigen Beweise.

Das Vorverfahren endet entweder

- mit der Einstellung des Verfahrens,
- mit dem Erlass eines Strafbefehls gegen die beschuldigte Person oder
- mit einer Anklage an das zuständige Gericht (mehr dazu auf Seite 131 ff.).

Die Aufzählung zeigt: Die Staatsanwaltschaft muss nicht jeden Fall automatisch ans Gericht weiterreichen; sie kann Schuldige auch selber bestrafen.

Ein Strafbebehl gegen einen Beschuldigten ist aber nur dann zulässig:

- wenn der Angeschuldigte geständig ist oder wenn der Sachverhalt anderweitig ausreichend geklärt werden konnte und
- falls maximal eine Busse, eine Geldstrafe von höchstens 180 Tagessätzen, eine gemeinnützige Arbeit von höchstens 720 Stunden oder eine Freiheitsstrafe von höchstens 6 Monaten gefordert wird.

Keine Einsprache: Strafbefehl wird rechtskräftiges Urteil

Gegen einen Strafbefehl kann die beschuldigte Person innert 10 Tagen schriftlich Einsprache erheben. Verläuft diese Frist ungenutzt, wird der Strafbefehl zum rechtskräftigen Urteil.

Erhebt der Verurteilte Einsprache gegen den Strafbefehl, hat die Staatsanwaltschaft drei Möglichkeiten:

- Sie kann einen neuen (anders lautenden) Strafbefehl erlassen,
- sie kann das Verfahren einstellen, oder
- sie kann am Strafbefehl festhalten, ihn quasi als Anklage umformulieren und an das erstinstanzliche Gericht weiterleiten.

Aber Achtung: Die Einsprache gegen einen Strafbefehl gilt dann als zurückgezogen, wenn der Einsprecher anschliessend einer Einvernahme ohne Entschuldigung fernbleibt.

Der Staatsanwalt kann einen Vergleich vorschlagen

Seit Anfang 2011 gilt: Bei Antragsdelikten kann die Staatsanwaltschaft das Opfer und die beschuldigte Person auch zu einer Verhandlung vorladen – mit dem Ziel, einen Vergleich zu vereinbaren.

Erscheint das Opfer nicht zu dieser Besprechung, gilt der Strafantrag des Opfers als zurückgezogen.

Kommt es zu einer Verhandlung, jedoch zu keiner Einigung, so muss die Staatsanwaltschaft die Untersuchung laut Gesetz unverzüglich an die Hand nehmen. Sie kann aber das Opfer «in begründeten Fällen», wie es im Gesetz heisst, verpflichten, innerhalb von 10 Tagen einen Kostenvorschuss zu zahlen.

Stellt die Staatsanwaltschaft das Verfahren ein, so können die Parteien gegen die Einstellung des Verfahrens innert 10 Tagen Beschwerde erheben.

Wenn die Anklage ans Gericht geht ...

Wie schon in der Spalte links kurz erläutert: Nach Abschluss der Untersuchung bzw. des sogenannten Vorverfahrens kann die Staatsanwaltschaft das Verfahren einstellen, einen Strafbefehl erlassen – oder Anklage an das erstinstanzliche Gericht erheben.

Geht eine Klage ein, prüft das Gericht, ob die Voraussetzungen für eine Hauptverhandlung erfüllt sind. Anschliessend kommt es zur mündlichen Hauptverhandlung. Dabei muss die beschuldigte Person persönlich anwesend sein.

Die Staatsanwaltschaft kann dem Gericht schriftliche Anträge stellen, wenn sie eine Freiheitsstrafe von maximal einem Jahr beantragt.

Privatkläger (Deliktopfer und Geschädigte im Adhäsionsverfahren, siehe Seite 127 ff.) können sich vom persönlichen Erscheinen dispensieren lassen, falls ihre Anwesenheit nicht erforderlich ist.

Anlässlich der Hauptverhandlung befragt das Gericht die anwesenden Parteien, und es kann weitere Beweise erheben.

Nach Abschluss des Beweisverfahrens kommen die einzelnen Parteien zu den Plädoyers (das Gesetz spricht von «Vorträgen»).

Zuerst hat die Staatsanwaltschaft das Wort, dann die Privatkläger und zuletzt die beschuldigte Person oder ihre Verteidigung. Alle drei Parteien haben zudem das Recht auf ein zweites Plädoyer, wobei die gleiche Reihenfolge wie beim ersten Durchgang gilt.

Die beschuldigte Person hat nach Abschluss der Plädoyers das Recht auf das letzte Wort.

Die Urteilsberatung ist geheim, die Bekanntgabe öffentlich

Anschliessend berät das Gericht geheim. Sein Urteil fällt es mit einfacher Mehrheit.

Das heisst: Bei drei Richtern genügt die Mehrheit von zwei Richtern, bei fünf Richtern die Mehrheit von drei Richtern für das Urteil. Jedes Mitglied des Gerichts ist zur Stimmabgabe verpflichtet. Ist nur ein einzelner Richter für den Fall zuständig, entscheidet er allein.

Nach der Urteilsfällung wird das Urteil den Parteien öffentlich ver-

STICHWORT

Die «Eröffnung» von Gerichtsurteilen

Strafurteile werden entweder mündlich im Anschluss an eine Verhandlung oder später schriftlich «eröffnet». Dies gilt auch für Urteile in Zivilsachen gemäss Kapitel 6.

Das Wort «eröffnen» steht so im Gesetz. Gemeint ist: Urteile werden entweder mündlich mitgeteilt (im Gerichtssaal verlesen) oder schriftlich zugestellt.

Zustellungen per Post erfolgen in der Regel mit eingeschriebenem Brief. Entscheide gelten als zugestellt, wenn der Adressat sie persönlich entgegengenommen hat – aber auch, wenn die Sendung an eine im gleichen Haushalt lebende, mindestens 16-jährige Person ausgehändigt wurde.

Ist bei der Zustellung per Post niemand zu Hause und hinterlässt die Post im Briefkasten eine Abholeinladung und reagiert der Empfänger nicht auf die Abholeinladung – so gilt die Sendung trotzdem als zugestellt. Und zwar ab dem siebten Tag nach dem ersten erfolglosen Zustellversuch.

Dies gilt aber nur, wenn die betreffende Person mit der Zustellung eines Urteils rechnen musste.

Eine elektronische Zustellung per E-Mail ist nur dann zulässig, wenn die betroffene Person ausdrücklich damit einverstanden ist.

Hat jemand einen Rechtsanwalt mit der Verteidigung beauftragt, gelten die Entscheide als rechtmässig zugestellt, wenn sie der Anwalt erhalten hat.

Persönliche Vorladungen hingegen dürfen nicht dem Anwalt geschickt werden; sie sind der betreffenden Person persönlich zuzustellen.

Lesen Sie zum Thema Zustellung auch den Kasten auf Seite 117.

Details zu Kosten, Entschädigung und Genugtuung

Verfahrenskosten
Im Strafprozess werden sämtliche Kosten, die entstehen können, zusammenfassend «Verfahrenskosten» genannt. Darunter fallen demnach die Aufwendungen von Polizei und Staatsanwaltschaft sowie die eigentlichen Gerichtskosten, falls der Fall vor Gericht landet.

Zu diesen Kosten gehören auch die Auslagen für die amtliche Verteidigung (siehe Kasten auf Seite 136), Kosten für Übersetzungen und Gutachten sowie Telefon-, Post- und andere Spesen.

Eine beschuldigte Person muss Verfahrenskosten nur dann übernehmen, wenn sie dazu vom Gericht verurteilt wird.

Wird das Strafverfahren eingestellt oder die beschuldigte Person freigesprochen, dürfen ihr in der Regel keine Kosten auferlegt werden. Ausnahme: Wenn sie das Verfahren rechtswidrig und schuldhaft bewirkt oder dessen Durchführung erschwert hat.

Im Rechtsmittelverfahren (Berufung oder Beschwerde an die höhere Gerichtsinstanz) werden die Kosten nach dem Ausgang des Verfahrens entschieden. Ist ein Beschwerdeführer erfolgreich, muss er die Kosten in der Regel nicht übernehmen. Unterliegt er mit seinen Anträgen, werden ihm die Kosten meistens auferlegt.

Die Berufungsgerichte dürfen aber vom Beschuldigten keine Kostenvorschüsse verlangen, bevor sie eine Sache anschauen.

Hingegen müssen Privatkläger damit rechnen, dass die Rechtsmittelinstanz – Ober- bzw. Kantonsgericht oder Bundesgericht – nach dem Einreichen eines Rechtsmittels einen Kostenvorschuss von ihnen verlangt.

Entschädigung und Genugtuung
Eine beschuldigte Person, die ganz oder teilweise freigesprochen wird oder gegen die das Verfahren eingestellt wird, hat Anspruch auf Entschädigung.

Entschädigt werden müssen ihre Verteidigungskosten sowie die finanziellen Einbussen, die aus der notwendigen Beteiligung am Strafverfahren entstanden sind.

Bei Freiheitsentzug ist eine Genugtuung, das heisst ein Schmerzensgeld, geschuldet. Die Höhe wird von den Strafbehörden festgelegt. Faustregel: Die Genugtuung für Freiheitsentzug beträgt pro Tag in der Untersuchungshaft etwa 100 Franken.

Die Entschädigung darf nur dann herabgesetzt oder verweigert werden, wenn die Aufwendungen der beschuldigten Person geringfügig waren oder die beschuldigte Person das Verfahren rechtswidrig und schuldhaft bewirkt oder dessen Durchführung erschwert hat.

kündet und kurz begründet. Öffentlich heisst: Auch Zuschauer und Presseleute dürfen anwesend sein.

Das Gericht kann bei «milderen» Strafen auf eine schriftliche Begründung des Urteils verzichten – konkret dann, wenn keine grössere Sanktion zur Debatte steht als eine Freiheitsstrafe von zwei Jahren.

Die Parteien können aber auch in diesem Fall innert 10 Tagen nach Aushändigung des Urteilsdispositivs (enthält nur gerade die Strafe sowie die Kosten- und Entschädigungsfolgen) eine Begründung verlangen und ein Rechtsmittel gegen das Urteil ergreifen.

Im Kurzverfahren wird die Anklageschrift zum Urteil

Falls die Staatsanwaltschaft eine Anklage erhoben hat, ist auch ein abgekürztes Verfahren vor Gericht möglich. Voraussetzung ist, dass die Parteien – also auch Beschul-

STICHWORT

Rechtliches Gehör und Akteneinsicht

Das in der Praxis wichtigste Recht einer beschuldigten Partei ist der Anspruch auf rechtliches Gehör.

Dazu gehört nicht nur das eigentliche «Angehörtwerden», also das Recht, zu den Vorwürfen Stellung zu nehmen.

Genauso wichtig ist das Recht auf Information über alle Details, die mit dem Verfahren zusammenhängen. Beschuldigte dürfen also:

- an Verfahrenshandlungen teilnehmen (zum Beispiel an Tatortbesichtigungen und anderen Beweiserhebungen),
- einen Rechtsbeistand beiziehen,
- sich zur Sache und zum Verfahren äussern und
- selber Beweisanträge stellen, also z. B. die Einvernahme von Zeugen oder die Untersuchung von bestimmtem Gegenständen verlangen.

Akteneinsicht

Zudem dürfen Betroffene sämtliche Akten einsehen. Für jedes Strafverfahren wird ein Aktendossier angelegt. Darin sind alle Verfahrensakten und Einvernahmeprotokolle enthalten – kurzum alles, was von den Strafbehörden zusammengetragen und von den Parteien eingereicht wurde.

Im Grundsatz können die Parteien diese Akten spätestens nach der ersten Einvernahme der beschuldigten Person und der Erhebung der übrigen wichtigsten Beweise bei der Staatsanwaltschaft einsehen.

Rechtsanwälte können die Akten in ihrer eigenen Kanzlei durchsehen; sie werden ihnen vom Gericht zugestellt.

Beschuldigte ohne anwaltliche Vertretung können die Akten bei derjenigen Behörde einsehen, die für das Verfahren zuständig ist.

Vorgängig müssen Betroffene aber ein Begehren um Akteneinsicht stellen – auch Anwälte.

Wer einsichtsberechtigt ist, kann die Anfertigung von Kopien der Akten verlangen. Dafür kann die Behörde allerdings eine Gebühr verlangen.

Die Strafbehörden müssen rechtsunkundige Parteien auf diese Rechte aufmerksam machen. Sie gelten für das gesamte Verfahren.

digte – der Anklageschrift zustimmen. Faktisch kommt das einem Geständnis des Beschuldigten gleich.

In diesem Fall prüft das Gericht an der Hauptverhandlung nur noch, ob die beschuldigte Person den Sachverhalt anerkennt und diese Erklärung mit den Akten übereinstimmt. Sind diese beiden Voraussetzungen erfüllt, entscheidet das Gericht, ob die Durchführung des abgekürzten Verfahrens rechtmässig und angebracht und die beantragte Sanktion angemessen ist.

Bejaht es diese Fragen, erhebt es die Straftaten, Sanktionen und Zivilansprüche der Anklageschrift zum Urteil. So wird der Inhalt der Anklageschrift zum Richterspruch.

Wichtig: Beschuldigte, die mit dem abgekürzten Verfahren einverstanden sind und ausdrücklich zustimmen, können nachher das Gerichtsurteil nicht mehr ohne weiteres an die nächste Instanz weiterziehen. Sie können mit Berufung nur noch geltend machen, sie hätten der Anklageschrift nicht zugestimmt oder das Urteil entspreche nicht der Anklageschrift.

Die Rechtsmittel gegen gerichtliche Entscheide

Ein Gerichtsentscheid, der von keiner Partei angefochten wird, wird rechtskräftig, das heisst rechtswirksam. Ganz egal, ob das Urteil richtig oder falsch ist, ob das schweizerische Recht richtig angewendet wurde oder ob die Verfahrensregeln eingehalten wurden.

Das bedeutet: Wer mit einem Entscheid nicht einverstanden ist, muss etwas dagegen tun.

Im Strafverfahren kann man gerichtliche Entscheide in der Regel bis ans Bundesgericht weiterziehen, eventuell sogar bis an den Europäischen Gerichtshof für Menschenrechte in Strassburg.

Nach Strassburg kann übrigens nur die verurteilte Partei, die Staatsanwaltschaft hingegen nicht. Dieses Gericht schützt die Bürger vor dem Staat, es prüft, ob die Europäische Menschenrechtskonvention verletzt wurde.

Bis hinauf zum schweizerischen Bundesgericht darf jedoch auch die Staatsanwaltschaft ein Gerichtsurteil weiterziehen, falls sie damit nicht einverstanden ist.

Die Fristen für Rechtsmittel sind kurz

Die Fristen für den Weiterzug eines Urteils oder eines andern Entscheids an die nächste Instanz sind kurz. Die Länge der Frist geht jeweils aus dem Urteil (ganz am Schluss) hervor – in der sogenannten Rechtsmittelbelehrung (siehe Kasten auf Seite 91).

Diese Fristen sind nicht verlängerbar. Wer sie verpasst, verzichtet auf einen Weiterzug.

Beim Berechnen der Frist gilt: Der erste Tag der Frist ist der erste Tag nach Erhalt (Aushändigung oder schriftliche Zustellung) des Entscheids (siehe Ausführungen auf Seite 91 ff.).

Wichtig: Wer ein Rechtsmittel bei einer oberen Instanz einlegen will, sollte dies in jedem Fall mit einem Anwalt oder einer Anwältin besprechen. Denn aussichtslose Rechtsmittel kosten ebenfalls Geld.

Deshalb sind die Kosten, Chancen und Risiken vor einem solchen Schritt sorgfältig abzuwägen.

Ohne rechtliche Hilfe durch einen Anwalt oder eine Anwältin sind Rechtsmittel häufig aussichtslos, weil Laien zu viele Formfehler machen. Sind nämlich Anträge oder Begehren ungenügend begründet, müssen obere Instanzen gar nicht

TIPP

«Schwänzen» bringt nichts

Einer Gerichtsverhandlung absichtlich fernzubleiben lohnt sich nicht: Erscheint eine beschuldigte Person nicht an der erstinstanzlichen Hauptverhandlung, setzt das Gericht eine neue Verhandlung an. Für diese zweite Verhandlung kann sie die beschuldigte Person polizeilich vorführen lassen.

Verzichtet das Gericht auf die polizeiliche Vorführung und kommt die beschuldigte Person auch zur zweiten Hauptverhandlung nicht, so wird die Verhandlung trotzdem durchgeführt.

Das Gericht kann in dieser Verhandlung aufgrund der Akten entscheiden oder das Verfahren allenfalls sistieren, bis die beschuldigte Person vor Gericht erscheint. In der Regel urteilt es aufgrund der Akten, sofern das Gericht diese für vollständig hält.

Verfahren laufen also auch in Abwesenheit des Beschuldigten, es resultiert ein sogenanntes «Abwesenheitsurteil».

Kann ein Abwesenheitsurteil der beschuldigten Person persönlich zugestellt werden, hat sie bis 10 Tage nach Erhalt das Recht, vom Gericht schriftlich oder mündlich eine neue Beurteilung zu verlangen.

Das Gericht lehnt ein solches Gesuch meist dann ab, wenn die verurteilte Person ordnungsgemäss vorgeladen war, der Hauptverhandlung aber unentschuldigt ferngeblieben ist.

darauf eintreten. Die wichtigsten Rechtsmittel gegen den Entscheid einer Strafbehörde sind die Berufung und die Beschwerde.

■ **Berufung**

Eine Berufung ist möglich gegen Urteile erstinstanzlicher Gerichte. Gerügt werden können sowohl eine unrichtige Feststellung des Sachverhaltes wie auch Rechtsverletzungen (Erläuterung dazu auf Seite 113 f.). Eine Berufung ist zunächst beim erstinstanzlichen Gericht schriftlich anzumelden oder mündlich zu Protokoll zu geben, und zwar innert 10 Tagen seit Mitteilung des Urteils.

Amtliche und notwendige Verteidigung

Amtliche Verteidigung

Jeder Beschuldigte hat das Recht, sich von einem Anwalt oder einer Anwältin verteidigen zu lassen. Er darf seinen Verteidiger selber wählen.

Fehlt ihm das Geld für einen Anwalt, hat er bei schweren Beschuldigungen einen Anspruch auf einen amtlichen, das heisst vom Staat bezahlten Verteidiger. Er kann dann bei der Staatsanwaltschaft den Antrag auf einen amtlichen Verteidiger stellen. Die Voraussetzungen dafür sind:

■ Bei der Beschuldigung handelt es sich nicht um einen Bagatellfall. Das ist etwa dann nicht mehr der Fall, wenn eine Freiheitsstrafe von mehr als vier Monaten, eine Geldstrafe von mehr als 120 Tagessätzen oder gemeinnützige Arbeit von mehr als 480 Stunden zu erwarten ist.

■ Oder die beschuldigte Person ist dem Verfahren intellektuell nicht gewachsen. Das betrifft Personen, die aufgrund ihrer mangelnden geistigen Fähigkeiten nicht in der Lage sind, das Verfahren zu verstehen und sich selber ausreichend zu verteidigen.

Ist man im Laufe des Verfahrens mit dem amtlichen Verteidiger nicht zufrieden, kann man ihn nur schwer wechseln. Das Verhältnis zwischen dem Beschuldigten und dem Anwalt müsste erheblich gestört sein, sodass eine wirksame Verteidigung nicht mehr gewährleistet wäre.

Der amtliche Verteidiger wird vom Gericht oder von der Staatsanwaltschaft entschädigt. Wird der Beschuldigte aber in einem Gerichtsurteil zur Übernahme der Verfahrenskosten verurteilt, muss er die Kosten der amtlichen Verteidigung dem Kanton zurückzahlen, sobald er dazu finanziell in der Lage ist. Zusätzlich kann der amtliche Verteidiger von ihm eine Differenz zwischen der (geringeren) amtlichen Entschädigung und dem üblichen Anwaltshonorar verlangen.

Der Anspruch des Kantons auf die Rückzahlung der Entschädigung für den amtlichen Verteidiger verjährt 10 Jahre nach Rechtskraft des Urteils, der Anspruch des Verteidigers auf die Differenz 5 Jahre nach Abschluss des Mandats.

Notwendige Verteidigung

In bestimmten Fällen muss eine beschuldigte Person von Gesetzes wegen verteidigt werden, auch wenn sie dies nicht wünscht. Hier spricht man von notwendiger Verteidigung. Dies ist der Fall,

■ wenn die Untersuchungshaft bzw. die vorläufige Festnahme mehr als 10 Tage gedauert hat oder

■ wenn eine Freiheitsstrafe von mehr als einem Jahr droht oder

■ wenn ein Beschuldigter wegen seines geistigen Zustandes seine Verfahrensinteressen nicht ausreichend selber wahren kann.

Der Staat will also, dass schwer Beschuldigte nicht allein vor Gericht stehen. Sie erhalten deshalb einen amtlichen Verteidiger, selbst wenn sie keinen beantragen.

Das erstinstanzliche Gericht liefert dann eine schriftliche Begründung des Urteils nach.

Nach Erhalt dieser Begründung haben die Parteien 20 Tage Zeit, um bei der nächsten Instanz eine schriftliche Berufungserklärung einzureichen.

Darin müssen Betroffene angeben, ob sie das Urteil als Ganzes oder nur einzelne Teile davon anfechten – beispielsweise nur die Kosten und nicht die Strafe an sich.

Zudem müssen sie genau angeben, welche Abänderungen des erstinstanzlichen Urteils sie verlangen (beispielsweise eine tiefere Strafe oder einen Freispruch).

Ausserdem sind in der Berufungserklärung auch allfällige neue Beweisanträge anzuführen.

Die obere Instanz überprüft nur die angefochtenen Punkte

Das Berufungsgericht überprüft dann das erstinstanzliche Urteil – aber nur in den angefochtenen Punkten.

Ausnahmsweise kann es zugunsten der beschuldigten Person auch Punkte überprüfen, die nicht angefochten waren, um gesetzwidrige oder unangemessene Entscheide zu verhindern.

Das Berufungsgericht entscheidet, ob eine mündliche Verhandlung stattfindet oder ob das ganze Verfahren schriftlich abgehandelt wird.

Wesentlich ist dabei: Auf eine mündliche Hauptverhandlung kann das Berufungsgericht von sich aus verzichten, falls nur rechtliche Fragen zu entscheiden sind (also keine Fragen des Sachverhalts), falls nur die Ansprüche des Geschädigten angefochten sind (Schadenersatz und Genugtuung), falls es beim erstinstanzlichen Urteil nur um einen Entscheid betreffend Übertretungen geht (das ist die leichteste Form von Delikten; sie werden in der Regel mit Busse bestraft) oder wenn mit der Berufung nur die Kostenfolgen angefochten sind.

Auch Beschwerden müssen begründet sein

Sind die Parteien einverstanden, kann die Berufungsinstanz auch das schriftliche Verfahren anordnen, falls die Anwesenheit der beschuldigten Person nicht erforderlich ist.

Dies gilt auch, wenn «nur» das Urteil eines Einzelrichters vorliegt. Einzelrichter dürfen gemäss Gesetz nur Urteile verhängen, bei denen die Freiheitsstrafe weniger als zwei Jahre beträgt.

Das Berufungsgericht fällt dann ein neues Urteil, das das erstinstanzliche Urteil ersetzt. Es kann aber das Verfahren auch an die erste Instanz zur Neubeurteilung zurückweisen, falls das Verfahren dort fehlerhaft war.

■ Beschwerde

Rechtsmittel können Beschuldigte und Privatkläger nicht nur gegen Urteile eines Gerichts einreichen, sondern auch gegen die meisten Verfahrenshandlungen von Polizei und Staatsanwaltschaft und teilweise von Gerichten. Dies mit dem

Rechtsmittel der Beschwerde. Auch damit können Rechtsverletzungen und eine unrichtige Feststellung des Sachverhalts sowie die Unangemessenheit des Entscheids kritisiert werden.

Eine Beschwerde ist gegen schriftlich zugestellte oder mündlich eröffnete (mitgeteilte) Entscheide innert 10 Tagen bei der Beschwerdeinstanz einzureichen.

Doch aufgepasst. Es genügt nicht, einfach zu sagen: «Ich erhebe Beschwerde.»

Die Beschwerde muss genau begründet sein. Auch für dieses Rechtsmittel sollte man deshalb unbedingt einen Anwalt oder eine Anwältin beiziehen – sonst sind die Erfolgsaussichten gering.

Die Beschwerdeinstanz entscheidet in einem schriftlichen Verfahren, es gibt also keine Verhandlung vor dem Gericht.

■ **Revision**

Ein weiteres Rechtsmittel, das allerdings nur selten in Frage kommt, ist die Revision. Sie richtet sich meist gegen rechtskräftige Entscheide, bei denen die Rechtsmittelfrist abgelaufen ist.

Unter Umständen kann man im Strafverfahren auch gegen rechtskräftige Urteile noch ein oberes Gericht angehen – dann nämlich, wenn beispielsweise neue Tatsachen oder Beweismittel erst jetzt bekannt werden, die aber schon damals existierten, als das Urteil erging. Und wenn diese «neuen» Tatsachen oder Beweismittel einen Freispruch oder eine wesentlich mildere Bestrafung zur Folge gehabt haben könnten.

Eine Revision ist auch möglich, wenn jemand ein Urteil bis vor den Europäischen Gerichtshof für Menschenrechte (EGMR) in Strassburg

Private im Polizeigeschäft: Was dürfen «Hilfssheriffs»?

Den Gemeinden fehlen Polizisten. Deshalb lassen sie immer öfter private Sicherheitsleute – zum Beispiel von der Securitas – patrouillieren und Bussen verteilen. Diese haben aber nicht mehr Kompetenzen als jeder andere Bürger.

Wenn Securitas und andere Privatunternehmen Polizeiaufgaben übernehmen, gilt Folgendes:

■ Private Sicherheitsleute dürfen Bussenzettel verteilen, wenn sie das im Auftrag einer Behörde und gestützt auf eine gesetzliche Grundlage tun. Zum Beispiel Bussen für Park- und andere Verkehrsvergehen oder bei Verstössen gegen das Abfall- oder das Hundehaltergesetz. Das Inkasso solcher Bussen ist aber Sache des Staates.

■ Die Anwendung von körperlicher Gewalt ist strikt untersagt. Dazu gehören Schläge oder Fesselungen.

Der Einsatz von Waffen wie Pfefferspray oder Schlagstock ist nur in Notwehrsituationen erlaubt.

■ «Hilfssheriffs» dürfen Personen festhalten, wenn sie jemanden auf frischer Tat ertappen. Sie müssen dann die Polizei verständigen. Das gilt auch für jeden Normalbürger.

■ Ausweiskontrollen und Wegweisungen im öffentlichen Raum sind der Polizei vorbehalten. Private dürfen also keine Ausweise verlangen oder Personalien aufnehmen.

■ Private Sicherheitsfirmen dürfen Anzeigen bei der Polizei machen – wie jeder andere Bürger auch.

weitergezogen hat und dieses Gericht in einem Urteil festgestellt hat, das schweizerische Gerichtsurteil habe die Europäische Menschenrechtskonvention verletzt.

Nun ist eine Revision notwendig, um diese Verletzung durch das Schweizer Bundesgericht zu beseitigen (siehe auch Kasten auf Seite 170).

Ist das Urteil rechtskräftig, gibt es nichts mehr zu rütteln

Ist ein Urteil rechtskräftig, ist daran in der Regel nichts mehr zu ändern. Das heisst: Wird jemand rechtskräftig zu einer Busse oder zu einer unbedingten Geldstrafe verurteilt, erhält er nach dem Gerichtsurteil eine Rechnung.

Immerhin: Wer zu einer Freiheitsstrafe verurteilt wird und nicht schon vor der Verhandlung bereits in Haft war, muss kaum damit rechnen, gleich bei der Urteilsverkündung verhaftet zu werden.

Die Strafvollzugsbehörde des Wohnsitzkantons wird ihm aber einige Wochen nach dem Entscheid einen Strafantrittsbefehl senden. Darauf steht, wo und wann er die Strafe antreten muss.

Nach Rücksprache mit der Strafvollzugsbehörde kann dieser Zeitpunkt auf Wunsch verschoben werden.

Zwingende und andere Fristen

Auch im Strafverfahren gibt es Fristen – wie im Zivilverfahren.

Einige Fristen sind sogenannt zwingend; da gibt es nichts zu rütteln, sie sind ohne Diskussion einzuhalten. Andere Fristen können auf Antrag erstreckt, also verlängert werden.

Fristen, die im Gesetz stehen, sind in der Regel nicht erstreckbar. Dazu gehören z. B alle Rechtsmittelfristen für das Einreichen einer Berufung oder einer Beschwerde an eine höhere Instanz.

Fristen hingegen, die ein Staatsanwalt oder ein Gericht ansetzt, können meist verlängert werden – zum Beispiel Fristen für das Einreichen einer Stellungnahme.

Erstreckungsbegehren sind vor Ablauf der Frist an diejenige Instanz zu richten, die die Frist angesetzt hat. Dabei müssen Sie beantragen, um wie lange die Frist erstreckt werden soll und weshalb dies nötig ist.

Wichtig: Im Unterschied zu den Zivilverfahren gelten im Strafverfahren keine Gerichtsferien (siehe Seite 93). Die angegebenen Fristen laufen also auch über die Weihnachtsfeiertage, über Ostern und in den Sommerferien.

Wie in den übrigen Verfahren ist die Frist dann eingehalten, wenn die schriftliche Eingabe am letzten Tag der Frist bei der Post aufgegeben wurde (siehe Seite 91 f.).

Inhaftierte haben eine Frist eingehalten, wenn sie die Post am letzten Tag der Frist dem Anstaltspersonal übergeben.

Wie Fristen berechnet werden, steht auf Seite 91 ff.

Beschwerde mit aufschiebender Wirkung

Strafurteile der oberen kantonalen Instanzen sowie des Bundesstrafgerichts in Bellinzona können an das Bundesgericht weitergezogen werden. Die Beschwerden sind innert 30 Tagen seit Zustellung des begründeten vorinstanzlichen Entscheids beim Bundesgericht einzureichen.

Eine solche Beschwerde hat fast immer aufschiebende Wirkung. Das heisst: Die vom unteren Gericht ausgesprochene Strafe ist nicht vollstreckbar, bis das Bundesgericht seinen Entscheid gefällt hat.

Suche nach Beweisen: Das alles ist erlaubt

Die Strafverfolgungsbehörde (also Polizei und Staatsanwaltschaft) hat im Strafverfahren eine ganze Reihe von Zwangsmassnahmen zur Verfügung, um Beweise zu suchen:

- Sie kann Schriftstücke, Tonbänder und andere Aufzeichnungen wie Datenträger beschlagnahmen und durchsuchen, wenn sie vermutet, dass sich darin Informationen befinden, die für das Verfahren nützlich sein könnten.
- Sie kann eine beschuldigte Person auf ihren körperlichen und geistigen Zustand untersuchen lassen, um den Sachverhalt festzustellen und abzuklären, ob sie schuld-, verhandlungs- und hafterstehungsfähig ist. (Nicht hafterstehungsfähig sind Leute, deren Leben durch die Haft gefährdet würde.)
- Bei *nicht* beschuldigten Personen sind Untersuchungen gegen ihren Willen nur erlaubt, wenn sie unerlässlich sind, um ganz bestimmte schwere Straftaten aufzuklären.
- Untersuchungen am Körper müssen durch eine Ärztin oder einen Arzt oder eine andere medizinische Fachperson vorgenommen werden.
- Die Strafprozessordnung erlaubt den Untersuchungsbehörden auch, von beschuldigten Personen DNA-Proben zu entnehmen. Das dürfen sie sogar bei anderen Personen, die nicht beschuldigt sind, wie beispielsweise von Opfern – allerdings nur, soweit es nötig ist, um ihr biologisches Erbmaterial von jenem der beschuldigten Person zu unterscheiden.
- Gegen ihren Willen erkennungsdienstlich erfasst werden dürfen nur Beschuldigte. Das heisst: Die Behörde darf sie fotografieren und ihnen Fingerabdrücke abnehmen.
- Solche erkennungsdienstlichen Unterlagen müssen in der Regel wieder vernichtet werden, sobald das Verfahren eingestellt wurde.
- Gibt es erkennungsdienstliche Unterlagen über nicht beschuldigte Personen, sind diese ebenfalls zu vernichten, sobald das Verfahren gegen die beschuldigte Person abgeschlossen ist.
- In besonderen Fällen können die Strafbehörden auch den Postverkehr sowie das Telefon einer beschuldigten Person abhören lassen. Dazu muss aber ein dringender Tatverdacht auf eine schwere Straftat vorliegen.

  Wichtig dazu: Über Abhör- oder Überwachungsmassnahmen entscheidet einzig das Gericht, das über solche Zwangsmassnahmen befindet – und nicht die Staatsanwaltschaft.
- Die Staatsanwaltschaft darf auch technische Überwachungsgeräte nur mit Genehmigung des Zwangsmassnahmengerichts einsetzen. Dasselbe gilt für Einsicht in den Bankverkehr einer beschuldigten Person.

Ein Billettentzug läuft nicht über das Strafverfahren

Mit einem Strafurteil nichts zu tun haben Entscheide des Strassenverkehrsamtes. Das heisst: Wer wegen eines Strassenverkehrsdelikts verurteilt wird, erhält von der Staatsanwaltschaft oder vom Gericht eine «normale» Strafe, wie in diesem Kapitel geschildert.

Je nach Delikt müssen Verkehrssünder aber zusätzlich noch damit rechnen, dass ihnen das Strassenverkehrsamt den Führerausweis für eine bestimmte Zeit oder definitiv entzieht.

Ein solches Entzugsverfahren läuft nicht über die hier erwähnten gerichtlichen Instanzen.

Vielmehr erhalten die Betroffenen eine Verfügung des zuständigen kantonalen Amtes. Diese Verfügung kann dann im Rahmen des Verwaltungsverfahrens angefochten werden (siehe Details dazu im Kapitel 9).

Das müssen Beschuldigte wissen

Der grösste Teil der Strafverfahren in der Schweiz betrifft Autofahrerinnen und Autofahrer. Weit mehr als die Hälfte aller Verurteilten werden aufgrund des Strassenverkehrsgesetzes belangt – und nicht etwa aufgrund des Strafgesetzbuches (siehe Kasten auf Seite 126).

Wer beschuldigt wird, muss aber nicht in jedem Fall mit einer Anklage bzw. einem Gang vors Gericht rechnen: Viele Verfahren werden eingestellt, weil die Strafbehörden auf eine Anklage verzichten. Oder das Verfahren endet mit einem Vergleich oder mit einem Strafbefehl (siehe S. 130 f.).

Wichtigster Grundsatz im Strafverfahren: Die Behörden müssen dem Beschuldigten eine Straftat nachweisen. Und nicht umgekehrt: Es ist nicht die beschuldigte Person, die ihre Unschuld beweisen muss.

Eine beschuldigte Person muss sich auch nicht selber belasten. Sie darf deshalb Aussage und Mitwirkung im Strafverfahren verweigern.

Das Recht auf einen «Anwalt der ersten Stunde»

Die Strafbehörden können beschuldigte Personen zu den vorgeworfenen Straftaten einvernehmen. Zuvor müssen sie die beschuldigte Person aber auf ein paar wichtige Punkte hinweisen (siehe Kasten rechts).

Seit Anfang 2011 gilt: Beschuldigte dürfen schon vor der ersten Einvernahme einen Verteidiger beiziehen. Es gibt also einen rechtlichen Anspruch auf einen «Anwalt der ersten Stunde».

Werden Beschuldigte nicht über dieses Recht orientiert, ist die anschliessende Einvernahme nicht verwertbar (siehe auch Kasten unten).

Damit Beschuldigte dieses Recht wahrnehmen können, besteht in vielen Kantonen eine Pikettorganisation der Strafrechtsanwälte (siehe Anhang im Kapitel 10). Wer also vor der ersten Befragung nicht schon einen bestimmten Anwalt mandatiert hat oder das noch tun kann (weil er jemanden kennt, den er beauftra-

CHECKLISTE

Die Informationspflicht: Keine Einvernahme ohne Aufklärung

Seit Anfang 2011 gilt für die ganze Schweiz: Polizei oder Staatsanwaltschaft müssen Beschuldigte zu Beginn der ersten Einvernahme darauf hinweisen,

- dass ein Verfahren gegen sie eingeleitet wurde,
- welches konkrete Verhalten und welche Straftat ihnen vorgeworfen wird,
- dass sie die Aussage und Mitwirkung im Rahmen des Verfahrens verweigern können,
- dass sie berechtigt sind, sofort eine Verteidigerin oder einen Verteidiger zu beauftragen,
- dass sie je nach vorgeworfener Straftat einen Anspruch auf amtliche Verteidigung haben,
- dass sie einen Übersetzer verlangen können.

Wichtig: Werden diese Erläuterungen bei der ersten Einvernahme nicht in allen Punkten abgegeben, ist die gesamte darauffolgende Einvernahme nicht verwertbar. Das heisst: Die in dieser Einvernahme gemachten Aussagen dürfen für das Verfahren nicht verwendet werden. Sie sind wertlos.

gen will), kann über diese Pikettorganisation einen Anwalt oder eine Anwältin anfordern.

Ist ein Beschuldigter auf freiem Fuss, erhält er die Vorladung für die Einvernahme in der Regel schriftlich. Auch diese Vorladung sollte auf das Recht hinweisen, dass man sofort einen Verteidiger beiziehen kann.

Besteht ein bereits Verhafteter auf seinem Recht auf einen Verteidiger schon bei der ersten Einvernahme, so kann er den Verteidiger selber aufbieten, oder die Polizei bzw. die Untersuchungsbehörde muss es für ihn tun. Die Einvernahme darf erst beginnen, wenn die Verteidigung eingetroffen ist. Das gilt auch dann, wenn die Einvernahme dadurch um einige Stunden verzögert wird.

Was Zeuginnen und Zeugen beachten müssen

- Als Zeuge oder Zeugin kommen nur Personen in Frage, die selber nicht an einer Straftat beteiligt sind.
- Zeugen müssen älter als 15 Jahre sein und auch urteilsfähig in Bezug auf das Thema der Einvernahme.
- Zeugen sind zur wahrheitsgemässen Aussage verpflichtet, sonst droht eine Strafe.
- Die Zeugenaussage verweigern dürfen Personen, die mit dem Beschuldigten eine persönliche Beziehung haben. Gemeint sind Ehepartner und Konkubinatspartner sowie die in gerader Linie verwandten oder verschwägerten. Zudem Personen, die mit dem Beschuldigten gemeinsame Kinder haben.
- Das Zeugnisverweigerungsrecht gilt auch für Geschwister und Stiefgeschwister und einige weitere Verwandte sowie Pflegeeltern, Pflegekinder und Pflegegeschwister.
- Dieses Zeugnisverweigerungsrecht entfällt nur bei sehr schwerschwiegenden Delikten.
- Zudem darf jeder Zeuge die Aussage verweigern, falls er sich damit selber belasten und strafrechtlich sowie zivilrechtlich verantwortlich machen würde.
- Zeugen erhalten eine angemessene Entschädigung für Lohnausfall und Spesen.

Tipp: Das Zeugnisverweigerungsrecht ist relativ kompliziert. Wer also zuverlässig wissen will, ob er überhaupt aussagen muss, lässt sich am besten von einem Rechtsanwalt oder einer Rechtsanwältin beraten.

Zeugeneinvernahmen sind im Übrigen nur dann für das Strafverfahren verwertbar, wenn die beschuldigte Person anwesend ist und anschliessend ebenfalls Fragen an den Zeugen stellen kann.

Ohne Vorbereitung ist eine seriöse Beratung unmöglich

Mit dem Recht auf einen Verteidiger bei der ersten Einvernahme verbunden ist auch das Recht, dass die beigezogene Anwältin oder der Anwalt vor Beginn der Befragung mit seinem künftigen Klienten unbeaufsichtigt sprechen kann.

Denn jeder Beschuldigte darf von seinem Anwalt eine minimale Beratung erwarten. Diese Besprechung muss aber vor der Einvernahme erfolgen, weil sich die Verteidiger während der Einvernahme nicht äussern dürfen, sondern nur am Schluss Ergänzungsfragen an den Beschuldigten richten können.

Weil der Anwalt bis zu diesem Zeitpunkt noch keinerlei Akteneinsicht hat, wird er in der Regel seinem Mandanten raten, bei der ersten Einvernahme zu schweigen.

Dieser Rat erfolgt nicht, um die Wahrheitssuche oder das Verfahren zu behindern, sondern soll Fehler des Anwalts verhindern. Der Grund: Ein Anwalt muss seine Sorgfaltspflicht erfüllen und seine Klientinnen und Klienten seriös beraten. Und das ist ohne Akteneinsicht und ohne Kenntnis dessen, was dem Beschuldigten genau vorgeworfen wird, schlicht unmöglich.

Wenn der Anwalt also Schweigen empfiehlt, tut er das nicht nur im Interesse des Klienten, sondern auch zu seinem Selbstschutz.

Die seit Anfang 2011 geltende neue Strafprozessordnung will mit diesem «Verteidiger der ersten Stunde» mehr Gerechtigkeit im Strafverfahren bewirken. Ein Beschuldigter soll den Strafverfolgungsbehörden nicht bedingungslos ausgeliefert sein.

Auch die Europäische Menschenrechtskonvention verlangt eine Waffengleichheit zwischen der Strafverfolgung und der Verteidigung.

Ob dies mit der neuen Regelung erreicht wird, ist noch offen.

Wer nicht erscheinen will, wird am Arbeitsplatz abgeholt

Zu einer ersten Einvernahme kann die Polizei oder die Staatsanwaltschaft einem Beschuldigten eine Vorladung senden.

Wer einer solchen Vorladung keine Folge leistet, kann polizeilich vorgeführt werden. Das heisst: Die Staatsanwaltschaft kann anordnen, dass jemand zu Hause oder am Arbeitsplatz von der Polizei abgeholt wird. Der Vorführungsbefehl ist der betroffenen Person vorzuweisen.

Wird eine Person vorläufig festgenommen oder in Untersuchungshaft gesetzt, muss die zuständige Behörde umgehend die Angehörigen, auf den Wunsch des Beschuldigten auch seinen Arbeitgeber und bei Ausländern auf ihren Wunsch die zuständige konsularische Vertretung benachrichtigen.

Voraussetzung für eine vorläufige Festnahme durch die Polizei ist, dass jemand bei einem Verbrechen oder Vergehen auf frischer Tat ertappt wird oder unmittelbar nach Begehung einer solchen Tat angetroffen wird oder zur Verhaftung ausgeschrieben ist.

Über die Untersuchungshaft entscheidet ein Gericht

Die Polizei kann zwar Beschuldigte vorführen lassen – eine Untersuchungshaft anordnen hingegen kann die Polizei nicht.

Nur das sogenannte Zwangsmassnahmengericht kann über die Anordnung von schwerwiegenden Zwangsmassnahmen entscheiden (siehe Kasten auf der nächsten Seite).

Will also die Polizei jemanden in Haft behalten, muss sie dies der Staatsanwaltschaft melden. Die Staatsanwaltschaft befragt dann die beschuldigte Person unverzüglich und gibt ihr Gelegenheit, sich zum Tatverdacht und zu den Haftgründen zu äussern.

Anschliessend kann die Staatsanwaltschaft beim Zwangsmassnahmengericht spätestens innert 48 Stunden seit der Festnahme Untersuchungshaft beantragen.

STICHWORT

Untersuchungshaft

Untersuchungshaft ist grundsätzlich nur zulässig,

- wenn jemand dringend verdächtigt wird, ein Verbrechen oder ein Vergehen begangen zu haben, und
- wenn ernsthaft zu befürchten ist, dass ein Beschuldigter flieht, falls er nicht inhaftiert wird, oder
- wenn ernsthaft befürchtet werden muss, dass eine verdächtigte Person Dritte beeinflusst oder auf Beweismittel einwirkt, um die Wahrheitsfindung zu beeinträchtigen, oder
- wenn jemand durch schwere Verbrechen und Vergehen die Sicherheit anderer erheblich gefährdet und früher bereits gleichartige Straftaten verübt hat oder
- wenn bei einer Person, die gedroht hat, ein schweres Verbrechen zu begehen, ernsthaft zu befürchten ist, dass sie diese Drohung wahr macht.

Die möglichen Gründe für eine Untersuchungshaft stehen im Kasten oben.

Verzichtet die Staatsanwaltschaft auf den Antrag auf Untersuchungshaft, muss sie den Beschuldigten freilassen.

Ordnet das Zwangsmassnahmengericht eine Untersuchungshaft an, haben Betroffene kein Beschwerderecht, können aber jederzeit die Aufhebung der Untersuchungshaft fordern.

Nach Ablauf von drei Monaten ist eine Haftverlängerung oder eine Abweisung eines Haftentlassungsgesuchs mit Beschwerde anfechtbar.

Für ein Haftentlassungsgesuch ist die Staatsanwaltschaft zuständig. Reicht ein Beschuldigter ein Haftentlassungsgesuch ein und blitzt er damit bei der Staatsanwaltschaft ab, entscheidet das Zwangsmassnahmengericht spätestens innert fünf Tagen nach Eingang der Stellungnahme der Verteidigung.

Geheimhaltung ist für die Behörden oberstes Gebot

Im Übrigen unterstehen die Behörden der Geheimhaltungspflicht. Wer Details aus einem Strafverfahren ausplaudert, macht sich strafbar.

Polizei, Staatsanwaltschaft und Gerichte dürfen die Öffentlichkeit nur unter ganz engen Voraussetzungen über hängige Verfahren orientieren – hauptsächlich dann, wenn es darum geht, die Bevölkerung zu warnen oder sie zur Mithilfe bei der Fahndung nach Verdächtigen aufzufordern.

Das müssen Geschädigte wissen

Partei in einem Strafverfahren sind – wie auf Seite 127 ff. schon erwähnt – nicht nur die Staatsanwaltschaft und beschuldigte «Täter», sondern auch Personen, die durch diese Straftat geschädigt wurden. Sie werden auch Privatkläger genannt.

Als Geschädigte gelten somit im Rahmen des Strafverfahrens Leute, die in ihren Rechten verletzt wurden. Diese können beispielsweise einen Strafantrag gegen die Täterschaft stellen. Geschädigte gibt es häufig bei Vermögensdelikten.

Von Opfern einer Straftat sprechen die Strafjuristen, wenn jemand durch eine Straftat in seiner körperlichen, psychischen oder sexuellen Integrität beeinträchtigt worden ist. Diese Opfer haben bestimmte Rechte im Strafverfahren (siehe den Kasten auf der nächsten Seite).

Das gilt auch für ihre Angehörigen wie Ehegatten, Kinder und Eltern sowie allfällige weitere nahestehende Personen wie etwa Konkubinatspartner.

Opfer dürfen sich zum Beispiel von einer beliebigen Vertrauensperson begleiten lassen, wenn sie von der Polizei, von der Staatsanwaltschaft oder vom Gericht einvernommen werden. Und sie haben Anspruch auf gewisse Schutzmassnahmen und Informationen.

Opfer unter 18 Jahren haben zusätzliche Schutzansprüche, etwa bei der Gegenüberstellung mit der angeschuldigten Person.

Opfer von Straftaten sollen nicht verarmen

Zudem haben Opfer nach dem Opferhilfegesetz Ansprüche auf bestimmte Leistungen des Staates, wie zum Beispiel Beratung, aber auch medizinische, psychologische, materielle und juristische Hilfe (siehe Kasten auf der nächsten Seite).

Das Opferhilfegesetz soll verhindern, dass Betroffene mit tiefem Einkommen nach einer Straftat in einen finanziellen Engpass geraten.

Jeder Kanton verfügt über Beratungsstellen für Opfer, die über diese Ansprüche informieren (siehe Adressenliste im Anhang auf Seite 187 ff.).

Das Bundesgericht zur Opferhilfe

Das Bundesgericht musste sich schon etliche Male mit der Opferhilfe befassen: Im Folgenden sind ein paar Entscheide erwähnt, die die Grundsätze der Opferhilfe erläutern und präzisieren:

- **Kein Geld für Brandopfer.** Zwei Brandgeschädigte machten geltend, sie seien Opfer eines Mitbewohners geworden, der in Verdacht stand, ein Feuer gelegt zu haben. Doch die Strafuntersuchung gegen den «Täter» wurde rechtskräftig eingestellt.

Gestützt darauf durfte die Opferhilfestelle die Gesuche der Geschädigten ablehnen, sagt das Bundesgericht – weil keine Straftat und damit auch keine «Opferstellung» vorliege. Denn nur Opfer von Straftaten haben Anspruch auf Opferhilfe (Urteil1C_431/2007 vom 13.5.2008).

- **Irrtümlich verhaftet: Polizei beging keine Straftat.** Ein Unschuldiger wurde irrtümlich verhaftet. Die Polizei hatte angenommen, er sei ein bewaffneter mutmasslicher Drogenhändler. Als ihm die Polizeibeamten die Arme mit Gewalt auf den Rücken bogen, wurde er leicht verletzt.

Doch der Mann erhält keine Opferhilfe, weil das Gericht das Vorgehen der Polizisten nicht als rechtswidrig beurteilte. Der Irrtum könne ihnen nicht zum Vorwurf ge-

Fortsetzung auf Seite 147

Die Opferhilfe: Was Opfer von Straftaten vom Staat erhalten

Opferhilfe erhalten Personen, die durch eine Straftat in ihrer körperlichen, sexuellen oder psychischen Integrität beeinträchtigt wurden.

Oft erleiden Opfer durch eine Straftat einen grossen materiellen Schaden. Und ebenso oft sind die Täter finanziell nicht in der Lage, diesen Schaden zu ersetzen. Mit dem Opferhilfegesetz tritt der Staat an die Stelle des haftpflichtigen Täters: Er ersetzt den Haftpflichtschaden (oft nur teilweise) und zahlt eine Genugtuung. Beispiele für solche Straftaten sind:

- Gewaltdelikte (z. B. Tötung, Körperverletzung, Raub)
- Sexualdelikte (z. B. Vergewaltigung, sexuelle Nötigung)
- häusliche Gewalt (z. B. Körperverletzung, schwere Nötigung, Drohung)
- Verkehrsunfälle mit Verletzungs- oder Todesfolge.

Unter bestimmten Voraussetzungen können auch Angehörige oder andere nahestehende Personen des Opfers die Leistungen der Opferhilfe in Anspruch nehmen. Die Beratungsstellen geben darüber Auskunft (siehe Liste im Anhang auf Seite 187 ff.).

Die maximale materielle Entschädigung liegt bei 120 000 Franken – aber nur, wenn das Opfer über ein geringes Einkommen verfügt.

Die opferhilferechtliche Genugtuung beträgt höchstens 70 000 Franken für das Opfer und 35 000 Franken für Angehörige. Bei der Bemessung der Genugtuung spielt das Einkommen keine Rolle.

Die staatlichen Leistungen sind immer subsidiär, sie ergänzen also Zahlungen von anderer Seite, z. B. von Versicherungen.

Die Opferhilfe kommt nur bei Straftaten gegen Leib und Leben zum Zug. Vermögensdelikte fallen nicht darunter: Wer nach einem Einbruch oder durch Betrug einen Sachschaden erleidet, kann dafür vom Staat keinen Ersatz verlangen.

Nicht nur Geld, sondern auch Beratung. Die Opferhilfestellen müssen Opfer von Straftaten beraten; sie vermitteln auch angemessene medizinische, psychologische, soziale und juristische Hilfe.

Die Soforthilfe für die dringendsten Bedürfnisse nach der Straftat ist gratis. Für die längerfristige Hilfe kann die Opferhilfe je nach finanzieller Situation des Opfers oder seiner Angehörigen Kostenbeiträge zahlen.

Verfahrensrechte im Strafverfahren. Die Opferhilfe unterstützt Opfer auch im Strafverfahren und hilft ihnen, dort ihre Rechte durchzusetzen. Diese sind zum Beispiel:

- Recht, sich am Strafverfahren gegen den oder die Täter zu beteiligen und finanzielle Leistungen (Schadenersatz und Genugtuung) zu beantragen.
- Auf Antrag: Information über Entscheide der Behörden und Urteile der Gerichte.
- Recht auf Begleitung durch eine Vertrauensperson zu Befragungen durch Polizei und Behörden.
- Bei Sexualdelikten auf Antrag: Befragung durch eine Person des gleichen Geschlechts, Vermeidung der Begegnung mit dem Täter, Ausschluss der Öffentlichkeit bei der Gerichtsverhandlung und Besetzung des Gerichts mit mindestens einer Person des gleichen Geschlechts.

Für Kinder und Jugendliche sind spezielle Schutzbestimmungen vorgesehen.

Der Vollzug der Opferhilfe liegt bei den Kantonen. Diese haben entsprechende Beratungsstellen eingerichtet. Ein Opfer ist aber nicht verpflichtet, die Beratungsstelle in seinem Wohnkanton aufzusuchen; es kann sich vielmehr an jede andere anerkannte Stelle werden. Es gibt allgemeine und spezialisierte Beratungsstellen (zum Beispiel für Opfer von Sexualdelikten).

Alle wichtigen Infos finden Sie im Internet unter www.opferhilfe-schweiz.ch.

Fortsetzung von Seite 145

macht werden. Damit war der Mann kein «Opfer» im Sinne des Opferhilfegesetzes (Urteil 1C_45/2007 vom 30.11.2007).

■ **Opferhilfe trotz Erbschaft.** Ein Mann wurde in Ägypten getötet. Seine Mutter erbte von ihm 39 000 Franken. Von der Opferhilfe erhielt sie eine Genugtuung von 30 000 Franken. Ihre Kosten für Reisen, Anwälte usw. von 32 000 Franken wollte ihr der Kanton wegen der Erbschaft nicht ersetzen.

Falsch, sagt das Bundesgericht. Die Erbschaft spielt in diesem Zusammenhang keine Rolle, die Mutter bekommt den Ersatz für ihre Kosten (Urteil 1A.214/2006 vom 20.4.2007).

■ **Schuss in den Unterleib: Genugtuung von 70 000 Franken.** Ein junger Mann erlitt eine Schussverletzung im Unterleib. Dabei verlor er seine Fortpflanzungsfähigkeit, und sein Sexualleben ist seither beeinträchtigt.

Dafür hat ihm das Bundesgericht eine Genugtuung (nicht zu verwechseln mit dem Schadenersatz) von 70 000 Franken zugesprochen.

Genauer: 53 400 Franken Integritätsentschädigung der Unfallversicherung und 16 600 Franken der staatlichen Opferhilfe. Damit seien die durchgestandene Lebensgefahr, die Schmerzen und Operationen sowie das jugendliche Alter des Opfers angemessen berücksichtigt (Urteil 1A.181/2005 vom 19.1.2006).

■ **Keine Genugtuung für Eltern.** Ein Mädchen wurde von einem 15-Jährigen vergewaltigt; es muss nun von den Eltern praktisch ununterbrochen betreut werden. Von der Opferhilfe erhielt es in der Folge ein Schmerzensgeld von 20 000 Franken. Die Genfer Justiz sprach auch den Eltern eine Genugtuung von je 5000 Franken zu.

Diesen Zustupf von je 5000 Franken an die Eltern hat das Bundesgericht für unzulässig erklärt. Es erinnert in seinem Entscheid daran, dass Angehörige von Opfern von der Opferhilfe nur dann ein Schmerzensgeld zugut haben, wenn das Opfer getötet wurde oder wenn das seelische Leid der Angehörigen aussergewöhnlich gross ist. Das war im vorliegenden Fall nach Meinung der höchsten Richter in Lausanne nicht so (Urteil 1A.69/2005 vom 8.6.2005).

■ **Ersatz für Haushaltschaden.** Zu einem Schadenersatz der Opferhilfe gehört auch der Haushaltschaden – also die Beeinträchtigung der Fähigkeit, den Haushalt selber zu führen. Dazu hat das Bundesgericht bekräftigt: Ist eine teilinvalide Person in der Hausarbeit eingeschränkt, so erhält sie gemäss geltendem Gesetz in jedem Fall eine Entschädigung von der Opferhilfe.

Das gilt selbst dann, wenn die Person keine bezahlte Hilfskraft einstellt, sondern sie selber mehr

Aufwand hat, wenn sie gewisse Arbeiten nicht mehr ausführen kann, wenn Angehörige helfen oder wenn sie den Haushalt nicht mehr auf dem gewohnten Niveau weiterführen kann.

Damit ist der Haushaltschaden nach den gleichen haftpflichtrechtlichen Grundsätzen zu entschädigen, die gelten, wenn ein Täter für den Schaden des Opfers aufkommen muss (Urteil 1A.228/2004 vom 3.8.2005).

■ **Anspruch gegen die Versicherung geht der Opferhilfe vor.** Ein Mann, der mit einem Kopfstoss niedergeschlagen wurde, beantragte beim Amt für Sozialbeiträge Opferhilfe. Er erhielt nur 500 Franken, weil er seinerzeit gegenüber seiner Versicherung auf Ersatz seines Lohnausfalls und weitere Leistungen verzichtet hatte.

Das Bundesgericht stützte den Entscheid. Wer auf Versicherungsleistungen verzichte und trotzdem Opferhilfe wolle, handle rechtsmissbräuchlich (Urteil 1C_210/2010 vom 14.12.2010).

■ **Aussergerichtliche Einigung mit dem «Täter»: Kein Anspruch auf Opferhilfe.** Eine Frau wurde bei einem Autounfall verletzt. Darauf einigte sie sich mit dem schuldigen Autofahrer auf eine Entschädigung von 20 000 Franken und erklärte mit einer sogenannten Saldo-Klausel (siehe auch Seite 155), damit habe sie endgültig keine Ansprüche mehr an den Schuldigen. Dieser Vergleich erfolgte, weil ein Prozess teuer geworden und riskant gewesen wäre. Als die Frau anschliessend 140 000 Franken von der Opferhilfe wollte, blitzte sie ab.

Denn: Wer an einen Haftpflichtigen keine zivilen Ansprüche mehr hat, erhält keine Opferhilfe (Urteil 1C_256/2009 vom 8.2.2010).

8 Wenn die Versicherung nicht zahlen will
So setzen Sie Ihre Ansprüche durch

Wollen Sie Ansprüche bei einer Privatversicherung durchsetzen? Oder haben Sie Streit mit einer Sozialversicherung? Beim Prozessieren ist das ein entscheidender Unterschied, denn die Verfahren laufen verschieden ab.

Für Auseinandersetzungen zwischen versicherten Personen (oder Unternehmen) und den Versicherungsgesellschaften gibt es grundsätzlich zwei verschiedene Verfahren. Massgebend ist, ob es sich bei der Versicherung um ein Privatunternehmen handelt oder um eine öffentliche, meist obligatorische Versicherung. Die Details stehen im Kasten auf dieser Seite.

Zwei Arten von Versicherungen, zwei unterschiedliche Verfahren

Das sind Versicherungen, die dem Privatrecht unterstehen; hier landen Streitigkeiten vor zivilen Gerichten (gemäss den Regeln in Kapitel 6):

- Lebensversicherungen
- Autoversicherungen
- Rechtsschutz-Versicherungen
- Reiseversicherungen
- Hausrat- und Haftpflicht-Versicherungen.

Für Sozialversicherungen ist das Sozialversicherungsgericht oder Verwaltungsgericht zuständig (siehe Infos in diesem Kapitel). Es betrifft dies:

- Krankenkassen (obligatorische Grundversicherung; für Streitigkeiten aus freiwilligen Krankenkassen-Zusatzversicherungen sind die Zuständigkeiten in den Kantonen unterschiedlich)
- Pensionskassen (obligatorische Leistungen gemäss Gesetz und freiwillige überobligatorische Leistungen)
- AHV (Alters- und Hinterlassenenversicherung)
- Ergänzungsleistungen
- IV (Invalidenversicherung)
- Arbeitslosenversicherung
- Unfallversicherung
- Mutterschaftsversicherung.

Streit mit Privatversicherungen: Laien sind überfordert

Für Streitigkeiten gegen Privatversicherer gilt das zivilprozessuale Verfahren, wie es im Kapitel 6 geschildert ist.

Das bedeutet: Wer mit einer Versicherungszahlung nicht zufrieden ist oder einen Anspruch hat, den die Versicherung ablehnt, muss seine Forderung zunächst bei der örtlichen Schlichtungsbehörde geltend machen.

Anschliessend stehen den Versicherten die zivilen Gerichte offen: Am Anfang die erste, dann die zweite Instanz im Wohnkanton, anschliessend das Bundesgericht in Lausanne.

Dass zivilprozessuale Grundsätze gelten, macht das Vorgehen für Versicherte sehr schwierig: Sie müssen ihren Anspruch auf Franken und Rappen beweisen, sie sollten ihre Behauptungen untermauern können, und sie müssen auch die Höhe der finanziellen Forderung nachweisen, also schlüssig darlegen, warum sie von der Versicherung eine gewisse Leistung wollen. Und sie müssen auch selber allfällige Zeugen suchen.

Auch Haftpflicht-Fälle laufen im Zivilverfahren. Hier geht es nicht um die Ansprüche von versicherten Prämienzahlern an einen Versicherer, sondern um die Ansprüche von Geschädigten an die Versicherung eines «Täters», also beispielsweise eines Autofahrers. Damit stehen sich hier Opfer und Haftpflicht-Versicherungen gegenüber.

Autofahrerinnen und Autofahrer zum Beispiel sind gesetzlich verpflichtet, eine Haftpflicht-Versicherung abzuschliessen. Wenn dann ein Unfall passiert, bei dem Dritte geschädigt werden, muss die Haftpflicht-Versicherung des Autofahrers für die finanziellen Folgen aufkommen.

Ein anderes Beispiel: Wer beim Skifahren von einem Pistenrowdy umgefahren und verletzt wird, kann vom Raser Schadenersatz verlangen. Dazu muss er den Schaden beim Schuldigen einfordern – und zwar vor Gericht, falls sich der Schuldige querstellt.

Ohne Anwalt zu prozessieren ist grobfahrlässig

Verfahren um Versicherungsleistungen sind für Laien zu kompliziert. Wer gegen eine Versicherung ohne Anwältin oder Anwalt prozessiert, handelt grobfahrlässig. Denn Versicherungen verfügen über sehr gut ausgestattete Juristenabteilungen.

Aus diesem Grund sollten sich Geschädigte in einem Haftpflicht-Verfahren unbedingt anwaltlich vertreten lassen – und zwar von jemandem, der sich mit dem Haftpflichtrecht bestens auskennt.

Man sollte übrigens nicht zu lange zuwarten, bis man sich beraten lässt – denn es gibt im Versicherungsbereich Ansprüche, die bereits nach einem Jahr verjähren.

Sich von einer Fachperson helfen zu lassen, ist auch deshalb dringend angezeigt, weil Geschädigte selber kaum in der Lage sind, den finanziellen Schaden an Leib und Seele bzw. die finanzielle Einbusse zu berechnen (mehr Informationen dazu stehen im Kasten auf der nächsten Seite).

Die eigenen Anwaltskosten sind Teil des Schadens

Die Kosten des eigenen Anwalts sind Teil des Schadens. Das heisst: Die Versicherung muss beispielsweise einem Opfer nicht nur die Spitalkosten und den Lohnausfall zahlen, sondern auch den Anwalt, den das Opfer brauchte, um seinen Anspruch durchzusetzen.

Fortsetzung auf Seite 153

IN DIESEM KAPITEL

TIPP

Die finanziellen Ansprüche der Geschädigten: So wird gerechnet

Haftpflichtige müssen dem Opfer den vollen Schaden ersetzen. Das sind die verschiedenen Elemente des Schadens:

- **Heilungskosten.**

In erster Linie sind das Arzt- und Spitalkosten. Diese werden zwar in einem ersten Schritt von Unfallversicherung oder Krankenkasse übernommen. Doch Unfallversicherung und Krankenkasse werden später auf den Verursacher des Schadens zurückgreifen und das Geld bei ihm einfordern.

Auch die Bestattungskosten zählen zu den Personenschäden.

- **Lohnausfall.**

Wer einen Körperschaden erleidet, ist häufig für eine gewisse Zeit arbeitsunfähig und verdient weniger als früher oder gar nichts mehr. Die Berechnung des künftigen Lohnausfalls ist kompliziert. In der Regel zahlen die Versicherungen dafür eine einmalige Kapitalabfindung.

- **Versorgerschaden im Todesfall.**

Wird ein berufstätiges Familienoberhaupt getötet, verlieren seine nicht berufstätige Frau sowie die Kinder ihren Versorger. Deshalb hat die Familie noch Unterstützungsleistungen zugut.

- **Haushaltschaden.**

Wer keinen bezahlten Job hat, sondern eine Haushalttätigkeit ausübt, erleidet einen Haushaltschaden. Das gilt natürlich insbesondere für «hauptberufliche» Hausfrauen bzw. Hausmänner.

Falls dann die geschädigte Person deswegen für den Haushalt Hilfspersonen beiziehen muss, die verschiedene Hausarbeiten erledigen, so sind diese Kosten vom Haftpflichtigen zu übernehmen.

Ein Haushaltschaden wird aber auch angenommen, wenn für die Haushaltführung gar keine fremden (bezahlten) Hilfspersonen eingesetzt werden. Der Schädiger muss auch den wirtschaftlichen Wertverlust ersetzen, der durch die Beeinträchtigung der Arbeitsunfähigkeit des Opfers im Haushalt entsteht.

- **Pflege und Betreuungsschaden.**

Wer teil- oder vollinvalid wird, ist unter Umständen dauerhaft auf (professionelle) Dritthilfe angewiesen. Denkbar ist auch, dass permanente Heilungskosten dazukommen, etwa wenn jemand regelmässig und auf unabsehbare Zeit Medikamente einnehmen muss.

- **Sachschaden.**

Dazu gehören alle bei einem Unfall beschädigten persönlichen Utensilien und sonstigen Besitztümer des Geschädigten.

- **Vermögensschaden.**

Zu den Vermögensschäden gehören Schädigungen, die weder einen Personen- noch einen Sachschaden darstellen. Dabei wird das Vermögen vor und nach dem schädigenden Ereignis verglichen.

Ein Beispiel: Wenn sich eine fettleibige Patientin für 20 000 Franken operieren lässt, weil ihr der Arzt in Aussicht stellte, die Krankenkasse werde diese Kosten übernehmen, erleidet sie einen Vermögensschaden, falls die Kasse dann nicht bezahlt.

Die eigenen Anwaltskosten zählen ebenfalls zum Vermögensschaden.

- **Genugtuung.**

Ersetzen muss der Schädiger aber nicht nur den gesundheitlichen und materiellen, sondern auch den seelischen Schaden; das ist die Genugtuung, auch Schmerzensgeld genannt.

Die Summe wird vom Gericht festgelegt. Im Vergleich etwa zu den USA sind die in der Schweiz ausgezahlten Genugtuungssummen relativ klein.

Fortsetzung von Seite 151

Besteht also ein Schadenersatzanspruch, weil die Haftung des Verursachers bzw. seiner Versicherung grundsätzlich klar ist, müssen Unfallopfer wenigstens nicht hohe Anwaltskosten fürchten.

Allerdings: Wer mit seinem Anspruch vor Gericht abblitzt, muss nicht nur seinen eigenen Anwalt zahlen, sondern als unterlegene Partei auch noch die Gerichtskosten.

Und dazu vielleicht noch eine Parteientschädigung an die Privatperson oder an die Versicherung, gegen die man geklagt hat. Das alles kann unter Umständen sehr teuer werden.

Der Rechtsschutz übernimmt auch die Prozesskosten

In solchen Fällen ist eine Rechtsschutz-Versicherung von enormem Nutzen (siehe Details auf Seite 56 ff.). Ohne eine solche Hilfe müssen viele Geschädigte resignieren und kommen nie zu ihrem Recht.

Vorteil der Rechtsschutz-Versicherung: Sie stellt nicht nur einen Anwalt, sondern übernimmt auch die Prozesskosten – unabhängig davon, wie der Streit ausgeht.

Vergessen Sie aber nicht: Wenn der Unfall schon passiert ist, ist es für den Abschluss einer Rechtsschutz-Versicherung zu spät. Wer für solche Fälle gewappnet sein will, schliesst sie frühzeitig ab – am besten gleich beim Auszug aus dem Elternhaus.

Der Instanzenweg bei den Sozialversicherungen

Für Streitigkeiten mit Sozialversicherungen sind nicht die Zivilgerichte gemäss Kapitel 6 zuständig, sondern die kantonalen Sozialversicherungsgerichte oder Verwaltungsgerichte.

Es gibt also in jedem Kanton ein spezielles Gericht, das für Beschwerden und Klagen gegen Sozialversicherungen zuständig ist. (Welche Versicherungen das betrifft, steht im Kasten auf Seite 150.)

Noch ein Unterschied zum Zivilverfahren: Es gibt nur ein kantonales Gericht, also nicht zwei Instanzen wie im Zivilbereich.

Klagen und Beschwerden gegen Sozialversicherungen sind damit direkt bei diesen zuständigen Gerichten einzureichen – und nicht etwa bei der Schlichtungsbehörde.

Die Adressen der Sozialversicherungsgerichte in den Kantonen stehen im Anhang auf Seite 207 f.

Gegen Entscheide der kantonalen Versicherungsgerichte ist eine Beschwerde an das Bundesgericht möglich. Genauer: an die sozialrechtliche Abteilung, die in Luzern tagt (Adresse im Anhang auf Seite 208).

Gesetz verlangt einfaches und rasches Verfahren

Für alle Verfahren gegen Sozialversicherungen gelten im Prinzip die gleichen Grundsätze:

- Das Gericht muss den Sachverhalt von Amtes wegen prüfen. Das ist im Interesse von rechtsunkundigen Personen: Sie müssen nicht von Anfang an alle Beweise selber vorlegen und sie verlieren nichts, wenn sie nicht schon zu Beginn die richtigen Beweisanträge stellen.

- Zuständig ist das Versicherungsgericht des Kantons, in dem der Beschwerdeführer Wohnsitz hat.
- Bei Wohnsitz im Ausland ist das Gericht am letzten schweizerischen Wohnsitz oder am Sitz des letzten Schweizer Arbeitgebers zuständig.
- Für die Einhaltung der Fristen, die Akteneinsicht und die unentgeltliche Verbeiständung durch einen Gratis-Anwalt gilt das Gleiche wie bei den übrigen Verfahren (siehe Kapitel 3 zu den Kosten).
- Das Gesetz schreibt ein einfaches, rasches und für das kantonale Verfahren in der Regel kostenloses Gerichtsverfahren vor. Die klagende Partei muss in den meisten Fällen selbst dann keine Gerichtskosten übernehmen, falls sie den Prozess gegen die Sozialversicherung verliert.

Verfügung, Einsprache und Beschwerde

Das Besondere am Sozialversicherungsverfahren: Es beginnt in der Regel nicht beim zuständigen Gericht. Vielmehr müssen sich Versicherte zuerst mit der betreffenden Versicherung herumschlagen, also beispielsweise mit der IV, AHV, Unfallversicherung oder Arbeitslosenversicherung.

Das Vorgehen ist immer gleich: Wer beispielsweise verunfallt oder erkrankt ist oder ins AHV-Alter kommt, meldet dies der Versicherung. Diese klärt den Sachverhalt ab und erlässt eine formelle **Verfügung**, in der sie mitteilt, welcher Anspruch sich aus diesem Vorfall ergibt – etwa Taggelder, Renten und sonstige Beiträge.

Solche Verfügungen müssen eine Rechtsmittelbelehrung enthalten.

Wer mit einer solchen Leistungszusage oder -ablehnung nicht einverstanden ist, muss meist zuerst eine **Einsprache** machen – und zwar bei der Versicherung selber und nicht beim Gericht.

Die Versicherung geht dann nochmals über die Bücher und erlässt einen **Einspracheentscheid**.

Erst gegen diesen Entscheid ist eine Beschwerde an das Sozialversicherungsgericht möglich.

Ausnahmen von dieser Regel: Krankenkassen und Pensionskassen erlassen häufig keine Verfügungen. Hier können Unzufriedene mit ihrem Anliegen direkt zum Gericht (siehe Seite 157 f.).

Zuerst entscheidet die Versicherung

Das Besondere am Sozialversicherungsverfahren ist also: In der ersten Schlaufe ist es die Versicherung selber, die über die Ansprüche der Versicherten entscheidet.

Sie zieht dazu die vorhandenen ärztlichen Unterlagen der behandelnden Mediziner bei und gibt allenfalls zusätzliche externe Gutachten in Auftrag.

Die Kosten für diesen Aufwand trägt natürlich die Versicherung und nicht der «Kunde» – auch nicht für die externen Gutachter.

Das klingt vordergründig nach einem Vorteil für die Versicherten, – aber sie haben leider keine Garantie, dass externe Gutachter auch wirklich 100-prozentig objektiv sind.

Externe Gutachter erhalten pro Jahr tausende von Aufträgen; sie neigen deshalb dazu, die Interessen der Auftraggeber tendenziell stärker zu gewichten als jene der Versicherten.

Wirtschaftliche Abhängigkeit ist eine schlechte Basis für neutrales Handeln. Und patientenfreundliche Gutachter erhalten von den Versicherungen weniger Aufträge.

Folge: Viele Gutachten im Auftrag von Unfallversicherungen und Invalidenversicherung fallen eher versicherungsfreundlich aus, was die Stellung der Erkrankten und Verunfallten beeinträchtigt.

Dies führt in vielen Verfahren dazu, dass die Versicherten bzw. ihre Anwälte selber auch noch Gutachten über den Patienten einholen.

Geht es dann vor Gericht, so liegen immerhin verschiedene ärztli-

TIPP

Auch im Sozialversicherungsrecht sind Vergleiche möglich

Kompromisse sind auch bei sozialversicherungsrechtlichen Auseinandersetzungen denkbar. Die Versicherten dürfen sich also mit der Versicherung einvernehmlich auf eine bestimmte Leistung einigen.

Diese Möglichkeit sollten Betroffene immer prüfen. Denn Gerichtsverfahren sind nicht risikolos: Die Versicherungsgerichte können Beschwerden nicht nur abweisen – sie können sogar die bereits zugesprochenen Leistungen reduzieren. Nach einer solchen «Abfuhr» steht dann die versicherte Person noch schlechter da als vorher.

Allerdings: Bevor ein Gericht eine solche Reduktion beschliesst, muss es der betroffenen Person Gelegenheit geben, dazu Stellung zu nehmen. Und es muss ihr die Möglichkeit einräumen, die Beschwerde zurückzuziehen.

Vorsicht bei der Saldo-Quittung! Beachten Sie aber auch: Eine gütliche Einigung mit der Versicherung kann tückisch sein; es lohnt sich, die vorgeschlagene Vereinbarung von einer rechtskundigen Person überprüfen zu lassen.

Heikel sind vor allem die sogenannten Saldo-Quittungen. Es kommt immer wieder vor, dass eine Versicherung eine Schlussabrechnung präsentiert und dabei den Verzicht auf jede weitere Forderung verlangt, eine sogenannte «Leistung per saldo aller Ansprüche».

Die Folgen können verheerend sein. Während nämlich bei den Sozialversicherungen (zum Beispiel IV oder Unfallversicherung) eine einmal gesprochene Rente aufgrund des veränderten Gesundheitszustandes neu beurteilt werden kann, ist das bei den privaten Unfall- und Haftpflichtversicherungen grundsätzlich nicht der Fall, wenn eine Saldo-Quittung unterschrieben wurde.

In diesen Fällen muss damit gerechnet werden, dass bei einer Verschlechterung des Zustandes die Versicherung einwendet, man habe eine Saldo-Quittung unterschrieben.

Deshalb sollte man in jedem Fall bei der Unterzeichnung einen Vorbehalt anmelden und damit zum Ausdruck bringen, dass man nicht auf weitere Leistungen verzichtet, falls sich der unfallbedingte Gesundheitszustand unerwartet verschlechtert.

TIPP

Auf mündliche Auskünfte ist kein Verlass!

Im Umgang mit Versicherungen sollten Sie das Telefon im Grunde vergessen. Es gibt immer wieder Versicherungskunden, die sich telefonisch nach einer Leistung erkundigen, dann (scheinbar) eine Zusage erhalten oder eine Kostengutsprache – und am Ende enttäuscht sind, weil sie doch nichts erhalten.

Der **Tipp** ist deshalb klar: Verlassen Sie sich nie auf mündliche Aussagen von Mitarbeiterinnen oder Mitarbeitern; verkehren Sie grundsätzlich nur schriftlich (oder allenfalls per E-Mail). So haben Sie immer alle Zusagen oder Einwände schwarz auf weiss in der Hand.

Versicherte müssten eine telefonisch erteilte Kostengutsprache beweisen können – und das ist entweder schwierig oder unmöglich. Sich auf eine telefonische Kostengutsprache zu verlassen, ist also eine unsichere Sache. Lassen Sie sich solche Zusicherungen immer schriftlich geben.

che Expertisen vor. Die Gerichte stellen in der Regel auf das überzeugendere Gutachten ab oder holen noch ein drittes Obergutachten ein.

Ein ärztliches Gutachten kostet um die 10 000 Franken. Versicherte, die diesen Betrag für einen eigenen Experten nicht berappen können, sind bei den Sozialversicherungen – wie auch bei den Privatversicherungen – tendenziell im Nachteil.

Einsprachen gegen Verfügungen werden meistens abgelehnt ...

Einsprachen gegen eine Verfügung sind innert 30 Tagen schriftlich oder mündlich zu erheben.

Das Einspracheverfahren selber ist kostenlos. Wer allerdings dazu einen Anwalt beauftragt, muss dessen Honorar zahlen. Davon ausgenommen sind nur Leute, die Anspruch auf einen unentgeltlichen Rechtsbeistand haben (siehe Kapitel 3).

Wer beispielsweise eine Beschwerde gegen eine AHV-Verfügung macht, muss das Gesuch um einen Gratis-Anwalt ebenfalls bei der AHV einreichen.

Der Einspracheentscheid der Versicherung deckt sich häufig mit der Verfügung. Das heisst: Einsprachen werden überwiegend abgewiesen. Das erstaunt nicht: Für die Einsprache zuständig ist ja dieselbe Versicherung, die schon die Verfügung erlassen hat.

... deshalb kann man sich ans Versicherungsgericht wenden

Gegen den Einspracheentscheid der Sozialversicherung ist eine Beschwerde an das kantonale Versicherungsgericht möglich. Diese Beschwerde ist ebenfalls innert 30 Tagen einzureichen, und zwar schriftlich.

Die Beschwerde muss einen Antrag auf bestimmte Leistungen enthalten, eine Zusammenfassung des Sachverhalts sowie eine kurze Begründung. Ist die Beschwerde ungenügend begründet, so schickt sie das Gericht meist zur Verbesserung zurück.

Wer an einem Sozialversicherungsgericht prozessiert, muss also auch Formalitäten beachten – und deshalb ist es besser, sich anwaltlich beraten lassen.

Wer mit seinen Anträgen vor Gericht durchkommt, hat Anspruch auf eine Entschädigung, das heisst, die Versicherung muss ihm die entstandenen Anwaltskosten grundsätzlich ersetzen.

Die kantonalen Versicherungsgerichte verlangen in der Regel keine Gerichtskosten.

Entscheide der kantonalen Instanz können ans Bundesgericht in Luzern weitergezogen werden (siehe Seite 153). Die Frist für eine Beschwerde ans Bundesgericht beträgt ebenfalls 30 Tage seit Zustellung des Urteils des kantonalen Versicherungsgerichts.

Für Beschwerden ans Bundesgericht sollten Betroffene in jedem Fall einen Anwalt beiziehen, weil hier viele formale Vorschriften zu beachten sind; wer das nicht tut, schmälert seine Erfolgsaussichten massiv.

Das Bundesgericht darf Prozesskosten bis zu 1000 Franken erheben.

Noch ein Detail: Einsprache und Beschwerde einreichen gegen eine Versicherung dürfen alle, die davon betroffen sind. Das kann – etwa bei der Unfallversicherung – auch die Witwe des Verunfallten sein oder deren Kinder.

Das Gesetz sagt dazu, dieses Recht hätten alle, die durch eine Verfügung «berührt» seien und «ein schutzwürdiges Interesse» hätten.

Sonderfall Pensionskasse und Krankenkasse

Wie schon auf Seite 154 erwähnt: Krankenkassen und Pensionskasse erlassen häufig keine formellen Verfügungen. Wer beispielsweise einer Krankenkasse eine Rechnung zur Vergütung einschickt, erhält eine simple Abrechnung sowie eine Geldüberweisung aufs Konto.

Folglich gibt es bei diesen zwei Sozialversicherungen häufig auch keinen Umweg über die Einspra-

Ärzte als Richter in Weiss

Wer beim Gericht eine Forderung geltend macht, muss beweisen, dass er das verlangte Geld zugut hat. So lautet der wichtigste Grundsatz des Beweisrechts.

Invalidentaggeld und Invalidenrente setzen zum Beispiel eine Erwerbsunfähigkeit voraus. Diese liegt dann vor, wenn das Einkommen aus einer Berufstätigkeit aus gesundheitlichen Gründen ganz oder teilweise wegfällt.

Wer gegen eine Versicherung auf die Auszahlung eines Invalidentaggeldes klagt, muss deshalb beweisen, dass sein Einkommen gesunken ist oder ganz wegfiel und dafür gesundheitliche Gründe massgeblich sind.

Eine krankheitsbedingte Arbeitsunfähigkeit können Betroffene praktisch nur mit ärztlichen Gutachten erbringen, die die Arbeitsunfähigkeit belegen.

Die Versicherungen ihrerseits beauftragen auch wieder Ärzte, um das Gegenteil zu belegen. Deshalb steht in gerichtlichen Streitigkeiten sehr häufig Aussage gegen Aussage, Expertise gegen Expertise.

Das Gericht behilft sich in solchen Situationen häufig mit einer sogenannten Oberexpertise: Es beauftragt einen weiteren Arzt mit einem Gutachten. Schliesslich entscheidet es in der Regel den Streitfall gestützt auf das Ergebnis dieser selbst eingeholten Fachmeinung.

Fazit: Bei gesundheitlichen Problemen sind es vor allem die Ärzte, die entscheiden.

Der Rechtsweg in der Säule 3a

Wer bei einer Bank oder einer Versicherung mit der steuerbegünstigten Säule 3a spart, muss sich bei Streitigkeiten an das kantonale Versicherungsgericht wenden.

Im Vergleich zum Zivilverfahren hat dies den Vorteil, dass das Gericht den massgebenden Sachverhalt selber feststellt und das Verfahren meist kostenlos ist.

che bei der Versicherung; vielmehr geht ein Streit direkt ans Sozialversicherungsgericht.

Bei der Krankenkasse gilt dies übrigens nicht nur für die obligatorische Grundversicherung, sondern in einigen Kantonen auch für die freiwilligen Zusatzversicherungen.

Und bei den Pensionskassen gilt das Gesagte für obligatorische und überobligatorische (freiwillige) Pensionskassenanteile.

Zahlt z. B. eine Pensionskasse eine zu kleine Freizügigkeitsleistung aus oder verzinst sie das Altersguthaben nicht mit dem vorgeschriebenen Mindestzinssatz, so muss die versicherte Person beim kantonalen Versicherungsgericht Klage einreichen.

Dies gilt auch bei Streitigkeiten mit Freizügigkeitseinrichtungen – Bank oder Versicherungsgesellschaft – sowie bei Konflikten um die 3. Säule (siehe Kasten auf dieser Seite).

Zuständig für Klagen gegen eine Pensionskasse ist das Versicherungsgericht am Sitz der Pensionskasse oder allenfalls am Sitz des Betriebes, bei dem der Kläger arbeitet.

Für Klagen auf Leistungen der Pensionskasse gilt keine Mindestfrist. Allerdings gibt es Verjährungsfristen zu beachten: Das Gesetz sieht für Forderungen auf periodische Beiträge und Leistungen eine Verjährungsfrist von 5 Jahren vor, für «andere» Forderungen 10 Jahre.

Handelt es sich um Rentenansprüche, verjähren die Forderungen also nach 5 Jahren, da es sich um eine periodische Leistung handelt. Erst nach 10 Jahren würde hingegen eine Forderung nach einer höheren Freizügigkeitsleistung verjähren, weil diese Leistung nicht periodisch erfolgt.

Wer gegen eine Pensionskasse einen Rentenanspruch geltend machen will, kann diesen Anspruch also gegen den Willen der Versicherung für höchstens 5 Jahre rückwärts erheben, selbst wenn er bereits früher entstanden ist.

Die vor diesem Zeitraum entstandenen Ansprüche sind verjährt. Das heisst: Die Versicherung kann im Prozess geltend machen, die Forderung sei verjährt. Das muss sie aber nicht.

9 Bürger gegen Staat, Staat gegen Bürger
So streitet man mit der Verwaltung

Während im Zivilverfahren und in Strafprozessen die Verfahren nach einheitlichen Spielregeln ablaufen, gibt es für Streitigkeiten mit der staatlichen Verwaltung zahlreiche Varianten.

Bei Verwaltungsverfahren steht ein einzelner Bürger oder ein Unternehmen einer Verwaltungsabteilung des Bundes, des Kantons oder der Gemeinde gegenüber.

Das kann das Steueramt sein, bei Baubewilligungen das Bauamt, bei Führerausweisentzügen das Strassenverkehrsamt, bei Ausländerbewilligungen die Migrationsbehörde, bei Streitigkeiten über das Arbeitsverhältnis von öffentlichen Angestellten der Stadt- oder Regierungsrat, bei Fürsorgeleistungen das Fürsorgeamt oder bei schulischen Konflikten das Schulamt.

Das Problem dabei: Jede Gemeinde, jeder Kanton und auch der Bund regeln die Details für solche Verfahren nach eigenem Gutdünken. Es gibt folglich auf diesem Gebiet hunderte verschiedene Reglemente und Gesetze.

Einheitliche Verfahrensregeln, wie sie beispielsweise die überall geltende Zivilprozessordnung und die Strafprozessordnung festlegen, fehlen hier.

Die Rechtsmittelbelehrung klärt über das Vorgehen auf

Das ist aber nicht besonders nachteilig. Denn meistens entstehen Auseinandersetzungen mit den Behörden aufgrund einer Verfügung einer Amtsstelle. Und diese Verfügung enthält am Schluss eine sogenannte Rechtsmittelbelehrung (siehe Kasten auf Seite 91). Dort steht genau, innert welcher Frist man sich bei welcher Instanz gegen die Verfügung beschweren kann.

Behördliche Entscheide kann man über mehrere Instanzen weiterziehen. Meistens ist in den Kantonen das Verwaltungsgericht oder der Regierungsrat die letzte Instanz. In vielen Fällen können Betroffene bis ans Bundesgericht gelangen, wobei der Instanzenweg vorher teilweise noch über das Bundesverwaltungsgericht geht.

Eine Beschwerde ans Bundesgericht muss innert 30 Tagen seit der Zustellung des angefochtenen Entscheids erfolgen.

So unterschiedlich wie der Instanzenzug ist auch das anwendbare Recht. Dieses Kapitel bringt im Folgenden einige Beispiele aus den wichtigsten verwaltungsrechtlichen Rechtsgebieten.

Die Verfahrensregeln im Steuerrecht

Das passiert oft: Der Steuerbeamte ist mit Teilen der Steuererklärung nicht einverstanden und nimmt Veränderungen vor. Ist man mit solchen Änderungen nicht einverstanden, so kann man innert 30 Tagen nach Erhalt des Einschätzungsentscheids (in einigen Kantonen auch Veranlagungsverfügung genannt) Einsprache beim Steueramt erheben.

Bezüglich Bundessteuer muss man damit zuwarten, bis die Rechnung kommt (gegen den sogenannten Hinweis ist noch keine Einsprache möglich).

Einsprachen sollten unbedingt per Einschreiben erfolgen.

Die Einsprache sollte sowohl einen Antrag (was man anders haben möchte) als auch eine Begründung aufweisen. Zudem sind alle Beweismittel beizulegen (Fotokopien genügen). Will man persönlich vorsprechen, um sein Anliegen zu erläutern, so muss das ebenfalls im Brief stehen. Sonst wird aufgrund der Akten entschieden – und das kann Monate dauern.

Übrigens: Bei der provisorischen Einschätzung können Sie noch keine Einsprache machen.

Das Einspracheverfahren ist kostenlos.

Rekurs: Der Gerichtsweg kann teuer werden

Verläuft auch das Einspracheverfahren nicht wunschgemäss und ist man überzeugt, im Recht zu sein, so steht der Rekurs- oder Beschwerdeweg zur Verfügung – und zwar an die kantonale Rekurskommission und dann ans Verwaltungsgericht des Kantons.

Bei Verletzung des Bundesrechts kann man mit einer Beschwerde bis vor Bundesgericht gehen. Dies zum Beispiel, wenn andere Steuerpflichtige in vergleichbarer Situation anders behandelt werden, denn das wäre eine Verletzung des Gleichheitsgebots der Bundesverfassung.

Abzuwägen ist aber unbedingt die mögliche Kostenfolge im Verhältnis zum allfälligen Gewinn durch die Beschwerde. Denn im Gegensatz zur blossen Einsprache ist das Rekursverfahren nicht mehr kostenlos. Unterliegt man, so muss man nebst seinen Anwaltskosten auch die Verfahrenskosten bezahlen. Bekommt man recht, erhält man auf Antrag eine Entschädigung für seine Anwaltskosten.

IN DIESEM KAPITEL

Steuerumgehung und Steuerhinterziehung

Steuervermeidung oder auch Steueroptimierung, wie es manchmal so schön heisst, ist durchaus legal, solange man die Möglichkeiten nutzt, die im Gesetz und in den Verordnungen vorgesehen sind. Kritischer wird es bei der Steuerumgehung. Sie ist ein Missbrauch des Gesetzes und im Graubereich der Legalität.

Laut Bundesgericht liegt eine Steuerumgehung dann vor, wenn «die Rechtsgestaltung ungewöhnlich, sachwidrig oder absonderlich und den wirtschaftlichen Gegebenheiten völlig unangemessen erscheint». Kurzum, wenn der Steuerpflichtige eine abstruse Konstruktion gewählt hat, die zu nichts anderem dient, als Steuern zu sparen.

Eindeutig ist das der Fall bei 100 Sparkonten mit einem Zinsertrag von je knapp unter 200 Franken, um die Verrechnungssteuer zu umgehen.

Steuerumgehung ist nicht strafbar, aber es sind Nachsteuern auf den Betrag fällig, falls die Behörden sie nicht schon im Veranlagungsverfahren erkannt haben.

Steuerhinterziehung: Der Fiskus kennt kein Pardon

Wer gegenüber den Steuerbehörden falsche Angaben macht, beispielsweise Einkommen oder Vermögen verschweigt, begeht Steuerhinterziehung. Deswegen wird zwar nicht gerade die Polizei aufmarschieren, aber es droht neben dem Nachsteuer- auch noch ein Steuerstrafverfahren. Der Fiskus belegt den hinterzogenen Betrag mit der Nachsteuer und zusätzlich mit einer Strafsteuer.

Je nach Höhe des Betrags, nach Schwere des Vergehens und nach Kanton kann die Strafsteuer bis zum Fünffachen der Nachsteuer betragen.

Wer denkt, falsche Angaben seien nicht so einfach zu überprüfen, irrt sich. Dank eines ausgeklügelten Systems von Meldungen und Quervergleichen sind die Steuerbehörden recht gut auf dem Laufenden.

Solche Vergleiche nehmen sie unter anderem vor zwischen:

- Arbeitgeber und Arbeitnehmer
- Vermieter und Mieter
- Käufer und Verkäufer von Liegenschaften
- Mitgliedern von Erbengemeinschaften

Die Spielregeln im öffentlichen Arbeitsrecht

Wer von einer Gemeinde, einem Kanton oder dem Bund angestellt ist, kann sich mit seinen Ansprüchen nicht an die Arbeitsgerichte der Kantone wenden. Die Regeln des Zivilverfahrens (Kapitel 6) finden hier also keine Anwendung. Dies gilt jedenfalls für alle Festangestellten; bei Teilzeit- und Temporärangestellten sind Ausnahmen möglich.

Das bedeutet: Sämtliche Bestimmungen im Obligationenrecht zum Arbeitsrecht sind für öffentliche Angestellte irrelevant – ausser wenn in den Anstellungsbedingungen oder Arbeitsreglementen explizit auf das Obligationenrecht verwiesen wird. Das Vorgehen im Streitfall richtet sich demnach nach dem Verfahrensrecht der Gemeinde, von der man angestellt ist. Oder vom Kanton, bei dem man tätig ist. Für Bundesangestellte gilt das Verwaltungsrecht des Bundes.

Ein Trost: Die Anstellungsbedingungen von Gemeinden, Kantonen und Bund sind deutlich arbeitnehmerfreundlicher als die Bestimmungen des Obligationenrechts, die für private Arbeitsverträge gelten. Das ist nicht nur bei den Kündigungsfristen und den möglichen Kündigungsgründen so, sondern auch bei anderen Massnahmen der Vorgesetzten.

Das Gesagte gilt auch für die meisten Betriebe, die dem Bund, den Kantonen oder den Gemeinden gehören.

- Aktiengesellschaft und Aktionär bzw. Verwaltungsrat
- Gläubiger und Schuldner
- Lieferant und Einkäufer
- Mitgliedern von Gesellschaften.

Neuerdings verzichten Bund und Kantone bei freiwilliger Selbstanzeige einmalig auf Strafsteuern und fordern nur noch die Nachsteuern sowie die Verzugszinsen ein.

Wer nicht korrekt versteuertes Vemögen erbt, profitiert von tieferen Nachsteuern und Verzugszinsen, wenn er offenlegt, dass der Erblasser Steuern hinterzogen hat. Statt wie bis anhin für 10 Jahre müssen Erben nur noch für 3 Jahre Nachsteuern bezahlen.

Steuerbetrug: Fehlbare werden hart angepackt

Wer trotz Mahnung überhaupt keine Steuererklärung einreicht, wird von den Steuerbehörden nach Ermessen eingeschätzt. Er muss ebenfalls Nach- und Strafsteuern bezahlen, sofern die Schätzung zu tief ausgefallen war. Zusätzlich kann es beim Bund und in den Kantonen wegen der Verweigerung der Mitwirkungspflicht zu Bussen bis zu 10 000 Franken (oder noch höher) kommen.

Wer in seiner Steuererklärung nicht nur falsche Angaben macht, sondern auch gefälschte oder unwahre Belege dazu liefert, macht sich des Steuerbetrugs, allenfalls auch der Urkundenfälschung schuldig. Solche Urkunden sind zum Beispiel der Lohnausweis oder Geschäftsbücher.

Auf Steuerbetrug steht Gefängnis oder Busse bis 30 000 Franken. Darüber hinaus sind Nachsteuern und ein Mehrfaches an Strafsteuern fällig.

Auch das Bankgeheimnis bietet da keinen Schutz, denn in Steuerstrafverfahren sind auch die Banken auskunftspflichtig.

Administrative Massnahmen im Strassenverkehr

Nirgendwo verstossen Schweizerinnen und Schweizer häufiger gegen Gesetze als im Strassenverkehr.

Wer Strassenverkehrsregeln verletzt, wird mit einer Busse, in schwereren Fällen mit Haft oder Gefängnis bestraft.

Darüber hinaus muss der fehlbare Autolenker oder die fehlbare Autolenkerin neben der Strafe mit empfindlichen Massnahmen der Verwaltungsbehörde rechnen.

Dazu gehören unter anderem Verwarnung, Führerausweisentzug, Alkoholverbot, Verkehrsunterricht, medizinische oder psychologische Abklärungen. Ausserdem muss der Verkehrssünder die Verfahrenskosten berappen.

Ordnungsbussen für kleine Verkehrssünden

Leichte Verkehrsdelikte gelten als sogenannte Übertretungen (etwa nur geringe Überschreitung des zulässigen Höchsttempos); sie sind mit der entsprechenden Busse in der Ordnungsbussenliste aufgeführt. Je nach Art der Übertretung beträgt die Busse 20 bis 300 Franken

Weitere Konsequenzen muss ein solcher Verkehrssünder nicht befürchten, denn Leumund, Fahrverhalten, Vorstrafen usw. werden im Ordnungsbussenverfahren nicht untersucht.

Der Gebüsste bleibt anonym und wird nicht im Strafregister eingetragen – egal wie oft er zum Beispiel falsch parkiert. Verfahrenskosten werden auch nicht erhoben.

Wird die Busse innert 30 Tagen ab Empfang bezahlt, ist die Sache endgültig vom Tisch. Aber: Bezahlt der Autofahrer die Busse nicht oder zu spät oder erhebt er Einsprache, dann wird – wie bei schwereren Strassenverkehrsdelikten – das normale Strafverfahren angewandt. Und das kann teuer werden.

Ein kleiner Trost: Fälle, die im Ordnungsbussenverfahren abgehandelt werden können, haben keine Administrativmassnahme (wie

FRAGE

Parkverbot missachtet: Eine Umtriebsentschädigung zahlen?

Ich habe mein Auto ohne Berechtigung auf dem Besucherparkplatz einer Firma parkiert. Als ich zu meinem Auto zurückkehrte, klemmte unter dem Scheibenwischer ein Zettel. «Umtriebsentschädigung für Missachtung eines richterlichen Parkverbotes», stand darauf in fetter Schrift. Angeheftet war ein Einzahlungsschein für 50 Franken, zahlbar innert 14 Tagen. Muss ich etwas zahlen?

Es kommt darauf an. Wer auf privatem Grund ein richterliches Parkverbot missachtet oder beispielsweise in einem Parkhaus länger parkiert als erlaubt, kann zur Kasse gebeten werden.

Mit anderen Worten: Private dürfen eine solche Entschädigung verlangen. Bedingung ist aber, dass das Parkverbot auch klar erkennbar ist – beispielsweise mit einer Tafel, auf der gut sichtbar steht: «Unberechtigten ist das Führen und Aufstellen von Fahrzeugen aller Art auf dem Areal unter Androhung von Polizeibusse bis zu Fr. 200.– untersagt.»

Solche Umtriebsentschädigungen an Private dürfen aber nicht unbeschränkt hoch sein. Das Bundesgericht entschied 2004, ein Betrag von 30 Franken sei zulässig. Ob das auch für 50 Franken gilt, ist unklar. Dem Eigentümer sei der durch das Falschparkieren entstandene Aufwand zu ersetzen. Dazu gehören Personalkosten, Papier und Porto – nicht aber Ausgaben für allgemeine Überwachungs- und Sicherungsmassnahmen.

Zahlen Sie diese Umtriebsentschädigung nicht, kann eine Verzeigung bei der Polizei wegen Missachtung eines richterlichen Verbots die Folge sein.

Keine Bussen von Privaten! Private dürfen nicht selber büssen – aber sie können bei der Polizei eine Anzeige einreichen. Das tun sie oft, wenn die Umtriebsentschädigung nicht gezahlt wird. Es ist dann Sache des Richters, allenfalls eine Busse auszusprechen.

Übrigens: Gemäss Bundesgericht darf ein Grundeigentümer nicht wegen Nötigung bestraft werden, wenn er von Falschparkern auf seinem Grundstück unter Androhung einer Strafanzeige eine Umtriebsentschädigung von 30 Franken verlangt.

Eine Nötigung liege nur dann vor, wenn mit der Drohung versucht werde, eine überhöhte Zahlung zu erlangen.

z. B. Führerausweisentzug) zur Folge – selbst dann nicht, wenn das ordentliche Strafverfahren zum Zuge kommt, weil die Ordnungsbusse nicht innert Frist bezahlt wurde oder die Widerhandlung bestritten wird.

Ordentliches Verfahren für schwere und umstrittene Fälle

Schwerere Strassenverkehrsdelikte, die nicht in der Ordnungsbussenliste aufgeführt sind, ziehen ein ordentliches Verfahren nach sich.

Hier kann die Polizei dem Lenker nicht einfach einen Einzahlungsschein unter den Scheibenwischer klemmen, sondern muss ihn bei der zuständigen Strafbehörde verzeigen.

Diese beurteilt den Fall aufgrund der Polizeiakten und berücksichtigt dabei das Verschulden, das Vorleben und die persönlichen Verhältnisse des fehlbaren Automobilisten.

Die Kosten, die dieses Verfahren nach sich zieht, sind oft höher als die Busse selber und werden dem Lenker in Rechnung gestellt.

Übrigens: Bussen und Verfahrenskosten können von Kanton zu Kanton erheblich voneinander abweichen.

Gegen die Strafverfügung kann der Betroffene mit einer Einsprache die gerichtliche Beurteilung verlangen.

Aber Achtung: Die Gerichte sind in der Neubeurteilung frei. Sie können die Strafe nicht nur aufheben oder reduzieren, sondern auch erhöhen.

Zur Strafe kommen noch administrative Massnahmen...

Verkehrssünden, bei denen das normale Strafverfahren zur Anwendung kommt, sind mit der Bestrafung nicht erledigt. Sie werden von den Strafbehörden zusätzlich der Administrativbehörde (Strassenverkehrsamt, Motorfahrzeugkontrolle) gemeldet.

Diese prüft parallel oder im Anschluss ans Strafverfahren, ob erzieherische oder verkehrssichernde Massnahmen ergriffen werden müssen (Verwarnung, Führerausweisentzug, Verkehrsunterricht, Auflagen usw.).

...aber gegen Verfügungen kann man sich wehren

Bevor die Administrativbehörde endgültig entscheidet, darf sich der Autofahrer zu den Vorwürfen äussern. Gegen Verfügungen der Administrativbehörde kann er ein Rechtsmittel erheben – in der Regel an den Regierungsrat, je nach Kanton.

Zusammenfassend lässt sich also sagen: Bei schweren Delikten im Strassenverkehr drohen nicht nur Busse oder Haft, sondern auch Administrativmassnahmen wie der Führerausweisentzug.

Alle diese Straf- und Massnahmenentscheide können bis vor Bundesgericht weitergezogen werden. Die zulässigen Rechtsmittel, die Fristen und die nächste Rechtsmittelinstanz gehen aus der Rechtsmittelbelehrung hervor.

Achtung: Das Bundesgericht verlangt in Angelegenheiten des Strassenverkehrsgesetzes recht hohe Gerichtskosten von 2000 bis 4000 Franken.

Wenn Sie ein Bauvorhaben verhindern möchten

Baubewilligungen sind in erster Instanz meist Sache der Gemeinden. Trotzdem müssen je nachdem auch Umweltschutzgesetze, Raumplanungs- und Baugesetze der Kantone und des Bundes mitberücksichtigt werden.

Baugesuche werden in der Regel in der Gemeinde eingereicht, Einsprachen dagegen sind somit auch bei der Gemeinde geltend zu machen.

Das Problem dabei: Jede Person, die ein schutzwürdiges rechtliches Interesse geltend macht, hat je nach Kanton nur gerade 20 bis 30 Tage Zeit, um gegen ein Bauvorhaben Einwendungen zu erheben.

Baugesuche lesen und Baurechtsentscheid verlangen

Voraussetzung für ein Rechtsmittel ist zudem, dass man vom Entscheid überhaupt erfährt. Deshalb ist es wichtig, rechtzeitig den baurechtlichen Entscheid zu verlangen, den man allenfalls anfechten will.

Tipp: Lesen Sie die Ausschreibungen für Baugesuche im örtlichen Amtsblatt, sonst haben Sie die Frist schnell verpasst.

Gegner von Mobilfunkantennen unterstellen zum Beispiel den Mobilfunkbetreibern, dass sie die Baugesuche absichtlich in den Ferienzeiten publizieren lassen, damit sie möglicht übersehen werden.

Grundsätzlich ist man zur Einsprache gegen ein Bauvorhaben berechtigt, wenn man vom Bauvorhaben direkt betroffen ist. Nachbarn sind also in jedem Fall zur Einsprache berechtigt.

Tipp: Bevor Sie ein Rechtsmittel einreichen, sollten Sie sich auch über die Kosten informieren, die auf Sie zukommen können, falls Ihre Einsprache abgewiesen wird.

Diese Kosten sind je nach Gemeinde und Kanton sehr unterschiedlich.

Die Zuständigkeiten stehen im Einspracheentscheid

Weist die Gemeinde eine Einsprache gegen eine Baubewilligung oder einen anderen Bauentscheid ab, ist in der Regel eine Beschwerde oder ein Rekurs beim Kantonalen Baudepartement oder bei der Baurekurskommission möglich.

Wer zuständig ist, geht aus dem Einspracheentscheid direkt hervor.

Für einige Verfahren steht anschliessend noch das kantonale Verwaltungsgericht zur Verfügung und anschliessend eine Beschwerde ans Bundesgericht als letzte Instanz.

Mit der Gemeinde hat man es auch zu tun, wenn man beispielsweise mit den Wasser- oder Abwassergebühren nicht einverstanden ist. Ein konkretes Beispiel aus dem Kanton zeigt den Instanzenweg: Eine Baugenossenschaft aus Adliswil ZH war mit den Wasseranschlussgebühren der Stadt Adliswil nicht einverstanden. Die Technischen Betriebe erliessen eine Verfügung, die Einsprache dagegen ging an den Stadtrat, dann an den Bezirksrat Horgen, von dort zum Verwaltungsgericht des Kantons Zürich und schliesslich ans Bundesgericht in Lausanne.

Das Verfahren bei schulischen Streitigkeiten

Auch schulische Probleme können vor dem Richter enden – sogar vor Bundesgericht. Folgende Fälle sind typisch:

- Eltern von Kindern mit Lernschwierigkeiten fordern Schulgeld für eine Privatschule, während die Gemeinde ihr eigenes Schul- und Betreuungsprogramm auch für schwierige Kinder als ausreichend erachtet.
- Ein Schüler einer Wirtschaftsmittelschule wird wegen Disziplinlosigkeit schriftlich verwarnt und erhält ein Ultimatum. Er hatte unter anderem wiederholt die Hausaufgaben vergessen. Doch er störte den Unterricht weiter – etwa durch Schwatzen und SMS-Schreiben. Zudem vergass er oft das Unterrichtsmaterial und «spickte»

Streitigkeiten um das Ausländerrecht

Auch Ausländerinnen und Ausländer müssen sich nicht alles gefallen lassen. Ihre Rechtsansprüche ergeben sich aus dem Bundesgesetz über die Ausländerinnen und Ausländer, das die Kantone vollziehen.

Entsprechend ist die Praxis bei der Erteilung von Bewilligungen (Aufenthaltsbewilligung, Niederlassungsbewilligung usw.) von Kanton zu Kanton sehr unterschiedlich.

Rekurse und Beschwerden sind zuerst im Kanton möglich, anschliessend je nach geltend gemachter Rechtsverletzung sogar vor Bundesgericht.

Die zur Verfügung stehenden Rechtsmittel gehen jeweils aus dem behördlichen Entscheid selbst hervor: Am Schluss einer Verfügung über die Erteilung oder Nichterteilung einer Bewilligung steht, innert welcher Frist und an welche Instanz eine Beschwerde oder ein Rekurs zu richten ist.

Im Kanton ist dies in der Regel der Regierungsrat, danach häufig das Verwaltungsgericht.

Auf Bundesebene kommen als Beschwerdeinstanzen das Eidgenössische Justiz- und Polizeidepartement, das Bundesverwaltungsgericht sowie die verwaltungsgerichtliche Abteilung des Bundesgerichts in Lausanne in Frage.

Für viele ausländerrechtliche Entscheide ist bereits im Kanton Endstation. So können sich Ausländer zum Beispiel wegen einer verweigerten Einreise nicht mit einer Beschwerde an das Bundesgericht wenden.

Nicht anfechtbar sind in der Regel auch Bewilligungsentscheide, die im Ermessen der Behörde liegen und für die daher kein Rechtsanspruch besteht (z. B. vorläufige Aufnahme).

Auf Bundesebene nicht anfechtbar sind auch Wegweisungsentscheide der Polizei.

Hingegen kann die Verweigerung des Familiennachzugs von Aufenthaltern in bestimmten Fällen bis ans Bundesgericht – und allenfalls sogar bis nach Strassburg – weitergezogen werden.

Die Verweigerung von Verlängerungen von Grenzgängerbewilligungen oder eines Stellenwechsels von Personen mit Grenzgängerbewilligung können nicht nach Lausanne weitergezogen werden.

bei den Prüfungen. Und er verliess das Schulzimmer nicht, als er wegen Störens dazu aufgefordert wurde.

All das genügte, um ihn gestützt auf die Disziplinarordnung von der Kantonsschule auszuschliessen, entschied das Bundesgericht.

■ Ein Neunjähriger, der eine sonderpädagogische Kleinklasse besuchte, schlug einen Mitschüler blutig und griff auch Lehrpersonen gewalttätig an. Darauf schloss ihn die Kreisschulpflege für vier Wochen vom Unterricht aus und verordnete ihm eine Sonderschulung durch Einzelunterricht.

Diese Massnahmen waren verfassungskonform, sagt das Bundesgericht. Sie seien hier angebracht gewesen, um einen geordneten und effizienten Schulbetrieb aufrechtzuerhalten.

Vor dem Rechtsweg sollte man das Gespräch suchen

Steht in der Schule ein Problem an, ist es empfehlenswert, das Ge-

Die Billag kann einen Rechtsvorschlag selber beseitigen

Im Normalfall gilt: Gegen eine Betreibung kann man sich mit einem Rechtsvorschlag wehren. Wenn dann ein Gläubiger diesen Rechtsvorschlag beseitigen will, muss er sich ans Gericht wenden; dort wird überprüft, ob die Forderung zu Recht besteht. Kommt der Richter zum Schluss, die Forderung sei gerechtfertigt, erteilt er die sogenannte Rechtsöffnung.

Für gewisse Gläubiger gilt das nicht – sie können einen Rechtsvorschlag praktischerweise gleich selber beseitigen.

Das betrifft einige Verfügungen von schweizerischen Verwaltungsbehörden – also beispielsweise der Billag, die im Auftrag des Bundes die Radio- und Fernsehgebühren eintreibt. Und es gilt beispielsweise auch für rechtskräftige Steuerrechnungen und viele andere Verfügungen und Entscheide von Verwaltungsbehörden des Bundes, die vom Bürger eine Geldzahlung verlangen.

Diese Bestimmung kommt auch zum Zug, wenn man der AHV/IV/ALV Prämien schuldet. Falls man nicht zahlt und dann betrieben wird und Rechtsvorschlag erhebt, kann die Ausgleichskasse diesen Rechtsvorschlag in eigener Regie beseitigen, indem sie eine Verfügung erlässt.

Wehrt sich die Person nicht dagegen, wird aus dieser Verfügung ein definitiver Rechtsöffnungstitel (ohne dass ein Gericht die Sache prüfen musste) – und die Behörde kann das Fortsetzungsbegehren stellen, also die Pfändung einleiten.

Auch staatliche Bussen fallen darunter.

Wie man sich gegen solche Verfügungen und Entscheide von Verwaltungsbehörden des Bundes wehren kann, steht jeweils in der Rechtsmittelbelehrung, die auf jeder Verfügung steht.

Schuldner haben also dennoch Rechtsmittel zur Verfügung, mit denen sie den Verwaltungsentscheid und somit die Beseitigung des Rechtsvorschlags bekämpfen können.

Gegen eine Verfügung der Billag zum Beispiel, die den Rechtsvorschlag beseitigt, können Betroffene innert 30 Tagen (steht auf der Verfügung) beim Bundesamt für Kommunikation (Bakom) Beschwerde führen – und einen für sie negativen Entscheid ans Bundesverwaltungsgericht und allenfalls auch ans Bundesgericht weiterziehen.

Wehrt sich der Schuldner nicht gegen die Verfügung, so wird sie rechtskräftig, und die Billag kann damit das Fortsetzungsbegehren stellen.

spräch zu suchen. Zunächst wird die Lehrperson der Ansprechpartner sein. Je nach Schulgemeinde ist auch ein schulpsychologischer Dienst oder eine Sozialarbeiterin vorhanden, die eine sinnvolle Vermittlerrolle einnehmen können.

Auch die Schulbehörde ist in der Regel bereit, klärende Gespräche zu führen.

Fruchten aber alle diese Gespräche nichts und ist man nicht bereit, die Sache auf sich beruhen zu lassen, muss der Rechtsweg beschritten werden.

Beschwerde, Rekurs oder Einsprache

Wenn Schulbehörden etwas entscheiden, tun sie das in der Regel mit einer Verfügung. Die Verfügung ist eine Anordnung einer Verwaltungsbehörde (also auch eines Lehrers) in einem konkreten Einzelfall. Die Anordnung von Seiten der Schule oder einer Lehrperson hat immer dann Verfügungscharakter, wenn die rechtliche Position des Schülers tangiert ist.

Die Verfügung kann meistens durch Rekurs (oder Beschwerde oder Einsprache, je nach Kanton) angefochten werden. Das Rechtsmittel richtet sich immer an eine übergeordnete Behörde, sei dies die Schulbehörde, die Bezirksschulpflege, das Schulinspektorat oder das Erziehungsdepartement.

Mit 18 Jahren kann eine Schülerin oder ein Schüler selbständig ihre bzw. seine Rechte wahrnehmen.

Bem Einreichen eines Rekurses ist daran zu denken, dass er innerhalb einer Frist eingereicht werden muss.

Diese Fristen sind ebenfalls kantonal unterschiedlich geregelt, meist betragen sie 10 oder 20 Tage.

Die Frist beginnt, sobald die Anordnung bekannt ist (beispielsweise mit dem schriftlichen Prüfungsbescheid, gegen den man sich wehren will, oder mit der Verteilung des Zeugnisses, oder mit der Mitteilung, dass ein Klassenwechsel nicht bewilligt wird). Der Rekurs muss schriftlich eingereicht werden.

Wie formuliert man einen Rekurs?

Das Wichtigste bei einem Rekurs ist der Antrag. Der Rekurrent muss also sagen, was er an der Anordnung anders will. Beispielsweise eine Überprüfung der Zeugnisnote, eine Wiederholung der Prüfung oder die Bewilligung für den Klassenwechsel.

Zusätzlich muss im Rekurs begründet werden, weshalb man die erhaltene Anordnung nicht akzeptieren will.

Bei Anordnungen der Schule ist aber oft gar nicht ersichtlich, dass dagegen ein Rekurs ergriffen werden könnte, zum Beispiel bei Strafaufgaben oder Zeugnisnoten. Man kann sich nicht darauf verlassen, dass über die Rekursmöglichkeiten informiert wird.

Grundsätzlich kann gegen jedes Handeln der Schule rekurriert werden. Denn jedes Handeln der Schule stellt einen Verwaltungsakt dar und ist deshalb anfechtbar.

TIPP

Revision verlangen!

Viele Entscheide des Bundesgerichtes kann man weiterziehen an den Europäischen Gerichtshof für Menschenrechte (EGMR) in Strassburg. Doch aufgepasst: Wenn der EGMR anders entscheidet als das Bundesgericht, so wird das Urteil des Bundesgerichts dadurch nicht automatisch hinfällig. Man muss vielmehr eine Revision verlangen (siehe Details auf Seite 117 f.).

Das wurde einem Diabetiker zum Verhängnis, der gemäss Bundesgericht Wehrpflichtersatz zahlen musste. Er zog das Urteil nach Srassburg weiter und erhielt dort recht. Nun hätte er innert 90 Tagen die Revision verlangen müssen.

Diese Frist verpasste der Mann – und deshalb muss ihm der Bund den zu Unrecht bezahlten Wehrpflichtersatz nicht zurückerstatten.

Einzelne Schulgesetze sehen vor, dass Anordnungen eine Rechtsmittelbelehrung enthalten müssen; doch das ist nicht überall der Fall.

Aufsichtsbeschwerde und Wiedererwägungsgesuch

Da Rechtsmittelbelehrungen oft fehlen und die Vorgehensweise der Schule manchmal nicht sehr transparent ist, kann es vorkommen, dass die Rekursfrist verpasst wurde.

Hier besteht noch die Möglichkeit einer Aufsichtsbeschwerde oder eines Wiedererwägungsgesuchs. Sie sind an keine Fristen gebunden.

Die Aufsichtsbeschwerde richtet sich an die übergeordnete Behörde, das Wiedererwägungsgesuch an denjenigen, der die Anordnung getroffen hat, also beispielsweise an die Lehrperson, die die Zeugnisnote geschrieben hat.

Die Aufsichtsbeschwerde ist vor allem dort sinnvoll, wo Grundsätzliches beanstandet werden soll. Dies kann der Fall sein, wenn die übergeordnete Behörde aufmerksam gemacht und zum Handeln aufgefordert werden soll, wenn einer Lehrperson zum Beispiel immer wieder die Hand ausrutscht.

Eine Variante des vielfältigen Instanzenwegs bei schulischen Problemen zeigt das Verfahren, das ein Student einschlagen musste, der mit den Prüfungsnoten nicht einverstanden war. Die Verfügung erhielt er vom Dekanat der Rechtswissenschaftlichen Fakultät, an die er auch seine Einsprache richten musste.

Als der Fakultätsvorstand die Einsprache abwies, gelangte der Student mit einem Rekurs an die Rekurskommission der Zürcher Hochschulen, von da ans Verwaltungsgericht und schliesslich ans Bundesgericht.

10 Anhang 1

Die Rechtsauskunftsstellen der kantonalen Anwaltsverbände

Aargau/Bezirk Aarau

Aarau	Städtisches Rathaus, Rathausgasse 1, jeden Montag, 17.30–18.30 Uhr (ausgenommen Schulferien und Feiertage)
Suhr	Gemeindehaus, jeden 1. Montag des Monats, 18.00–19.00 Uhr
Bezirk Baden	
Baden	Stadthaus, jeden Dienstag, 12.00–13.00 Uhr
Fislisbach	Gemeindehaus, jeden 1. Dienstag des Monats, 17.30–18.30 Uhr
Neuenhof	Gemeindehaus, alle 14 Tage, montags, 17.30–18.30 Uhr
Niederrohrdorf	Gemeindehaus, jeden 3. Donnerstag des Monats, 18.30–19.30 Uhr
Oberrohrdorf	Gemeindehaus, jeden 1. Donnerstag des Monats, 18.00–19.00 Uhr
Obersiggenthal	Gemeindehaus, jeden letzten Dienstag des Monats, 17.30–18.30 Uhr
Spreitenbach	Gemeindehaus, alle 14 Tage, dienstags, 17.30–18.30 Uhr
Wettingen	Rathaus, jeden Donnerstag, 18.00–19.00 Uhr
Würenlos	Gemeindehaus, jeden 3. Donnerstag des Monats, 18.30–19.30 Uhr
Bezirk Bremgarten	
Bremgarten	jeweils Dienstagabend, 18.30–20.00 Uhr, Rathaus, 2. Stock, Zimmer 202 (alternierend mit Wohlen)
Wohlen	Gemeindehaus, Erdgeschoss (genaue Daten gemäss Aushang in allen Gemeindeverwaltungen des Bezirks)
Bezirk Brugg	
Windisch	Gemeindehaus, Dohlenzelgstrasse 6, jeden 1. und 3. Mittwoch des Monats, 17.30–18.30 Uhr (ausgenommen 6. Juli 2011)
Bezirk Kulm	
Unterkulm	Bezirksgebäude, jeden 1. und 3. Donnerstag des Monats, 17.00–18.00 Uhr
Schöftland	Schloss, ein Montag pro Monat gem. sep. Anzeige, 18.00–19.00 Uhr
Bezirk Laufenburg	
Laufenburg	Rathaus, jeden 1. Montag des Monats, 17.30–18.30 Uhr (ausgenommen Schulferien)
Frick	Gemeindehaus, jeden 3. Montag des Monats, 17.30–18.30 Uhr (ausgenommen Schulferien)
Bezirk Lenzburg	
Lenzburg	Rathaus, zwei bis drei Montage im Monat gemäss separater Anzeige, 17.30–18.30 Uhr
Bezirk Muri	
Muri	Gerichtsgebäude, jeden 1. Dienstag des Monats, 18.30–19.30 Uhr
Sins	Gemeindehaus, jeden 3. Dienstag des Monats, 18.30–19.30 Uhr
Bezirk Rheinfelden	
Rheinfelden	Rathaus, jeden 1. Mittwoch des Monats, 17.30–19.00 Uhr
Bezirk Zofingen	
Aarburg	Sitzungszimmer des Kurthauses, jeden 1. Mittwoch des Monats, 17.00–18.30 Uhr
Oftringen	in der Regel 2. und 4. Montag des Monats, 17.30–18.30 Uhr, Zwischentrakt Schulhaus/Turnhallen

Zofingen	Kustorei/Thutplatz, jeden 2. und 4. Montag des Monats, 17.00–18.30 Uhr

Bezirk Zurzach

Böttstein	Gemeindehaus Kleindöttingen, ein Montag pro Monat gem. sep. Anzeige, 18.00–19.00 Uhr
Döttingen	Gemeindehaus, ein Donnerstag pro Monat gem. sep. Anzeige, 18.00–19.00 Uhr
Klingnau	Schloss Klingnau, ein Donnerstag pro Monat gem. sep. Anzeige, 18.00–19.00 Uhr
Leuggern	Gemeindehaus, ein Montag pro Monat gem. sep. Anzeige, 18.00–19.00 Uhr
Bad Zurzach	Rathaus, ein Donnerstag pro Monat gem. sep. Anzeige, 18.00–19.00 Uhr

Appenzell AI/AR

Appenzell	Landeskanzlei, Marktgasse 1, jeweils am 1. Mittwoch im Monat, 17.00–18.30 Uhr
Heiden	Gemeindehaus, Kirchplatz 6, jeweils am 1. Mittwoch im Monat, 17.00–18.30 Uhr
Herisau	Gemeindehaus, Poststrasse 6, jeweils am 1. Mittwoch im Monat, 17.00–18.30 Uhr
Teufen	Gemeindehaus, Dorf 9, jeweils am 1. Mittwoch im Monat, 17.00–18.30 Uhr

Basel-Landschaft

Reinach	In den Räumen der Gemeindeverwaltung, Hauptstrasse 18, Sitzungszimmer Nr. 003, Erdgeschoss, am 1. und 3. Dienstag des Monats ab 17.00 Uhr, Unkostenbeitrag Fr. 10.–

Basel-Stadt

	GGG Sekretariat, Schmiedenhof, Rümelinsplatz 6 (1. Stock), 4051 Basel, jeden Donnerstag, 17.00–18.00 Uhr, ohne Voranmeldung, Unkostenbeitrag Fr. 10.–

Bern

Stadt Bern	Bundesgasse 16, 3011 Bern, Tel. 031 312 53 53, jeden Donnerstag von 17.00 bis 19.30 Uhr und jeden Samstag von 9.00 bis 12.00 Uhr (während der Ferienzeit bleibt die Rechtsauskunftsstelle geschlossen)
Belp	Dorfschulhaus, 3123 Belp, jeden 1. und jeden 3. Freitag des Monats von 16.00 bis 18.30 Uhr
Thun	Frutigenstrasse 29, 3600 Thun, jeden 1. und 3. Mittwoch des Monats von 17.00 bis 19.00 Uhr

Langenthal	Verwaltungszentrum, Jurastr. 22, 4900 Langenthal, Zimmer U 03, jeden 1. Samstag des Monats von 8.30–11.00 Uhr
Burgdorf	Kirchbühl 19, 3400 Burgdorf, alle 14 Tage freitags von 17.30–19.00 Uhr (Publikation im Amtsanzeiger)
Biel	Alexander-Schöni-Strasse 18, 2500 Biel, Voranmeldung bei Frau Palma, Wohnungsamt, Tel. 032 326 25 71, jeden Donnerstag von 17.00 bis 19.30 Uhr
Seeland	Amtshaus Aarberg, Sitzungszimmer 1. Stock, 3270 Aarberg, Voranmeldung erforderlich, Gemeindeverwaltung, Stadtplatz 46, Tel. 032 391 25 20, einmal monatlich, an einem Samstag von 9.00–12.00 Uhr
Courtelary/ Moutier/Tavannes	Courtelary (032 944 16 01), Moutier (032 494 11 11) oder Tavannes (032 481 23 34), Anmeldung beim jeweiligen Gemeindesekretariat, jeweils montags zwischen 16.00 und 19.00 Uhr, abwechslungsweise bei den drei Gemeinden

Freiburg

	Maison Bourgeoisiale, Alpenstrasse 10, 1700 Freiburg, Dienstag, ab 17.00 Uhr, ohne Voranmeldung

Genf

	Permanence juridique de l'Ordre des Avocats 13, rue Verdaine, 1204 Genf, Tel. 022 310 24 11, Montag bis Freitag, 10.00–18.30 Uhr

Glarus

	Gerichtshaus, 1. Stock (Anwaltszimmer), Spielhof, 8750 Glarus, jeden 1. Mittwoch des Monats, 17.00–19.00 Uhr

Graubünden

Chur	Jeden Samstag, von 9.00 – 11.00 Uhr, in Chur, Pfisterstube/Trauungszimmer, Kornplatz 10 (mit Ausnahme der Samstage vor Ostern, Pfingsten, Weihnachten und Neujahr)
Prättigau/Davos	Jeden 1. Samstag im Monat (mit Ausnahme der Monate Januar, April und August) von 10.00–11.00 Uhr, und zwar alternierend in Davos (Rathaus Davos-Platz, 1. Stock, Sitzungszimmer Nr. 11) und in Klosters (Rathaus, Parterre, Sitzungszimmer Nr. 1)
Oberengadin	Altes Schulhaus, Plazza da Scuola, St. Moritz, jeden 1. Samstag im Monat, 10.00–11.00 Uhr (mit Ausnahme der Monate Januar, April und August)
Bündner Oberland	Jeden 1. Samstag in den Monaten Februar, Mai, September, Oktober und Dezember, von 10.00–11.00 Uhr, Casa Cumin, Ilanz, Pausenzimmer, 2. Stock

Jura

Delémont	Auskünfte durch den Präsidenten des Jurassischen Anwaltsverbandes, Me Jean-Marie Allimann, Av. de la Gare 41, Case postale 411, 2800 Delémont 1, Tel. 032 422 32 22

Luzern

Luzern	Zentral- und Hochschulbibliothek, Sempacherstrasse 10, 6003 Luzern, Mittwoch, 17.00–19.00 Uhr. Obligatorische Voranmeldung: Tel. 041 418 81 35
Horw	Gemeindehaus, jeden zweiten Dienstag, 17.00–18.00 Uhr (Auskunft unter Tel. 041 349 11 11)

Neuenburg

Neuenburg	Auskünfte durch einen praktizierenden Rechtsanwalt, geöffnet jeden Mittwoch, von 16.00–19.00 Uhr, rue des Beaux-Arts 11, 2000 Neuenburg
La Chaux-de-Fonds	Auskünfte durch einen praktizierenden Rechtsanwalt, geöffnet jeden Donnerstag, von 16.00–19.00 Uhr, rue de la Serre 62, 2300 La Chaux-de-Fonds. (Keine Auskünfte während der Sommerferien und über Neujahr.)

Schwyz	Jeden Monat bei anderen Verbandsmitgliedern, keine bestimmten Öffnungszeiten, weitere Angaben unter www.avsz.ch

Solothurn

	Gegen einen Unkostenbeitrag von Fr. 30.– ist ein Gutschein für eine Konsultation bei einem Anwalt des Solothurnischen Anwaltsverbandes erhältlich.
Solothurn	Rötistrasse 22, 4500 Solothurn, Tel. 032 625 18 09
Grenchen	Dammstrasse 14, 2540 Grenchen, Tel. 032 654 99 05
Olten	Ringstrasse 15, 4603 Olten, Tel. 062 212 91 28
Dornach	Nepomukplatz 3, 4143 Dornach, Tel. 061 701 72 32
Oensingen	Hauptstrasse 36, 4702 Oensingen, Tel. 062 388 04 89

St. Gallen

St. Gallen	Bleichestrasse 11, 1. Stock (Frauenzentrale), 9000 St. Gallen, jeden Donnerstag, 16.30–19.00 Uhr, unentgeltliche Rechtsberatung
Altstätten	(Rathaus 1. Stock, Sitzungszimmer 1), 9450 Altstätten, 15.00–18.00 Uhr (Daten siehe http://www.anwaltsverband sg.ch/rechtsauskuenfte.php), unentgeltliche Rechtsberatung
Buchs	Rathaus (Vermittlerzimmer im Parterre), 9470 Buchs, jeden 2. Mittwoch in geraden Monaten, 15.00–18.00 Uhr, unentgeltliche Rechtsberatung

Sargans	Altes Rathaus, Städtchenstrasse 43 (Sitzungszimmer 2), 7320 Sargans, jeden 1. Montag in ungeraden Monaten, 15.00–18.00 Uhr, unentgeltliche Rechtsberatung
Wattwil	Gemeindehaus (Parterre, Zimmer 5), 9630 Wattwil, jeden 2. Montag des Monats, Türöffnung ab 15.30 Uhr, Beginn der unentgeltlichen Rechtsberatung um 16.00 Uhr, Ende um 18.00 Uhr
Wil	Baronenhaus, Marktgasse 73 (1. Stock, Zimmer 10), 9500 Wil, jeden 1. und 3. Dienstag des Monats, Türöffnung ab 15.30 Uhr, Beginn der unentgeltlichen Rechtsberatung um 16.00 Uhr, Ende um 18.30 Uhr

Tessin

Castagnola	Piazza Cattaneo, 1. Voranmeldung: Tel. 091 682 95 61. Jeden 1. und 3. Dienstag Nachmittag von 14.00–18.30 Uhr.
Giubiasco	Piazza Grande 63. Voranmeldung: Tel. 091 682 95 61. Jeden 2. Dienstag Nachmittag von 14.00 bis 18.30 Uhr

Thurgau	Jeden 1. Samstag des Monats von 10.00–12.00 Uhr in den Bezirkshauptorten gemäss Ankündigungen in der Presse. Weitere Informationen im Internet unter http://www.tav.ch
Nidwalden	Jeweils am dritten Donnerstag Nachmittag des Monats von 14.00–18.00 Uhr wird eine unentgeltliche Rechtsauskunft angeboten. Publikation: Nidwaldner Amtsblatt
Obwalden	Jeweils am ersten Donnerstag Nachmittag des Monats von 14.00–18.00 Uhr wird eine unentgeltliche Rechtsauskunft angeboten. Publikation: Obwaldner Amtsblatt
Uri	Jeweils am 1. und 3. Donnerstag des Monats wird eine unentgeltliche Rechtsauskunft angeboten. Publikation: Urner Amtsblatt und www.urilaw.ch

Waadt

Lausanne	8, rue du Grand-Chêne, Postfach 7056, 1002 Lausanne, Tel. 021 320 20 60, www.oav.ch, Montag, Dienstag und Donnerstag, 16.00–19.00 Uhr, ohne Voranmeldung, Fr. 40.– für ca. 15 Min.
Nyon	17, rue des Marchandises, 1260 Nyon, Tel. 021 320 20 60, www.oav.ch, jeden Donnerstag von 17.00–19.00 Uhr, keine Voranmeldung, Preis Fr. 40.– für eine Beratung von ca. 15 Minuten.
Vevey	2, rue Ancienne-Monneresse, 1800 Vevey, Tel. 021 320 20 60, www.oav.ch, jeden Donnerstag von 17.30–19.00 Uhr, keine Voranmeldung nötig, (limitierte Platzzahl), Preis Fr. 40.– für eine Beratung von ca. 15 Minuten.

Yverdon	8A, rue des Pêcheurs, 1400 Yverdon, Tel. 021 320 20 60, www.oav.ch, jeden Donnerstag von 17.30–19.00 Uhr, keine Voranmeldung, Preis: Fr. 40.– für eine Beratung von ca. 15 Minuten.

Wallis

Sion	Walliser Anwaltsverband, Rue de la Dent-Blanche 8, 4. Stock; Kontakt: Me Robert Wuest, Tel. 027 455 43 33, ttp://www.oavs.ch, jeden Dienstag von 17.00 – 19.00 Uhr. Die Rechtsauskunftsstelle bleibt während der Sommermonate Juli und August, zwischen Weihnachten und Neujahr sowie an Feiertagen geschlossen.
Monthey	Ehemaliges Städtisches Ratshaus, Ratssaal (Erdgeschoss); Kontakt: Me Henri Carron, Tel. 024 471 58 72. Die Rechtsauskunftsstelle ist jeweils am 1. und 3. Dienstag des Monats von 17.00 – 18.30 Uhr geöffnet.

Zug

Die unentgeltliche Rechtsauskunft des Zuger Advokatenvereins findet jeweils am ersten (sofern möglich) Donnerstag im Monat von 16.30 – 19.30 Uhr, im Siehbachsaal, Chamerstrasse 33, 6300 Zug (ehemaliges Bürgerasyl), statt. Eine Voranmeldung ist nicht notwendig. Pro ratsuchende Person stehen maximal 20 Minuten zur Verfügung. Schriftliche Auskünfte werden nicht erteilt. Über die Beratung wird keine Korrespondenz geführt. Die Termine für unentgeltliche Rechtsauskunft finden Sie unter www.advokaten-zug.ch.

Zürich

Stadt Zürich	Kreisgebäude 7 (Kreuzung Freie-/Hottingerstrasse), Gemeindestrasse 54, 8032 Zürich, Montag und Donnerstag, 14.00–16.00 Uhr, Dienstag und Mittwoch, 17.00-19.00 Uhr
Oerlikon	Regensbergstrasse 108, Schulhaus Halde A (4. Stock), 8050 Zürich, Sprechstunde Montag 19.00–21.00 Uhr
Bülach	Marktgasse 27, 4. Stock (vis-à-vis Rathaus), 8180 Bülach, jeden 2. Montag, 17.30–19.00 Uhr (gemäss Ausschreibung)
Niederhasli	Dorfstrasse 9, 8155 Niederhasli, jeden 2. Montag, 17.30–19.00 Uhr (gemäss Ausschreibung)
Dübendorf	Schulhausstrasse 8, 8600 Dübendorf, jeden Donnerstag, 18.45–19.45 Uhr (unentgeltlich nur für die Einwohner der Gemeinden Dübendorf, Schwerzenbach, Volketswil und Wangen-Brüttisellen)
Thalwil	Gemeindehaus, 1. Stock, Landstrasse 112, 8800 Thalwil, jeden 2. Mittwoch, 17.30 – 19.00 Uhr (gemäss Ausschreibung)

Anhang 2
Anlaufstellen für Rechtsauskünfte

Beratungsangebote der Gerichte in den Kantonen

Vorbemerkung: Nur wenige Gerichte bieten eine allgemeine Rechtsberatung an. Beachten Sie aber, dass Sie sich mit Fragen zum Mietrecht grundsätzlich an die zuständigen Schlichtungsbehörden wenden können. Diese Adressen stehen auf Seite 194 ff.

Aargau
Die Gerichte im Kanton Aargau erteilen grundsätzlich keine Rechtsauskünfte.

Appenzell Ausserrhoden
Im Kanton Appenzell Ausserrhoden erteilen die Gerichte telefonische und schriftliche Auskünfte ausschliesslich in formellen Belangen; zu materiell-rechtlichen Fragen werden keine Auskünfte erteilt.

Appenzell Innerrhoden
Keine Auskünfte durch die Gerichte.

Basel-Landschaft
Die Bezirksgerichte erteilen Rechtsauskunft in Fragen des Privatrechts (Eherecht, Scheidung, Erbrecht, Nachbarrecht, Kauf- und Werkvertragsrecht, Arbeits- und Mietrecht usw.). Keine Rechtsauskunft gibt es in Fragen des öffentlichen Rechts (Bauzonenfragen, Sozialversicherungen, Steuern usw.). Komplizierte Fragestellungen, die ein Aktenstudium erfordern, eignen sich nicht für die unentgeltliche Rechtsauskunft.

- Bezirksgericht **Arlesheim**
Domplatz 7, 4144 Arlesheim
Tel. 061 552 80 00
Telefonische Rechtsauskunft:
Mi 14 bis 17 Uhr
Tel. 061 552 80 20
Persönliche Rechtsauskunft:
Domplatz 5 (Hofeingang)
Mo 14 bis 17 Uhr
- Gemeindeverwaltung **Binningen**
Curt Goetz-Strasse 1
4102 Binningen
Persönliche Rechtsauskunft:
Jeden 1. und 3. Fr im Monat, 14 bis 16 Uhr (ausser Schul- und Sommerferien)
- Bezirksgericht **Laufen**
Hintere Gasse 52, 4242 Laufen
Tel. 061 765 37 55
Persönliche Rechtsauskunft:
Mi 14 bis 16 Uhr
- Bezirksgericht **Liestal**
Bahnhofplatz 16
4410 Liestal
Tel. 061 552 57 94
Telefonische Rechtsauskunft:
Mo, Mi und Fr 14 bis 15 Uhr
Persönliche Rechtsauskunft:
Mo ganzer Tag auf telefonische Voranmeldung
- Bezirksgericht **Sissach** und **Gelterkinden**
Hauptstrasse 108/110
4450 Sissach
Tel. 061 976 90 40
Persönliche und telefonische Rechtsauskunft:
Mo 13.30 bis 17 Uhr
- Bezirksgericht **Waldenburg**
Hauptstrasse 72
4437 Waldenburg
Tel. 061 552 66 93
Persönliche Rechtsauskunft:
Täglich 8 bis 12 und 14 bis 17 Uhr

Basel-Stadt

■ Das Zivilgericht bietet jeweils Mo und Fr Nachmittag (ab 14 Uhr) eine öffentliche Rechtsauskunft im Gerichtsgebäude zu allgemeinen zivilrechtlichen Fragen.
Zivilgericht Basel-Stadt
Bäumleingasse 5
4051 Basel
Tel. 061 267 64 02

■ Das Erbschaftsamt (Rittergasse 10) gibt Rechtsauskünfte in Erbsachen jeweils am Mo und am Mi zwischen 10 und 12 Uhr. Die Rechtsauskünfte erfolgen im Rahmen von Sprechstunden (keine telefonischen Auskünfte).

■ Eine spezielle Audienz (Sprechstunde) in Ehe- und Familienrecht findet jeweils beim Zivilgericht statt (Di und Do Nachmittag ab 14 Uhr).
Zivilgericht
Bäumleingasse 5, 4051 Basel
Tel. 061 267 64 02
www.zivilgericht.bs.ch

■ Telefonische Rechtsauskunft
Sozialversicherungsgericht
Basel-Stadt
Birsigstrasse 45
4002 Basel
Tel. 061 205 58 58
(Di und Do, 11 bis 12 Uhr)

Bern

Keine Auskünfte durch die Gerichte. Die regionalen Schlichtungsbehörden erteilen unentgeltlich einfache Rechtsauskünfte am Telefon oder persönliche Rechtsauskünfte in den Sprechstunden. Es werden nur mündliche Auskünfte erteilt. Schriftliche Anfragen werden nicht beantwortet. Die Beratung beschränkt sich auf drei zentrale Rechtsgebiete: Mietrecht, Arbeitsrecht und Gleichstellungsfragen nach dem Gleichstellungsgesetz (siehe Adressen hinten).

IM ANHANG

Freiburg

Gerichte geben nur allgemeine Auskünfte, aber nicht zu speziellen Rechtsfragen.

Glarus

Die Glarner Gerichte erteilen keine Rechtsauskünfte.

Graubünden

Die Bündner Gerichte erteilen keine Rechtsauskünfte.

Luzern
Unentgeltliche Rechtsauskunft im Mietrecht:

- Schlichtungsbehörde Miete und Pacht
Bahnhofstrasse 22, 6002 Luzern
Telefonische Beratung:
Tel. 041 228 63 66 am Di und Do von 14 bis 15.30 Uhr
Persönliche Beratung (ohne Voranmeldung): am Di und Do von 16 bis 17.30 Uhr

Unentgeltliche Rechtsauskunft im Arbeitsrecht:

- Schlichtungsbehörde Arbeit
Zentralstrasse 28
6002 Luzern
Telefonische Beratung:
041 228 63 13 am Mo und Mi von 9 bis 11 Uhr
Persönliche Beratung (ohne Voranmeldung): am Di und Do von 9 bis 11 Uhr

Die Bezirksgerichte erteilen unentgeltliche Rechtsauskünfte ausschliesslich im Familienrecht nach telefonischer Voranmeldung.

- Bezirksgericht **Luzern**
Grabenstrasse 2, 6005 Luzern
Tel. 041 228 63 05
(jeweils am Mi von 13.30 bis 16.30 Uhr mit Voranmeldung)
- Bezirksgericht **Kriens**
Villastrasse 1
6010 Kriens
Tel. 041 228 35 40
(jeweils am Mi von 14 bis 17 Uhr)
- Bezirksgericht **Hochdorf** (hat zwei Standorte):
Bezirksgericht Hochdorf
Hohenrainstrasse 8
6280 Hochdorf LU
Tel. 041 914 60 10
(Auskünfte jeweils am Mo von 9 bis 11 Uhr) und
Bezirksgericht Hochdorf
Bellevuestrasse 6
6281 Hochdorf
Tel. 041 914 25 52
(Auskünfte jeweils am Do von 13.30 bis 15.30 Uhr)
- Bezirksgericht **Willisau** (hat ebenfalls zwei Standorte):
Standort Sursee des Bezirksgerichts Willisau:
Centralstrasse 35
6210 Sursee
Tel. 041 925 22 22
(Auskünfte jeweils am Mo von 9 bis 11 Uhr)
Bezirksgericht Willisau:
Schlossstrasse 3
6130 Willisau
Tel. 041 972 79 69
(Auskünfte jeweils am Fr von 14 bis 16 Uhr)

Für weitere Informationen: www.gerichte.lu.ch (→ Unentgeltliche Rechtsauskunft)

Nidwalden
Keine Auskünfte durch die Gerichte.

Obwalden
Keine Auskünfte durch die Gerichte.

St. Gallen
Eine eigentliche, institutionalisierte Rechtsberatung durch die Gerichte besteht im Kanton St. Gallen nicht. Die Schlichtungsstellen sind im Rahmen ihres Aufgabenbereiches auch Rechtsberatungsstellen. Die Schlichtungsstellen für Mietrecht finden Sie auf Seite

194 ff., diejenige für Gleichstellungsfragen auf Seite 198 ff.
Auskünfte im Arbeitsrecht:

- Schlichtungsstelle für Arbeitsverhältnisse **St. Gallen**
Rosenbergstrasse 22
9000 St. Gallen
Tel. 071 228 88 09
- Schlichtungsstelle für Arbeitsverhältnisse **Rorschach**
Postfach 44
9402 Mörschwil
Tel. 071 246 66 58
- Schlichtungsstelle für Arbeitsverhältnisse **Rheintal**
Kirlenhof 1, 9450 Altstätten
Tel. 071 750 06 33
- Schlichtungsstelle für Arbeitsverhältnisse **Werdenberg-Sarganserland**
Rathaus, 7320 Sargans
Tel. 081 725 56 66
- Schlichtungsstelle für Arbeitsverhältnisse **See-Gaster**
Buechstrasse 32
8645 Rapperswil-Jona
Tel. 055 220 80 58
- Schlichtungsstelle für Arbeitsverhältnisse **Toggenburg**
Harmonieweg 8
9601 Lütisburg Station
Tel. 071 931 59 00
- Schlichtungsstelle für Arbeitsverhältnisse **Wil**
Rüteliweg 5, 9245 Oberbüren
Tel. 071 988 15 42

Schaffhausen
Die Schaffhauser Gerichte erteilen keine Rechtsauskünfte.

Schwyz
Keine Rechtsauskünfte durch die Gerichte.

Solothurn
Die Praxis der Gerichte ist unterschiedlich.

Thurgau
Für Rechtsauskünfte der Gerichte ist das Obergericht des Kantons Thurgau zuständig.
Obergerichtskanzlei
Promenadenstrasse 12A
8500 Frauenfeld
Tel. 052 724 18 18

Uri
Die Urner Gerichte erteilen keine Rechtsauskünfte.

Wallis
Keine Rechtsauskünfte durch die Gerichte.

Zug
Die Zivil- und Strafgerichte des Kantons Zug erteilen keine telefonischen Rechtsauskünfte.

Zürich

- Bezirksgericht **Affoltern**
Im Grund 15
8910 Affoltern am Albis
Tel. 044 763 17 00
Rechtsauskünfte: Mo Nachmittag von 14 bis 17 Uhr (allgemeine Rechts- und Verfahrensfragen in den vom Gericht betreuten Rechtsgebieten)
- Bezirksgericht **Andelfingen**
Thurtalstrasse 1, Postfach 160
8450 Andelfingen
Tel. 052 304 20 10
- Bezirksgericht **Bülach**
Grenzstrasse 10, 8180 Bülach
Tel. 044 863 44 33
Rechtsauskunft für Einwohner

des Bezirks Bülach Mo und Fr von 14 bis 16.30 Uhr

- Bezirksgericht **Dielsdorf**
Spitalstrasse 7, 8157 Dielsdorf
Tel. 044 854 88 11
Rechtsauskunft für Einwohner des Bezirks Dielsdorf Di und Fr Nachmittag von 14 bis 16.45 Uhr unter Tel. 044 854 88 40

- Bezirksgericht **Hinwil**
Gerichtshausstrasse 12
Postfach, 8340 Hinwil
Das Bezirksgericht Hinwil erteilt täglich von 14 bis 15 Uhr unter 044 938 81 11 telefonische Rechtsauskünfte

- Bezirksgericht **Horgen**
Burghaldenstrasse 3
8810 Horgen
Tel. 044 728 52 22
Sprechstunde für Bewohner des Bezirks Horgen im Arbeits-, Familien-, Miet- und Erbrecht sowie betreffend summarisches Verfahren Di und Fr von 14.30 bis 16.30 Uhr

- Bezirksgericht **Meilen**
Untere Bruech 139
Postfach 881, 8706 Meilen
Tel. 044 924 21 21
Rechtsauskunft für die Bevölkerung des Bezirks Meilen im Arbeits-, Familien- und Erbrecht sowie betreffend summarisches Verfahren am Mo und Mi von 14 bis 16 Uhr

- Bezirksgericht **Pfäffikon**
Hörnlistrasse 55
8330 Pfäffikon ZH
Tel. 044 952 41 11
Rechtsauskunft über allgemeine Rechts- und Verfahrensfragen in den betreuten Rechtsgebieten am Mo 17 bis 19 Uhr

- Bezirksgericht **Uster**
Gerichtsstrasse 17, 8610 Uster
Tel. 043 366 33 00
Rechtsauskunft im Miet- Arbeits-, Familienrecht sowie betreffend summarisches Verfahren am Mo, Mi und Fr von 14 bis 15.30 Uhr

- Bezirksgericht **Winterthur**
Lindstrasse 10, 8400 Winterthur
Tel. 052 234 83 83
Rechtsauskunft am Di (Mietrecht), Mi (Arbeitsrecht) und Fr (Eherecht) von 14 bis 16 Uhr

- Bezirksgericht **Zürich**
Wengistrasse 30
Postfach
8026 Zürich
Tel. 044 248 21 11
Rechtsauskunft Ehe und eingetragene Partnerschaft: Di von 13.30 Uhr bis 15.30 Uhr und Fr 9 bis 11 Uhr, Arbeitsrecht: Mo, Mi, Fr von 8.30 bis 11 Uhr und 13.30 bis 16 Uhr,
Mietrecht: Mo und Mi von 8.30 bis 11 und 14 bis 17 Uhr

Allgemeine Anlaufstellen für Rechtsauskünfte

- **Gratis-Rechtsberatung von Saldo und K-Tipp**
Juristinnen und Juristen stehen täglich während vier Stunden für telefonische Anfragen zur Verfügung: jeweils von 9 bis 13 Uhr, Tel. 044 253 83 83.
Adresse für schriftliche Anfragen (bitte die Abo-Nummer angeben):
K-Tipp, «Beratung»
Postfach 431
8024 Zürich
oder: beratung@ktipp.ch

■ **Rechtsauskunft Anwaltskollektiv**
Kernstrasse 8
8004 Zürich
Tel. 044 241 24 33
Rechtsberatungen in fast allen Rechtsgebieten ohne Voranmeldung von Montag bis Freitag zwischen 12.30 und 18.30 Uhr.
Eine Beratung kostet in der Regel 60 Franken und dauert maximal 30 Minuten.
Es werden auch geeignete Anwälte vermittelt.

■ **Mieterinnen- und Mieterverband Deutschschweiz**
Bäckerstrasse 52
8004 Zürich
Postadresse:
Postfach
8026 Zürich
Tel. 042 243 40 40
www.mieterverband.ch
Hotline für kurze Rechtsauskünfte: Tel. 0900 900 800 (Fr. 3.70 pro Minute für Anrufe aus dem Festnetz)

Vermittlung eines Anwalts

■ **Schweizerischer Anwaltsverband**
Marktgasse 4
Postfach 8321
3001 Bern
Tel. 031 313 06 06
www.swisslawyers.com

■ **Demokratische Juristinnen und Juristen**
Neuengasse 8
3011 Bern
Tel. 031 312 83 34
www.djs-jds.ch

Pikettdienst für den «Anwalt der ersten Stunde»

In den meisten Kantonen verfügt die Polizei oder die Staatsanwaltschaft über eine Liste mit Anwälten, die sich auf Abruf als Verteidiger zur Verfügung stellen. Diese ist im Kanton St. Gallen im Internet einsehbar unter www.anwaltsverbandsg.ch (→ Pikettdienst Strafverteidigung → Liste der Pikettanwälte).
In den Kantonen Basel-Landschaft und Basel-Stadt sowie Zürich gibt es einen Pikettdienst, an den sich Betroffene wenden können:

■ **Basel-Landschaft und Basel-Stadt**
Pikett-Strafverteidigung
Spalenberg 20, 4051 Basel
Tel. 061 272 02 02

■ **Zürich**
Verein Pikett Strafverteidigung
Postfach 1281
8034 Zürich
Tel. 044 201 00 10

Beratungsstellen für Pensionskassenfragen

Bei Fragen zur beruflichen Vorsorge können Sie sich an die folgenden Beratungsstellen wenden:

Verein für unentgeltliche Auskünfte für Versicherte der Pensionskassen (BVG-Auskünfte)
Beratungsstellen in
■ **Bern:** Eigerplatz 2
■ **Brugg:** Hauptstrasse 3 (Lesezimmer der Stadtverwaltung)
■ **Frauenfeld:** Rathaus

- **Genf:** Rue da la Cité 1
- **Lausanne:** Gebäude der Mobiliar, Avenue du Théâtre 7
- **Luzern:** Taubenhausstrasse 38
- **St. Gallen:** Neumarkt 5
- **Winterthur:** Metzggasse 2 (Frauenzentrale)
- **Zürich:** Sozialzentrum, Ausstellungsstrasse 88

Besprechungstermin ist überall der erste Mittwoch des Monats (ausser Januar und August), 17 bis 19 Uhr. Die Gratisberatung erfolgt ohne Voranmeldung und dauert ca. 15 Minuten. In Zürich ist Voranmeldung obligatorisch über Telefon 044 447 17 17 (erst am Beratungstag ab 14.00 Uhr möglich). Unterlagen mitbringen!
www.bvgauskuenfte.ch

Verein für BVG- und Pensionskassen-Auskünfte
Sekretariat der GGG,
Schmiedenhof 10, 4051 Basel
Telefonische Beratungen auch in Liestal, Telefonabfrage der Termine über Tel. 061 261 02 62.
Besprechungstermin ist der erste Montag des Monats von 17 bis 18.30 Uhr. Die Beratung (ohne Voranmeldung) dauert ca. 15 Minuten und kostet 10 Franken.
www.pensionskassenauskuenfte.ch

Beratung für Behinderte und Patienten

- **Integration Handicap Rechtsdienst**

Dieser Rechtsdienst bietet behinderten Menschen sowie ihren Angehörigen, Beratern und Betreuern unentgeltlich Beratung und Rechtsbeistand in behinderungsbedingten Rechtsfragen an – insbesondere im Bereich des Sozialversicherungsrechts. Die Dienstleistungen des Rechtsdienstes stehen allen Betroffenen zu, unabhängig von der Art der Behinderung und von der Mitgliedschaft bei einer Organisation.
Nebst der Beratung und der Vertretung in Einzelfällen bietet der Rechtsdienst Informationen zu Rechtsfragen im Zusammenhang mit einer Behinderung an. Hierzu dienen diverse Publikationen und Merkblätter.
www.integrationhandicap.ch
Zweigstelle Zürich *(Kantone AG, AI, AR, GL, GR, LU, OW, NW, SG, SH, SZ, TG, UR, ZG, ZH)*
Bürglistrasse 11, 8002 Zürich
Tel. 044 201 58 28
Zweigstelle Bern *(Kantone BS, BE (d), FR (d), SO, VS (d))*
Schützenweg 10, 3014 Bern
Tel. 031 331 26 25
Zweigstelle Lausanne *(Für alle Westschweizer Kantone, BE (f))*
Place Grd-St-Jean 1
1003 Lausanne
Tel. 021 323 33 52

- **Rechtsberatungsstelle UP für Unfallopfer und Patienten**

Lindenstrasse 38
8008 Zürich
Tel. 0800 707 277 (gratis)
www.rechtsberatung-up.ch
Derzeit sind etwa 50 Juristinnen und Juristen aus den Regionen Basel, Bern, Luzern, St. Gallen und Zürich in der Beratung aktiv. Die meisten von ihnen sind Anwälte,

die schwergewichtig im Haftpflichtrecht und im Sozialversicherungsrecht arbeiten.
Die Beraterinnen und Berater informieren Sie, welche Versicherungsleistungen Ihnen zustehen. Sie prüfen, ob weitere medizinische Abklärungen nötig sind und begutachten die Entschädigungsangebote von Versicherungen. Sie zeigen Ihnen, wie Sie zu Ihrem Recht kommen, und vermitteln auf Wunsch kompetente Anwältinnen und Anwälte in der ganzen Deutschschweiz. Das Sekretariat reserviert Ihnen einen Beratungstermin. Eine Beratung von rund 45 Minuten kostet 80 Franken.

■ **Schweizerische Patientenstellen**
Sprechstunden nach Vereinbarung
Hotline für Nichtmitglieder:
Tel. 0900 104 123
(Fr. 2.20 pro Minute inkl. MwSt.)
Patientenstelle Zürich
Hofwiesenstrasse 3
Postfach, 8042 Zürich
Tel. 044 361 92 56
www.patientenstelle.ch
Patientenstelle Aargau/ Solothurn
Bachstrasse 15, 5001 Aarau
Tel. 062 835 29 50
Patientenstelle Basel
Hebelstrasse 53
Postfach, 4002 Basel
Tel. 061 261 42 41
Patientenstelle Zentralschweiz
St.-Karli-Quai 12
Postfach
6000 Luzern 5
Tel. 041 410 10 14
Patientenstelle Ostschweiz
Zürcherstrasse 194a
Postfach 619
8501 Frauenfeld
Tel. 052 721 52 92
Patientenstelle Westschweiz
Rte de la Fonderie 2
Case postale 1437
1700 Fribourg
Tel. 026 422 27 25
Patientenstelle Bern
Effingerstrasse 25, 3008 Bern
Tel. 044 361 92 56
ACSI Patientenberatung
Via Polar 46
Casella postale 165
6932 Breganzona
Tel. 091 922 97 55

■ **SPO Patientenschutz**
SPO-Patientenberatung für Nichtmitglieder: Tel. 0900 56 70 47
Mo bis Fr 9 bis 16 Uhr (Fr. 2.13 pro Minute ab Festnetz)
SPO Zürich (Geschäftsstelle)
Häringstrasse 20
8001 Zürich
Tel. 044 252 54 22
www.spo.ch
SPO Bern
Eigerplatz 12, 3007 Bern
Postadresse:
Postfach
3000 Bern 14
Tel. 031 372 13 11
SPO Olten
Im Spitalpark
Fährweg 8
4600 Olten
Tel. 062 212 55 89
SPO St. Gallen
Rosenbergstrasse 72
9000 St. Gallen
Tel. 071 278 42 40

OSP Lausanne
Rue Dr. César-Roux 19
1005 Lausanne
Tel. 021 314 73 88
OSP Genève
Rue Gabrielle Perret-Gentil 4
1211 Genève
Tel. 022 372 22 22
OSP Bellinzona
Piazza Indipendenza 1, cp 1077
6501 Bellinzona
Tel. 091 826 11 28

Procap Schweiz
Froburgstrasse 4
Postfach, 4601 Olten
Tel. 062 206 88 88
www.procap.ch
Procap Schweiz ist die grösste Selbsthilfeorganisation von und für Menschen mit Handicap. Die Organisation bietet ihren Mitgliedern regionale Kontakt- und Beratungsstellen sowie Rechtsberatung in sämtlichen Fragen der Sozialversicherung. Procap-Anwälte vertreten anspruchsberechtige IV-Rentnerinnen und -rentner auch vor Gericht.

Schleudertraumaverband
Horneggstrasse 9, 8008 Zürich
Tel. 044 388 57 00
www.schleudertraumaverband.ch
Beratungstelefon 044 388 57 00
(Mo, Di, Do und Fr 9 bis 12 Uhr)

Aids-Hilfe Schweiz
Rechtsberatung
Konradstrasse 20
Postfach 1118, 8031 Zürich
Tel. 044 447 11 11, www.aids.ch
Die Aids-Hilfe Schweiz vertritt die Interessen von Menschen mit HIV/Aids. Die Rechtsberatung der Aids-Hilfe Schweiz beantwortet kostenlos telefonisch und schriftlich Rechtsfragen, die in direktem Zusammenhang mit einer HIV-Infektion stehen.
Die Rechtsberatung bietet Unterstützung bei Einsprachen und Beschwerden. Bei Bedarf werden spezialisierte Anwältinnen und Anwälte vermittelt. Di und Do: 9 bis 12 und 14 bis 16 Uhr.

Pro Mente Sana
Hardturmstrasse 261
Postfach, 8031 Zürich
Tel. 044 563 86 00
www.promentesana.ch
Pro Mente Sana vertritt die Interessen von Menschen mit psychischen Beeinträchtigungen und deren Angehörige.
Telefonische Beratung zu rechtlichen und psychosozialen Fragen rund um psychische Krankheiten gibt es unter Tel. 0848 800 858 (Normaltarif), Mo, Di, Do, 9 bis 12, Do 14 bis 17 Uhr.
Pro Mente Sana hat auch eine Liste mit spezialisierten Anwältinnen und Anwälten, insbesondere für den Bereich des Sozialversicherungsrechts.

Psychex
Postfach 2006, 8026 Zürich
Tel. 044 818 08 71
www.psychex.org
Psychex ist ein gemeinnütziger Verein, der sich mit juristischen Mitteln für Menschen einsetzt, die gegen ihren Willen in einer psychiatrischen Anstalt eingeschlossen und zwangsbehandelt werden.

Datenschutz

Eidgenössischer Datenschutz- und Öffentlichkeitsbeauftragter
Feldeggweg 1
3003 Bern
Tel. 031 322 43 95
www.edoeb.admin.ch

Ombudsstellen

- **Ombudsman der Privatversicherung und der Suva**
In Gassen 14
Postfach 2646
8022 Zürich
Tel. 044 211 30 90
www.versicherungsombudsman.ch
- **Ombudsman der Krankenversicherung**
Morgartenstrasse 9
6003 Luzern
Tel. 041 226 10 10
www.ombudsman-kv.ch
- **Schweizerischer Bankenombudsman**
Bahnhofplatz 9
Postfach 1818
8021 Zürich
Tel. 043 266 14 14
www.bankenombudsman.ch
- **Ombudsman der Schweizer Reisebranche**
Postfach
4601 Olten
Tel. 061 212 66 60
www.ombudsman-touristik.ch
- **Ombudscom**
Schlichtungsstelle
Telekommunikation
Bundesgasse 26
3011 Bern
Tel. 031 310 11 77
www.ombudscom.ch
- **Ombudsstelle öffentlicher Verkehr**
Ombudsstelle öffentlicher
Verkehr Deutschschweiz
Cornelia Füeg
Martin-Disteli-Strasse 9
Postfach 768
4601 Olten
Tel. 062 296 94 25
www.voev.ch (→ Service → Ombudsstelle)

Opferberatungsstellen

Die jeweils aktuellen Angaben wie weitere Anlaufstellen für Opfer (zum Beispiel Frauenhäuser, Jugendpsychiatrie usw.) finden Sie im Internet unter www.opferhilfe-schweiz.ch

Aargau
Opferhilfe Aargau/Solothurn
Kasinostrasse 32
Postfach 2254
5001 Aarau
Tel. 062 835 47 90

Appenzell
Beratungsstelle Opferhilfe
Fachstelle der Stiftung Opferhilfe
SG/AI/AR
Teufenerstrasse 11
9001 St. Gallen
Tel. 071 227 11 00
www.opferhilfe-ar.ch

Basel
Beratungsstelle Opferhilfe
beider Basel
Steinenring 53
4051 Basel
Tel. 061 205 09 10
www.opferhilfe-bb.ch

Bern
Beratungsstelle Opferhilfe Bern
Seftigenstrasse 41
3007 Bern
Tel. 031 372 30 35
www.opferhilfe-bern.ch

Freiburg
Centre de consultation LAVI pour les enfants, les hommes et les victimes de la route
Rue Hans-Fries 1
Case postale 29
1705 Fribourg
Tel. 026 305 15 80

Glarus
Opferhilfeberatungsstelle des Kantons Glarus
Bahnhofstrasse 24
8752 Näfels
Tel. 055 646 67 36

Graubünden
Opferhilfe-Beratungsstelle
Fachstelle Kindesschutz GR
Loestrasse 37
7000 Chur
Tel. 081 257 31 50

Luzern
Opferberatungsstelle des Kantons Luzern
Obergrundstrasse 70
6003 Luzern
Tel. 041 227 40 60
www.disg.lu.ch/opferberatung

Nidwalden
Beratungsstelle Opferhilfe
Kanton Nidwalden
Kreuzstrasse 2
6370 Stans
Tel. 041 618 44 81

Obwalden
Kantonales Sozialamt
Dorfplatz 4
Postfach 1261
6061 Sarnen
Tel. 041 666 63 35

Schaffhausen
- Opferberatung Schaffhausen für Frauen, Kinder und Jugendliche
Neustadt 23
8200 Schaffhausen
Tel. 052 625 25 00
- Kantonales Arbeitersekretariat für Männer
Platz 7
8201 Schaffhausen
Tel. 052 630 09 03

Schwyz
Opferhilfe-Beratungsstelle
Kanton Schwyz und Uri
Gotthardstrasse 61a
6410 Goldau
Tel. 0848 82 12 82
www.arth-online.ch/opferhilfe

Solothurn
Opferhilfe Aargau Solothurn
Beratungsstelle
Kasinostrasse 32
Postfach 2254
5001 Aarau
Tel. 062 835 47 90

St. Gallen
Beratungsstelle Opferhilfe
Fachstelle der Stiftung Opferhilfe SG/AI/AR
Teufenerstrasse 11
9001 St. Gallen
Tel. 071 227 11 00
www.opferhilfe-sg.ch

Thurgau
Benefo-Stiftung
Fachstelle Opferhilfe Thurgau
und Beratungsstelle für Fragen
bei Kindsmisshandlung
Zürcherstrasse 149
8500 Frauenfeld
Tel. 052 723 48 26
www.benefo.ch

Uri
Opferhilfe-Beratungsstelle
Kanton Schwyz und Uri
Gotthardstrasse 61a
6410 Goldau
Tel. 0848 82 12 82
www.arth-online.ch/opferhilfe

Wallis
- Centre de consultation LAVI
Avenue de Pratifori 27
1950 Sion
Tel. 027 323 15 14
www.vs.ch/LAVI
- Centre de consultation LAVI
Avenue de France 6
1870 Monthey
Tel. 024 472 45 67
- Opferhilfeberatung Oberwallis
Postfach 686
3900 Brig
Tel. 027 946 85 32
www.vs.ch/OHG

Zürich
Opferberatung Zürich
Fachstelle der Stiftung Opferhilfe
Zürich
Gartenhofstrasse 17
8004 Zürich
Tel. 044 299 40 50
www.ohzh.ch

Zug
Eff-Zett Fachzentrum
Opferberatung
Tirolerweg 8
6300 Zug
Tel. 041 725 26 50
www.eff-zett.ch

Anhang 3
Adressen der Schlichtungsbehörden

Allgemeine Schlichtungsstellen für Zivilstreitigkeiten

Im Grundsatz gibt es allgemeine Schlichtungsstellen (diese sind hier aufgeführt) sowie zwei spezialisierte Schlichtungsbehörden – eine für Mietsachen (Seite 194 ff.) und eine für Gleichstellungsfragen (Seite 198 ff.).

Aargau
Der Aargau hat rund 50 allgemeine Schlichtungsstellen, verteilt über alle 11 Bezirke. Sie finden Sie im Internet unter www.ag.ch (→ Justizbehörden → Friedensrichter).

Appenzell Ausserrhoden
Es gibt drei Vermittleramtskreise mit Standorten in den Gemeinden Heiden, Teufen und Herisau (Büro in jeweiligem Gemeindehaus). Im Internet: www.ar.ch (→ Gerichte).

- **Kreis 1** (Herisau, Urnäsch, Schwellbrunn, Hundwil, Stein, Schönengrund, Waldstatt)
Vermittleramt Kreis 1
Appenzeller Hinterland
Poststrasse 5
9100 Herisau
Tel. 071 354 55 95
- **Kreis 2** (Teufen, Bühler, Gais, Speicher, Trogen)
Vermittleramt Kreis 2
Appenzeller Mittelland
Landhausstrasse 1
9053 Teufen
Tel. 071 335 00 17
- **Kreis 3** (Rehetobel, Wald, Grub, Heiden, Wolfhalden, Lutzenberg, Walzenhausen, Reute)
Vermittleramt Kreis 3
Appenzeller Vorderland
Kirchplatz 6, 9410 Heiden
Tel. 071 898 89 01

Appenzell Innerrhoden
In jedem Bezirk gibt es mehrere Vermittlerämter. Sie finden die Angaben im Staatskalender; diesen erhalten Sie in der
Ratskanzlei
Marktgasse 2, 9050 Appenzell
Tel. 071 788 93 11

Basel-Landschaft
Es gibt über 30 Friedensrichter im Kanton, zuständig für eine oder mehrere Gemeinden. Sie finden Sie auf www.baselland.ch (→ Behördenverzeichnis → Gerichte).

Basel-Stadt
Zivilgericht
Gerichtsgebäude
Bäumleingasse 5, 4051 Basel
Tel. 061 267 81 81
www.zivilgericht.bs.ch

Bern
- Schlichtungsbehörde **Berner Jura-Seeland**
Neuengasse 8, 2501 Biel
Tel. 032 344 59 00
- Aussenstelle **Berner Jura**
Rue Centrale 33, 2740 Moutier
Tel. 032 635 39 39
- Schlichtungsbehörde **Emmental-Oberaargau**
Kreuzgraben 10, 3400 Burgdorf
Tel. 034 420 25 50
- Schlichtungsbehörde **Bern-Mittelland**
Effingerstrasse 34, 3008 Bern
Tel. 031 635 47 50

■ Schlichtungsbehörde **Berner Oberland**
Verwaltungsgebäude Selve
Scheibenstrasse 11 B
3600 Thun
Tel. 031 635 58 00

Freiburg

■ Justice de paix du **cercle de la Broye**
Avenue de la Gare 111
Case postale
1470 Estavayer-le-Lac
Tel. 026 305 86 20

■ Justice de paix du **cercle de la Glâne**
Rue des Moines 58
1680 Romont
Tel. 026 305 86 30

■ Justice de paix du **cercle de la Sarine**
Rue des Chanoines 1
Case postale 133
1700 Fribourg
Tel. 026 305 86 00

■ Friedensgericht des **Sensebezirks**
Amthaus
1712 Tafers
Tel. 026 305 86 70

■ Justice de paix du **cercle de la Veveyse**
Place d'Armes 11
1618 Châtel-St-Denis
Tel. 026 305 86 80

■ Friedensgericht des **Seebezirks**
Rathausgasse 6/8, 3280 Morat
Tel. 026 305 86 60

Glarus

■ Vermittleramt **Glarus Nord**
Eugen Rusterholz
Wiggisstrasse 8, 8752 Näfels
Tel. 055 612 36 62

■ Vermittleramt **Glarus**
Paul Kölliker
Postfach 824, 8750 Glarus
Tel. 055 640 61 73

■ Vermittleramt **Glarus Süd**
Ernst Baumgartner
Steinigen 6
8777 Betschwanden
Tel. 078 840 13 17

Graubünden

In jedem der 11 Bezirke gibt es ein Vermittleramt und eine Schlichtungsbehörde für Mietsachen, die neu von der Vermittlerin oder dem Vermittler geleitet wird.

Luzern

Im Kanton Luzern gibt es nur noch 4 Friedensrichter, die organisatorisch an die 4 Bezirksgerichte angegliedert sind.

■ Friedensrichteramt **Hochdorf**
c/o Bezirksgericht Hochdorf
Hohenrainstrasse 8
6280 Hochdorf

■ Friedensrichteramt **Kriens**
c/o Bezirksgericht Kriens
Villastrasse 1, 6010 Kriens

■ Friedensrichteramt **Luzern**
Zentralstrasse 28, 6003 Luzern

■ Friedensrichteramt **Willisau**
c/o Bezirksgericht Willisau
Schlossstrasse 3
(ab Ende 2011: Menzbergstr. 16)
6130 Willisau

Nidwalden

Der Kanton Nidwalden hat nur eine einzige Adresse für die Schlichtungsbehörden.
Schlichtungsbehörde Nidwalden
Rathausplatz 9, 6371 Stans
Tel. 041 618 79 80

Obwalden
Der Kanton Obwalden hat nur eine einzige Adresse für die Schlichtungsbehörden.
Kantonale
Schlichtungsbehörde
Poststrasse 10, 6060 Sarnen
Tel. 041 666 61 77

St. Gallen
Der Kanton St. Gallen hat 19 Vermittlungsämter in 7 Gerichtskreisen. Sie finden alle unter www.gerichte.sg.ch (→ Gerichte → Schlichtungsbehörden).

Schaffhausen
- Friedensrichteramt
Kreis Schaffhausen
Postfach 482
8201 Schaffhausen
Tel. 052 632 54 31 oder
Tel. 052 632 77 01
- Friedensrichteramt
Kreis Klettgau
Bahnhofstrasse 1
8213 Neunkirch
Tel. 052 632 79 41
- Friedensrichteramt
Kreis Reiat
Dorfstrasse 30
8240 Thayngen
Tel. 052 632 79 40
- Friedensrichteramt
Kreis Stein
Rathaus
8260 Stein am Rhein
Tel. 052 632 79 42

Schwyz
Jede der 30 Gemeinden hat einen Vermittler/Friedensrichter. Sie sind zu finden unter www.vermittler-sz.ch.

Solothurn
Jede Gemeinde hat einen eigenen Friedensrichter oder eine eigene Friedensrichterin.
Sie erhalten die genauen Angaben bei der jeweiligen Gemeinde oder Sie finden sie im Internet über www.so.ch (→ Einwohnergemeinden).

Thurgau
Schlichtungsstellen für Zivilstreitigkeiten sind im Kanton Thurgau die Friedensrichter- und Betreibungsämter – zu finden unter diesen Adressen:
- Walhallastrasse 2
9320 **Arbon**
Tel. 071 447 35 15
- Bahnhofstrasse 3
8590 **Romanshorn**
Tel. 058 345 16 70
- Nordstrasse 13
8580 **Amriswil**
Tel. 071 627 62 10
- St. Gallerstrasse 4
Postfach
8501 **Frauenfeld**
Tel. 052 724 53 17
- Seestrasse 127
8266 **Steckborn**
Tel. 052 724 34 30
- Lerchensangstrasse 13
8552 **Felben-Wellhausen**
Tel. 058 345 16 30
- Hauptstrasse 37
8505 **Pfyn**
Tel. 052 765 22 92
- Schulstrasse 4
8253 **Diessenhofen**
Tel. 058 345 16 10
- Hafenstrasse 50B
8280 **Kreuzlingen**
Tel. 071 672 91 83

- Bachstrasse 10
(Haus Metropol)
8280 **Kreuzlingen**
Tel. 071 677 90 10
- Konstanzerstrasse 37
8274 **Tägerwilen**
Tel. 071 669 12 09
- Im Baumgarten 1
8585 **Langrickenbach**
Tel. 058 345 16 55 oder
Tel. 058 345 16 50
- Murgtalstrasse 20
9542 **Münchwilen**
Tel. 071 627 65 25
- Wilerstrasse 5, 8370 **Sirnach**
Tel. 071 969 35 20
- Bahnhofstrasse 34
8560 **Märstetten**
Tel. 058 345 15 60
- Kirchgasse 5
Postfach
9220 **Bischofszell**
Tel. 058 345 15 30
- Mühlestrasse 2, 8575 **Bürglen**
Tel. 071 627 66 90
- Bahnhofstrasse 22
8570 **Weinfelden**
Tel. 071 627 66 80
- Kirchstrasse 21
8583 **Sulgen**
Tel. 071 642 12 16

Uri
Schlichtungsbehörde
Bahnhofstrasse 43
6460 Altdorf
Tel. 041 870 22 90

Wallis
Zuständig sind Richter und Vizerichter der verschiedenen Gemeinden. Im Internet: www.vs.ch (→ Justiz → Richter und Vizerichter der Gemeinden).

Zug
Zuständig sind Friedensrichterämter der 11 Zuger Gemeinden:
- Friedensrichteramt der **Stadt Zug**
Kolinplatz 19, 6300 Zug
Tel. 041 728 15 15
- Friedensrichteramt **Baar**
Rathausstrasse 2
6340 Baar
Tel. 041 769 01 55
- Friedensrichteramt **Walchwil**
6318 Walchwil
Tel. 041 759 80 10
- Friedensrichteramt **Oberägeri**
6315 Oberägeri
Tel. 041 750 38 83
- Friedensrichteramt **Unterägeri**
6314 Unterägeri
Tel. 041 750 37 65
- Friedensrichteramt **Menzingen**
6313 Menzingen
Tel. 041 755 39 57
- Friedensrichteramt **Cham**
6330 Cham
Tel. 041 780 33 64
- Friedensrichteramt **Hünenberg**
6333 Hünenberg-See
Tel. 041 780 79 37
- Friedensrichteramt **Steinhausen**
6312 Steinhausen
Tel. 041 741 23 49
- Friedensrichteramt **Risch**
6343 Rotkreuz
Tel. 041 790 22 82
- Friedensrichteramt **Neuheim**
6345 Neuheim
Tel. 041 760 78 08 (Privatnummer der Friedensrichterin)

Zürich
Im Kanton Zürich hat jede Gemeinde ein Friedensrichteramt. In der Stadt Zürich gibt es mehrere –

jeweils für zwei Stadtkreise zusammen. Die jeweiligen Adressen sind über die Gemeinde zu erfahren. Im Internet: www.friedensrichter-zh.ch (→ Ämterverzeichnis).

Schlichtungsbehörden für Mietsachen

Die für Sie zuständige Schlichtungsstelle finden Sie auch, wenn Sie im Internet auf www. mietrecht.ch gehen und dort beim Menüpunkt «Schlichtungsbehörde» Ihre Postleitzahl eingeben.

Aargau

▪ Schlichtungsbehörde für das Mietwesen des **Bezirks Aarau**
Laurenzenvorstadt 12
5001 Aarau
Tel. 062 836 56 56

▪ Schlichtungsbehörde für das Mietwesen des **Bezirks Baden**
Ländliweg 2
5400 Baden
Tel. 056 200 12 30

▪ Schlichtungsbehörde für das Mietwesen des **Bezirks Bremgarten**
Rathausplatz 3
Postfach
5620 Bremgarten
Tel. 056 648 75 31

▪ Schlichtungsbehörde für das Mietwesen des **Bezirks Brugg**
Wildischachenstrasse 14
5200 Brugg
Tel. 056 460 52 00

▪ Schlichtungsbehörde für das Mietwesen des **Bezirks Kulm**
Zentrumsplatz 3, Postfach 64
5726 Unterkulm
Tel. 062 768 55 60

▪ Schlichtungsbehörde für das Mietwesen des **Bezirks Laufenburg**
Verwaltungsgebäude Roter Löwe
Marktplatz
5080 Laufenburg
Tel. 062 869 46 46

▪ Schlichtungsbehörde für das Mietwesen des **Bezirks Lenzburg**
Metzgplatz 18
Postfach
5600 Lenzburg 2
Tel. 062 886 01 40

▪ Schlichtungsbehörde für das Mietwesen des **Bezirks Muri**
Kloster-Südflügel
Seetalstrasse 8
Postfach 55
5630 Muri
Tel. 056 675 85 35

▪ Schlichtungsbehörde für das Mietwesen des **Bezirks Rheinfelden**
Kirchplatz 2, Postfach
4310 Rheinfelden
Tel. 061 836 96 66

▪ Schlichtungsbehörde für das Mietwesen des **Bezirks Zofingen**
Untere Grabenstrasse 30
Postfach 1475
4800 Zofingen
Tel. 062 745 11 66

▪ Schlichtungsbehörde für das Mietwesen des **Bezirks Zurzach**
Hauptstrasse 40
Propsteigebäude
5330 Bad Zurzach
Tel. 056 269 72 72

Appenzell Ausserrhoden

Schlichtungsstelle
Rathaus
9043 Trogen
Tel. 071 343 63 54

Appenzell Innerrhoden
Schlichtungsstelle für Mietverhältnisse
Marktgasse 2
9050 Appenzell
Tel. 071 788 93 22

Basel-Landschaft
Schlichtungsstelle für Miet-angelegenheiten
Bahnhofstrasse 3
4410 Liestal
Tel. 061 552 66 56

Basel-Stadt
Staatliche Schlichtungsstelle für Mietstreitigkeiten
Utengasse 36, 4005 Basel
Tel. 061 267 85 21
Mo bis Fr kostenlose Beratung
Am Schalter der Kanzlei:
(Mo, Di, Mi, Do, 10 bis 11.30, 14 bis 15.30 Uhr und Fr 10 bis 11.30 Uhr)
Sprechstunde des juristischen Sekretärs
(Mo, Do 10 bis 11.00 Uhr)

Bern
■ Schlichtungsbehörde **Berner Jura-Seeland**
Neuengasse 8, 2501 Biel
Tel. 032 344 59 00
■ Aussenstelle **Berner Jura**
Rue Centrale 33, 2740 Moutier
Tel. 032 635 39 39
■ Schlichtungsbehörde **Emmental-Oberaargau**
Kreuzgraben 10, 3400 Burgdorf
Tel. 034 420 25 50
■ Schlichtungsbehörde **Bern-Mittelland**
Effingerstrasse 34, 3008 Bern
Tel. 031 635 47 50
■ Schlichtungsbehörde **Berner Oberland**
Verwaltungsgebäude Selve
Scheibenstrasse 11 B
3600 Thun
Tel. 031 635 58 00

Freiburg
■ Commission de conciliation en matière de bail pour le **district de la Sarine**
Case postale 91, 1705 Fribourg
Tel. 026 305 30 94
■ Schlichtungskommission für Mietverhältnisse des **See- und Sensebezirks**
Postfach 96, 1712 Tafers
Tel. 079 429 90 84
■ Commission de conciliation en matière de bail pour **les districts du Sud** (Gruyère, Glâne, Broye, Veveyse)
Case postale 475, 1630 Bulle 1
Tel. 026 305 94 71

Glarus
Schlichtungsbehörde für Mietverhältnisse des Kantons Glarus
Zwinglistrasse 6, 8750 Glarus
Tel. 055 646 66 00

Graubünden
In jedem der 11 Bezirke gibt es ein Vermittleramt und eine Schlichtungsbehörde für Mietsachen, die neu von der Vermittlerin oder dem Vermittler geleitet wird.

Luzern
Schlichtungsbehörde Miete und Pacht
Bahnhofstrasse 22
6002 Luzern
Tel. 041 228 58 36

Nidwalden
Der Kanton Nidwalden hat nur eine einzige Adresse für die Schlichtungsbehörden.
Schlichtungsbehörde Nidwalden
Rathausplatz 9, 6371 Stans
Tel. 041 618 79 80

Obwalden
Der Kanton Obwalden hat nur eine einzige Adresse für die Schlichtungsbehörden.
Kantonale Schlichtungsbehörde
Poststrasse 10, 6060 Sarnen
Tel. 041 666 61 77

St. Gallen
- Schlichtungsstelle für Miet- und Pachtverhältnisse **St. Gallen**
Wohnungsamt/Rathaus
9001 St. Gallen
Tel. 071 224 56 27
- Schlichtungsstelle für Miet- und Pachtverhältnisse **Rorschach**
Hauptstrasse 29
Postfach
9401 Rorschach
Tel. 071 844 21 47
- Schlichtungsstelle für Miet- und Pachtverhältnisse **Rheintal**
Rathausplatz 2
9450 Altstätten
Tel. 071 757 77 90
- Schlichtungsstelle für Miet- und Pachtverhältnisse **Werdenberg-Sarganserland**
St.Gallerstrasse 2
9471 Buchs SG 1
Tel. 081 755 75 77
- Schlichtungsstelle für Miet- und Pachtverhältnisse **See-Gaster**
Buechstrasse 32
8645 Rapperswil-Jona
Tel. 055 220 80 58
- Schlichtungsstelle für Miet- und Pachtverhältnisse **Toggenburg**
Grüenaustrasse 7
9630 Wattwil
Tel. 071 987 55 39
- Schlichtungsstelle für Miet- und Pachtverhältnisse **Wil**
Rathaus
Postfach, 9500 Wil 2
Tel. 071 913 52 08

Schaffhausen
Schlichtungsstelle für Mietsachen
Herrenacker 26
Erdgeschoss
8201 Schaffhausen
Tel. 052 632 75 18

Schwyz
- Schlichtungsbehörde im Mietwesen **Bezirk Schwyz**
Postfach 547
6431 Schwyz
Tel. 041 810 10 75
- Schlichtungsbehörde im Mietwesen **Bezirk Gersau**
Bezirkskanzlei
Postfach 59, 6442 Gersau
Tel. 041 829 70 70
- Schlichtungsbehörde im Mietwesen **Bezirk March**
Oberdorfstrasse 37
8853 Lachen
Tel. 055 440 38 12
- Schlichtungsbehörde im Mietwesen **Bezirk Einsiedeln**
Bezirkskanzlei
Postfach 161, 8840 Einsiedeln
Tel. 055 418 41 22
- Schlichtungsbehörde im Mietwesen **Bezirk Küssnacht**
Breitfeld 15, 6403 Küssnacht
Tel. 041 852 15 25

■ Schlichtungsbehörde im Mietwesen **Bezirk Höfe**
Postfach 552, 8832 Wollerau
Tel. 044 786 73 43

Solothurn

■ Oberamt **Region Solothurn**
Schlichtungsstelle für
Mietsachen
Rötistrasse 4
4501 Solothurn
Tel. 032 627 75 27

■ Oberamt **Olten-Gösgen**
Schlichtungsstelle für
Mietsachen
Amthaus
Amthausquai 23
4600 Olten
Tel. 062 311 86 44

■ Oberamt **Thal-Gäu**
Schlichtungsstelle für
Mietsachen
Schmelzihof
Wengimattstrasse 2
4710 Balsthal
Tel. 062 311 91 61

■ Oberamt **Dorneck-Thierstein**
Schlichtungsstelle für
Mietsachen
Amthaus, 4226 Breitenbach
Tel. 061 785 77 20

Thurgau

Die Schlichtungsbehörden sind elektronisch abrufbar auf www.mietrecht.ch.

Uri

Kantonale Schlichtungsbehörde
in Mietsachen Uri
Volkswirtschaftsdirektion Uri
Abteilung Mietrecht
Klausenstrasse 4, 6460 Altdorf
Tel. 041 875 24 03

Wallis

Kantonale Schlichtungskommission für Mietverhältnisse
Av. du Midi 7, Postfach 478
1951 Sitten

■ **Oberwallis** Tel. 027 606 73 16

■ **Mittel- und Unterwallis**
Tel. 027 606 73 09

Zug

Schlichtungsbehörde Miet-
und Pachtrecht
Industriestrasse 24, 6301 Zug
Tel. 041 728 37 30

Zürich

■ Schlichtungsstelle für Mietsachen **Bezirk Affoltern**
Im Grund 15, 8910 Affoltern a. A.
Tel. 044 762 15 11
Rechtsberatung: jeden Montag
14 bis 17 Uhr (oder telefonisch)

■ Schlichtungsbehörde in Miet- und Pachtsachen **Bezirk Andelfingen**
Gerichtshaus
Thurtalstrasse 1, Postfach 160
8450 Andelfingen
Tel. 052 304 20 10

■ Schlichtungsbehörde in
Miet- und Pachtsachen
Bezirk Bülach
Grenzstrasse 10, 8180 Bülach
Tel. 044 863 44 33
(telefonisch von Mo bis Fr von
14 bis 16.30 Uhr)

■ Schlichtungsbehörde für Mietsachen **Bezirk Dietikon**
Bahnhofplatz 10
Postfach
8953 Dietikon
Tel. 044 256 12 12
Rechtsberatung: Mi und Fr
14 bis 16 Uhr

■ Schlichtungsbehörde in Mietsachen **Bezirk Hinwil**
Bezirksgebäude
Postfach, 8340 Hinwil
Tel. 044 938 81 11
Rechtsberatung: Mo ab 16.30 Uhr (tel. Voranmeldung empfohlen). Telefonische Auskunftszeiten: Mo bis Fr 14 bis 15 Uhr

■ Schlichtungsbehörde in Mietsachen **Bezirk Horgen**
Bezirksgebäude
Burghaldenstra 3, 8810 Horgen
Tel. 044 728 52 22
Rechtsberatung: Di und Fr 14.30 bis 16.30 Uhr (auch telefonisch)

■ Schlichtungsbehörde in Mietsachen **Bezirk Meilen**
Bezirksgericht Meilen
Postfach 881, 8706 Meilen
Tel. 044 924 21 21
Rechtsberatung: Fr von 16 bis 17 Uhr im Bezirksgebäude, Untere Bruech 139, Meilen (keine tel. Auskünfte)

■ Schlichtungsbehörde in Miet- und Pachtsachen **Bezirk Pfäffikon**
Bezirksgericht
Hörnlistrasse 55, 8330 Pfäffikon
Tel. 044 952 41 11
Rechtsberatung: Mo 17 bis 19 Uhr (ohne Voranmeldung)

■ Schlichtungsstelle für Mietsachen **Bezirk Uster**
Bezirksgericht, 8610 Uster
Tel. 043 366 33 00
Rechtsberatung: Mo, Mi und Fr von 14 bis 15.30 Uhr (keine telefonischen und schriftlichen Auskünfte)

■ Schlichtungsstelle für Mietsachen **Bezirk Winterthur**
Bezirksgebäude
Lindstrasse 10
8400 Winterthur
Tel. 052 234 83 83
Rechtsberatung: Di von 14 bis 16 Uhr

■ Schlichtungsbehörde für Mietsachen **Bezirk Zürich**
Wengistrasse 30
Postfach
8026 Zürich
Tel. 044 248 22 73
Rechtsauskunft: Mo und Mi von 8.30 bis 11 und 14 bis 17 Uhr

Schlichtungsbehörden für Gleichstellungsfragen

Auch für Streitigkeiten über die Gleichstellung von Mann und Frau besteht eine spezielle Schlichtungsbehörde.
Viele Angaben und Adressen zu diesem Thema finden Sie im Internet unter www.gleichstellungsgesetz.ch

Aargau
Schlichtungsstelle für Gleichstellungsfragen
Frey-Herosé-Strasse 12
5001 Aarau
Tel. 062 835 14 16

Appenzell Ausserrhoden
Schlichtungsstelle bei Diskriminierung im Erwerbsleben
Rathaus
9043 Trogen
Tel. 071 343 63 54

Appenzell Innerrhoden
Volkswirtschaftsdepartement
Marktgasse 2
9050 Appenzell
Tel. 071 788 96 61

Basel-Landschaft
Schlichtungsstelle für
Diskriminierungsstreitigkeiten
im Erwerbsleben
Bahnhofstrasse 3
4410 Liestal
Tel. 061 552 66 56

Basel-Stadt
Kantonale Schlichtungsstelle für
Diskriminierungsfragen
Utengasse 36
4005 Basel
Tel. 061 267 85 20

Bern
Schlichtungsbehörde
Bern-Mittelland
Effingerstrasse 34
3008 Bern
Tel. 031 635 47 50

Freiburg
Bureau de l'égalité hommes-femmes et de la famille
Rue de la Poste 1
Case postale
1701 Fribourg
Tel. 026 305 23 86

Glarus
Schlichtungsstelle nach
Gleichstellungsgesetz
Rathaus
8750 Glarus
Tel. 055 646 60 12

Graubünden
Schlichtungsbehörde für Gleichstellungssachen
Verwaltung Bezirksgericht
Plessur
Poststrasse 3, 7000 Chur
Tel. 081 257 34 62

Luzern
Arbeitsgericht
Schlichtungsbehörde Arbeit
Schlichtungsbehörde Gleichstellung
Zentralstrasse 28
6002 Luzern
Tel. 041 228 65 60
Telefonische Beratung:
Tel. 041 228 63 13
(Mo, Mi Vormittag)
Persönliche Beratung:
(Di, Do Vormittag, ohne Voranmeldung)

Nidwalden
Der Kanton Nidwalden hat nur eine einzige Adresse für die Schlichtungsbehörden.
Schlichtungsbehörde Nidwalden
Rathausplaz 9, 6371 Stans
Tel. 041 618 79 80

Obwalden
Der Kanton Obwalden hat nur eine einzige Adresse für die Schlichtungsbehörden.
Kantonale Schlichtungsbehörde
Poststrasse 10, 6060 Sarnen
Tel. 041 666 61 77

St. Gallen
Regula Schmid, Rechtsanwältin
Engelgasse 2
Marktplatz, 9004 St.Gallen
Tel. 071 222 77 52 und
Tel. 071 222 77 59

Schaffhausen
Kantonale Schlichtungsstelle
Herrenacker 26
Postfach 568
8201 Schaffhausen
Tel. 052 632 75 18

Schwyz
- Gleichstellungskommission des Kantons Schwyz
Tel. 041 810 17 37
- Kantonale Schlichtungsstelle für Diskriminierungsstreitigkeiten im Erwerbsleben
Frau Dr. Helen Schmid
Zürcherstrasse 49
Postfach 644
8853 Lachen
Tel. 055 451 54 00

Solothurn
Schlichtungsstelle für Gleichstellungsfragen
Oberamt Region Solothurn
Rötistrasse 4
4501 Solothurn
Tel. 032 627 75 27

Thurgau
Schlichtungsstelle des Gleichstellungsgesetzes
Postfach 1022
8580 Amriswil
Tel. 071 411 10 70

Uri
Schlichtungsbehörde
Bahnhofstrasse 43
6460 Altdorf
Tel. 041 870 22 90

Wallis
Schlichtungskommission für Streitigkeiten nach dem Bundesgesetz über die Gleichstellung
Dienststelle für Arbeitnehmerschutz und Arbeitsverhältnisse
Rue des Cèdres 5
1950 Sitten
Unentgeltliche Rechtsauskunft für arbeitsrechtliche Streitigkeiten (in deutscher und französischer Sprache):
- Rue des Cèdres 5
1950 Sitten
Tel. 027 606 74 00
(Mo bis Fr, 10 bis 11.30, 14 bis 16.30 Uhr)

Zug
Schlichtungsbehörde Arbeitsrecht
c/o Kantonsgericht
Aabachstrasse 3
Postfach 760
6301 Zug
Tel. 041 728 52 00

Zürich
Paritätische Schlichtungsbehörde für Streitigkeiten nach dem Gleichstellungsgesetz
Wengistrasse 30
Postfach
8026 Zürich
Tel. 044 248 30 30

Anhang 4
Adressen der Gerichte in den Kantonen

Adressen der erstinstanzlichen Gerichte in den Kantonen

Achtung: In einigen Kantonen heisst schon die erste Instanz Kantonsgericht, die zweite wird dann als Obergericht bezeichnet.

Aargau
Siehe auch www.ag.ch
(→ Justizbehörden → Bezirksgerichte)

- Bezirksgericht **Aarau**
Kasinostrasse 5
Postfach 2336, 5001 Aarau
- Bezirksgericht **Baden**
Mellingerstrasse 2a
5400 Baden
- Bezirksgericht **Bremgarten**
Rathausplatz 1
5620 Bremgarten AG
- Bezirksgericht **Brugg**
Hauptstrasse 60, 5200 Brugg
- Bezirksgericht **Kulm**
Bezirksgebäude
Zentrumsplatz 1
5726 Unterkulm
- Bezirksgericht **Laufenburg**
Gerichtsgasse 85
5080 Laufenburg
- Bezirksgericht **Lenzburg**
Metzgplatz 18
5600 Lenzburg
- Bezirksgericht **Muri**
Kloster-Südflügel
Seetalstrasse 8
5630 Muri
- Bezirksgericht **Rheinfelden**
Hermann Keller-Strasse 6
4310 Rheinfelden
- Bezirksgericht **Zofingen**
Untere Grabenstrasse 30
Bahnhofplatz
4800 Zofingen
- Bezirksgericht **Zurzach**
Hauptstrasse 50
Postfach 25
5330 Bad Zurzach

Appenzell Ausserrhoden
Siehe auch www.ar.ch (→ Gerichte)
Kantonsgericht von
Appenzell Ausserrhoden
Postfach
9043 Trogen
Tel. 071 343 63 94

Appenzell Innerrhoden
Siehe auch www.ai.ch (→ Gerichte)

- Bezirksgericht **Appenzell**
Unteres Ziel 20
9050 Appenzell
Tel. 071 788 95 51
- Bezirksgericht **Oberegg**
Unteres Ziel 20
9050 Appenzell
Tel. 071 788 95 51

Basel-Landschaft
Siehe auch www.baselland.ch
(→ Gerichte)

- Bezirksgericht **Arlesheim**
Domplatz 5
4144 Arlesheim
Tel. 061 552 80 00
- Bezirksgericht **Laufen**
Amtshaus
Hintere Gasse 52
4242 Laufen
Tel. 061 765 37 55
- Bezirksgericht **Liestal**
Mühlemattstrasse 36
4410 Liestal
Tel. 061 552 57 94
- Bezirksgericht **Sissach**
Hauptstrasse 108/110
4450 Sissach
Tel. 061 976 90 40

- Bezirksgericht **Gelterkinden**
Hauptstrasse 108/110
4450 Sissach
Tel. 061 976 90 40
- Bezirksgericht **Waldenburg**
Hauptstrasse 72
4437 Waldenburg
Tel. 061 552 66 93

Basel-Stadt
Siehe auch www.gerichte.bs.ch
(→ Zivilgericht)
Zivilgericht Basel-Stadt
Bäumleingasse 5, 4051 Basel
Tel. 061 267 81 81

Bern
Siehe auch www.justice.be.ch
(→ Regionalgerichte)
- Regionalgericht
Berner Jura-Seeland
Amthaus Biel, Spitalstrasse 14
2501 Biel
Tel. Strafabteilung:
032 344 57 70
Tel. Zivilabteilung:
032 344 57 20
- Aussenstelle **Berner Jura:**
Rue du Château 9
2740 Moutier
Tel. 032 494 56 44/46
- Regionalgericht
Emmental–Oberaargau
Schloss Burgdorf
Schlossgässli 1
3400 Burgdorf
Tel. Strafabteilung:
034 427 88 22
Tel. Zivilabteilung:
034 427 88 44
Provisorische Aussenstellen:
- Schloss **Aarwangen**
Jurastrasse 90, 4912 Aarwangen
Tel. 062 919 02 31
- Amthaus **Langnau**
Dorfstrasse 21, 3550 Langnau
Tel. 034 408 18 58
- Regionalgericht
Bern-Mittelland
Zivilabteilung
Effingerstrasse 34
3008 Bern
Tel. 031 635 46 00
- Regionalgericht
Berner Oberland
Verwaltungsgebäude Selve
Scheibenstrasse 11 B
3600 Thun
Tel. 031 635 56 00

Freiburg
- Justice de paix du
cercle de la Broye
Avenue de la Gare 111
Case postale
1470 Estavayer-le-Lac
Tel. 026 305 86 20
- Justice de paix du
cercle de la Glâne
Rue des Moines 58
1680 Romont
Tel. 026 305 86 30
- Justice de paix du
cercle de la Gruyère
Avenue de la Gare 12
1630 Bulle
Tel. 026 305 86 40
- Justice de paix du
cercle de la Sarine
Rue des Chanoines 1
Case postale 133
1700 Fribourg
Tel. 026 305 86 00
- Justice de paix du
cercle de la Singine
Amthaus
1712 Tafers
Tel. 026 305 86 70

■ Justice de paix du
cercle de la Veveyse
Place d'Armes 11
1618 Châtel-St-Denis
Tel. 026 305 86 80
■ Justice de paix du
cercle du Lac
Rathausgasse 6/8, 3280 Morat
Tel. 026 305 86 60
■ Tribunal d'arrondissement de
la Broye
Rue de la Gare 1
Case postale 861
1470 Estavayer-le-Lac
Tel. 026 305 91 00
■ Tribunal d'arrondissement de
la Glâne
Rue des Moines 58
1680 Romont
Tel. 026 305 94 60
■ Tribunal d'arrondissement de
la Gruyère
Place du Tilleul 1
Case postale 364
1630 Bulle
Tel. 026 305 64 44
■ Tribunal d'arrondissement de
la Sarine
Route des Arsenaux 17
Case postale 1520
1700 Fribourg
Tel. 026 305 62 00
■ Tribunal d'arrondissement de
la Singine
Amthaus
Case postale 106
1712 Tafers
Tel. 026 305 74 04
■ Tribunal d'arrondissement de
la Veveyse
Avenue de la Gare 33
Case postale 272
1618 Châtel-St-Denis
Tel. 026 305 94 40
■ Tribunal d'arrondissement
du **Lac**
Schlossgasse 2, 3280 Murten
Tel. 026 305 90 90
■ Tribunal **pénal des mineurs**
Avenue de Beauregard 13
Case postale 281
1701 Fribourg
Tel. 026 305 70 54
■ **Ministère public**
Place de Notre-Dame 4
Case postale 156
1702 Fribourg
Tel. 026 305 14 55

Glarus
Zur gerichtlichen Beurteilung von Zivilstreitigkeiten ist im Kanton Glarus erstinstanzlich zuständig:
■ Kantonsgericht
Spielhof 6, Postfach 335
8750 Glarus
Tel. 055 645 25 25 (ab Februar 2011: 055 646 53 00)

Graubünden
Siehe auch www.vg.gr.ch
■ Bezirksgericht **Albula**
Albulastrasse 11 A
7450 Tiefencastel
Tel. 081 681 22 36
■ Bezirksgericht **Hinterrhein**
Rathaus
7430 Thusis
Tel. 081 650 07 30
■ Bezirksgericht **Imboden**
Tircal 14, 7013 Domat/Ems
Tel. 081 633 12 54
■ Bezirksgericht **Inn**
Saglina 22, 7554 Sent
Tel. 081 864 93 33
■ Bezirksgericht **Landquart**
Postfach 35, 7302 Landquart
Tel. 081 300 00 60

■ Bezirksgericht **Maloja**
Quadratscha 1
7503 Samedan
Tel. 081 852 18 17

■ Bezirksgericht **Plessur**
Theaterweg 1
Postfach 36, 7002 Chur
Tel. 081 254 46 60

■ Bezirksgericht **Prättigau/Davos**
Doggilochstrasse 29
7250 Klosters
Tel. 081 420 27 00

■ Bezirksgericht **Surselva**
Via Centrala 4, 7130 Ilanz
Tel. 081 920 00 40

■ Tribunale distrettuale **Bernina**
Via dalla Pesa 234
7742 Poschiavo
Tel. 081 834 60 42

■ Tribunale distrettuale **Moesa**
Cima Piazza, 6535 Roveredo
Tel. 091 827 33 66

Luzern
Siehe auch www.gerichte.lu.ch
(→ Bezirksgerichte)

■ Bezirksgericht **Luzern**
Grabenstrasse 2
Postfach
6000 Luzern 5
Tel. 041 228 63 11/12

■ Bezirksgericht **Kriens**
Villastrasse 1, 6010 Kriens
Tel. 041 228 35 40

■ Bezirksgericht **Hochdorf**
Abteilung I und II
Bellevuestrasse 6
6280 Hochdorf
Tel. 041 914 25 50

■ Bezirksgericht **Hochdorf**
Abteilung III
Hohenrainstrasse 8
6280 Hochdorf
Tel. 041 914 60 10

■ Bezirksgericht **Willisau**
Standort Sursee
Abteilung I und II
Centralstrasse 35, Postfach
6210 Sursee
Tel. 041 925 22 22

■ Bezirksgericht **Willisau**
Standort Willisau
Abteilung III
Schlossstrasse 3, Postfach
6130 Willisau
Tel. 041 972 79 69

Nidwalden
Kantonsgericht Nidwalden
Rathausplatz 1
6371 Stans

Obwalden
Kantonsgericht
Poststrasse 6
Postfach 1260, 6060 Sarnen
Tel. 041 666 62 35

St. Gallen
Siehe auch www.gerichte.sg.ch
(→ Gerichte → Kreisgerichte)

■ Kreisgericht **St. Gallen**
Bohl 1, Postfach
9004 St. Gallen
Tel. 071 228 46 00

■ Kreisgericht **Rorschach**
Mariabergstrasse 15
9401 Rorschach
Tel. 058 229 98 00

■ Kreisgericht **Rheintal**
Obergasse 27
9450 Altstätten
Tel. 058 229 83 60

■ Kreisgericht **Werdenberg-Sarganserland**
Kirchstrasse 31
8887 Mels
Tel. 058 229 98 58

■ Kreisgericht **See-Gaster**
Bahnhofstrasse 4
8730 Uznach
Tel. 058 229 98 80
■ Kreisgericht **Toggenburg**
Hauptgasse 21, Postfach
9620 Lichtensteig
Tel. 058 229 98 98
■ Kreisgericht **Wil**
Bahnhofstrasse 12
9230 Flawil
Tel. 058 229 99 00

Schaffhausen
Siehe auch www.sh.ch (→ Gerichte)
Kantonsgericht Schaffhausen
Herrenacker 26, Postfach 568
8201 Schaffhausen
Tel. 052 632 74 32

Schwyz
In gewissen Fällen kann auch das Kantonsgericht (www.kgsz.ch) erste Instanz sein.
■ Bezirksgericht **Einsiedeln**
Eisenbahnstrasse 20a
Tel. 055 418 74 34
■ Bezirksgericht **Gersau**
Ausserdorfstrasse 7
6442 Gersau
Tel. 041 829 70 68
■ Bezirksgericht Höfe
Roostrasse 3, 8832 **Wollerau**
Tel. 044 786 73 73
■ Bezirksgericht **Küssnacht**
Unterdorfstrasse 13
Postfach 170
6403 Küssnacht am Rigi
Tel. 041 854 02 10
■ Bezirksgericht **March**
Bahnhofplatz 3 (bis Sommer 2011: Alpenblickstrasse 20)
8853 Lachen
Tel. 055 451 22 31
■ Bezirksgericht **Schwyz**
Rathaus
6431 Schwyz
Tel. 041 819 67 68

Solothurn
■ Richteramt **Solothurn-Lebern**
Amthaus 2
4502 Solothurn
■ Richteramt **Bucheggberg-Wasseramt**
Amthaus 1
4502 Solothurn
■ Richteramt **Olten-Gösgen**
Römerstrasse 2
4600 Olten
■ Richteramt **Thal-Gäu**
Schmelzihof, Wengimattstrasse 2
4710 Balsthal
■ Richteramt **Dorneck-Thierstein**
Amthausstrasse 15
4143 Dornach

Thurgau
■ Bezirksgericht **Arbon**
Rathausgasse 1
9320 Arbon
Tel. 071 447 88 33
■ Bezirksgericht **Frauenfeld**
Ringstrasse 19
8501 Frauenfeld
Tel. 052 724 18 50
■ Bezirksgericht **Kreuzlingen**
Nationalstrasse 19
8280 Kreuzlingen
Tel. 071 627 63 15
■ Bezirksgericht **Münchwilen**
Bahnhofstrasse 32a
8360 Eschlikon
Tel. 071 971 39 91
■ Bezirksgericht **Weinfelden**
Bahnhofstrasse 24
8570 Weinfelden
Tel. 071 626 17 47

Uri

■ Landgericht **Uri**
Rathausplatz 2, 6460 Altdorf
■ Landgericht **Ursern**
Kirchgasse 12, 6490 Andermatt

Wallis

Siehe auch www.vs.ch (→ Justiz → Bezirksgerichte)
■ **Brig-Östlich Raron-Goms**
Alte Simplonstrasse 28
Postfach, 3900 Brig
Tel. 027 922 41 80
■ **Entremont**
Case postale
1933 Sembrancher
Tel. 027 785 22 01
■ **Hérens-Conthey**
Palais de Justice
r. Mathieu-Schiner 1
Case postale, 1950 Sion 2 Nord
Tel. 027 606 54 20
■ **Leuk-Westlich Raron**
Rathaus, Postfach, 3953 Leuk
Tel. 027 474 97 00
■ **Martigny-St-Maurice**
Hôtel de Ville 1
Case postale, 1920 Martigny
Tel. 027 721 28 11 oder
027 721 28 12
■ **Monthey**
Place de l'Hôtel de Ville 1
Case postale
1870 Monthey 2 Ville
Tel. 027 607 81 00
■ **Sierre**
Av. du Rothorn 2
Case postale, 3960 Sierre
Tel. 027 451 25 60
■ **Sion**
Palais de Justice
r. Mathieu-Schiner 1
Case postale, 1950 Sion 2 Nord
Tel. 027 606 54 40
■ **Visp**
St. Martiniplatz 5
Postfach, 3930 Visp
Tel. 027 948 13 50

Zug

Kantonsgericht
Aabachstrasse 3
Postfach 760, 6301 Zug
Tel. 041 728 52 00

Zürich

Siehe auch www.gerichte-zh.ch (→ Organisation → Bezirksgerichte)
■ Bezirksgericht **Affoltern**
Im Grund 15
8910 Affoltern am Albis
Tel. 044 763 17 00
■ Bezirksgericht **Andelfingen**
Thurtalstrasse 1
Postfach 160, 8450 Andelfingen
Tel. 052 304 20 10
■ Bezirksgericht **Bülach**
Grenzstrasse 10, 8180 Bülach
Tel. 044 863 44 33
■ Bezirksgericht **Dielsdorf**
Spitalstrasse 7, 8157 Dielsdorf
Tel. 044 854 88 11
■ Bezirksgericht **Dietikon**
Bahnhofplatz 10
8953 Dietikon
Tel. 044 256 12 12
■ Bezirksgericht **Hinwil**
Gerichtshausstrasse 12
Postfach, 8340 Hinwil
Tel. 044 938 81 11
■ Bezirksgericht **Horgen**
Burghaldenstrasse 3
8810 Horgen
Tel. 044 728 52 22
■ Bezirksgericht **Meilen**
Untere Bruech 139, 8706 Meilen
Tel. 044 924 21 21

- Bezirksgericht **Pfäffikon**
Hörnlistrasse 55
8330 Pfäffikon ZH
Tel. 044 952 41 11
- Bezirksgericht **Uster**
Gerichtsstrasse 17, 8610 Uster
Tel. 043 366 33 00
- Bezirksgericht **Winterthur**
Lindstrasse 10, 8400 Winterthur
Tel. 052 234 83 83
- Bezirksgericht **Zürich**
Badenerstrasse 90 und
Wengistrasse 28/30
8004 Zürich
Tel. 044 248 21 11

Kantonale Sozialversicherungsgerichte

Eine Adressliste mit allen kantonalen Versicherungsgerichten inkl. Telefonnummer finden Sie im Internet auf der Homepage des Aufsichtsamtes unter www.bsv.admin.ch (→ Themen → Berufliche Vorsorge und 3. Säule → Links).

Aargau
Obergericht Kanton Aargau
Versicherungsgericht
Obere Vorstadt 38, 5000 Aarau
Tel. 062 835 39 60

Appenzell Ausserrhoden
Verwaltungsgericht des Kantons
Appenzell A. Rh., 5-Eck-Palast
Postfach 161, 9043 Trogen
Tel. 071 343 63 88

Appenzell Innerrhoden
Verwaltungsgericht des Kantons
Appenzell I. Rh.
Unteres Ziel 20, 9050 Appenzell
Tel. 071 788 95 51

Bern
Verwaltungsgericht
Sozialversicherungsrechtliche
Abteilung
Speichergasse 12, 3011 Bern
Tel. 031 634 37 33

Basel-Landschaft
Kantonsgericht
Abteilung Sozialversicherungsrecht
Bahnhofplatz 16, 4410 Liestal
Tel. 061 925 57 14

Basel-Stadt
Sozialversicherungsgericht
Birsigstrasse 45
Postfach, 4002 Basel
Tel. 061 205 58 58

Freiburg
Verwaltungsgericht
Sozialversicherungsgerichtshof
Route André-Piller 21
1762 Givisiez
Tel. 026 305 54 00

Glarus
Verwaltungsgericht
Spielhof 1, 8750 Glarus
Tel. 055 645 31 11

Graubünden
Verwaltungsgericht
Obere Plessurstrasse 1
7001 Chur
Tel. 081 257 39 90

Luzern
Verwaltungsgericht
Sozialversicherungsrechtliche
Abteilung
Hirschengraben 19, 6002 Luzern
Tel. 041 228 51 11

Nidwalden
Verwaltungsgericht
Abteilung Versicherungsgericht
Rathausplatz 1, 6371 Stans
Tel. 041 618 79 70

Obwalden
Verwaltungsgericht
Poststrasse 6
Postfach 1260, 6061 Sarnen
Tel. 041 666 62 38

St. Gallen
Versicherungsgericht
Wassergasse 44, 9001 St. Gallen
Tel. 071 229 25 25

Schaffhausen
Obergericht/Versicherungsgericht
Frauengasse 17, Postfach 568
8201 Schaffhausen
Tel. 052 632 74 22

Solothurn
Versicherungsgericht
Amthaus 1, 4502 Solothurn
Tel. 032 627 73 20

Schwyz
Verwaltungsgericht
Kollegiumstrasse 28
Postfach 2266, 6431 Schwyz
Tel. 041 819 26 65

Thurgau
Verwaltungsgericht
Versicherungsgericht
Frauenfelderstrasse 16
8570 Weinfelden
Tel. 071 626 51 00

Uri
Obergericht
Verwaltungsrechtliche Abteilung
Rathausplatz 2, 6460 Altdorf
Tel. 041 875 64 60

Wallis
Tribunal des assurances
Rue Mathieu-Schiner 1
1950 Sion
Tel. 027 606 53 00

Zug
Verwaltungsgericht
An der Aa 6, Postfach 760
6301 Zug
Tel. 041 728 52 70

Zürich
Sozialversicherungsgericht
des Kantons Zürich
Lagerhausstrasse 19
Postfach, 8401 Winterthur
Tel. 052 268 10 10

Rechtsprechung des Bundes

- Bundesgericht
Schweizerisches Bundesgericht
Avenue du Tribunal fédéral 29
1000 Lausanne 14
Tel. 021 318 91 11
www.bger.ch
- Bundesgericht
Sozialrechtliche Abteilungen
Schweizerhofquai 6, 6004 Luzern
Tel. 041 419 35 55
www.bger.ch
- Bundesverwaltungsgericht
Postfach, 3000 Bern 14
Tel. 058 705 26 26
www.bundesverwaltungsgericht.ch
- Bundesstrafgericht
Postfach 2720, 6501 Bellinzona
Tel. 091 822 62 62
www.bstger.ch

Stichwortregister